应用型教育数智化财会专业“十四五”系列教材
校企合作精品教材

计算机会计

主　编　徐玄玄　卢孟秋
副主编　王　珏　李百意　吴安妮

华中科技大学出版社
http://press.hust.edu.cn
中国·武汉

内 容 简 介

本书内容主要分为两个部分。第一部分为理论部分，主要阐述会计信息化的内涵与发展趋势、会计信息系统的基本内容、财务软件的发展与评价等，重在讲授信息技术发展及其在财务软件领域应用情况的知识。第二部分为实操部分，选取国内代表性财务软件产品金蝶 KIS 专业版软件作为应用软件，重点讲解账套管理、基础设置、初始化、账务处理、出纳管理、固定资产管理、工资管理、应收应付管理和报表管理等内容，引导学生分别扮演企业的出纳人员、会计人员、会计主管等角色，完成企业全流程的财务处理。学生在实操过程中了解财务部门和业务部门不同岗位的工作职责和工作流程，有助于形成完整的财务知识体系。

图书在版编目(CIP)数据

计算机会计 / 徐玄玄，卢孟秋主编. -- 武汉 ：华中科技大学出版社，2025. 2. -- ISBN 978-7-5772-1659-1

Ⅰ. F232

中国国家版本馆 CIP 数据核字第 2025LX3683 号

计算机会计

Jisuanji Kuaiji

徐玄玄　卢孟秋　主编

策划编辑：聂亚文

责任编辑：张梦舒　肖唐华

封面设计：孢　子

责任校对：余晓亮

责任监印：周治超

出版发行：华中科技大学出版社(中国·武汉)　　电话：(027)81321913

武汉市东湖新技术开发区华工科技园　　邮编：430223

录　　排：华中科技大学惠友文印中心

印　　刷：武汉市籍缘印刷厂

开　　本：787 mm×1092 mm　1/16

印　　张：14.75

字　　数：374 千字

版　　次：2025 年 2 月第 1 版第 1 次印刷

定　　价：49.00 元

前言

为科学规划、全面指导“十四五”时期会计信息化工作，根据《会计改革与发展“十四五”规划纲要》(财会〔2021〕27 号)的总体部署，财政部于 2021 年 12 月 30 日印发了《会计信息化发展规划(2021—2025 年)》。随着大数据、人工智能等新技术创新迭代速度加快，经济社会数字化转型全面开启，对会计信息化实务和理论提出了新挑战，也提供了新机遇。运用新技术推动会计工作数字化转型，需要加快解决标准缺失、制度缺位、人才缺乏等问题。单位业财融合需求更加迫切，会计数据要素日益重要，进一步提升会计数据要素服务单位价值创造的能力是会计数字化转型面临的主要挑战。随着基于网络环境的会计信息系统的广泛应用，会计数据在单位内部、各单位之间共享和使用，会计数据传输、存储等环节存在数据泄露、篡改及损毁的风险，会计信息系统和会计数据安全风险不断上升，需要采取有效的防范措施。

以《会计改革与发展“十四五”规划纲要》为指引，会计人才建设工作要全面贯彻习近平总书记关于新时代人才工作的新理念新战略新举措，加快形成具有吸引力和国际竞争力的会计人才制度体系，以强烈的责任感、使命感和紧迫感推进各项任务落实，努力实现新时代会计人才工作高质量发展。在此背景下，本书在编写的过程中，选取国内代表性财务软件产品金蝶 KIS 专业版软件作为应用软件，以会计信息化理论讲授为先导，结合金蝶 KIS 专业版软件重点讲解账套管理、基础设置、初始化、账务处理、出纳管理、固定资产管理、工资管理、应收应付管理和报表管理等内容。本书图文并茂，对软件的操作流程讲解清晰，引导学生分别扮演企业的出纳人员、会计人员、会计主管等角色，完成企业全流程的财务处理。学生在实操过程中了解财务部门和业务部门不同岗位的工作职责和工作流程，有助于形成完整的财务知识体系。

数字化背景下，信息技术给会计行业也带来了影响深远的变革。因此，本书以金蝶 KIS 专业版软件为基础，编写了基于 Python 的金蝶 KIS 自动化应用和基于 Power BI 的财务数据可视化等内容。本书对前沿信息技术与财务软件相结合的融合性知识进行讲授，希望能加强学生对数字化、智能技术和复杂数据分析的了解与认识，形成对当前会计领域理论与实践发展的系统认知。

本书由武汉华夏理工学院商学院徐玄玄、卢孟秋担任主编，王珏、李百意和吴安妮担任副主编，朱琳娟和彭鹏参与编写。徐玄玄负责总体框架和大纲的确定，并对本书进行总纂。各章编写分工如下：徐玄玄编写第 6～8 章，卢孟秋编写第 10～12 章，王珏编写第 9 章和第 13 章，李百意编写第 3～5 章，吴安妮编写第 14 章，朱琳娟编写第 1 章，彭鹏编写第 2 章。在本书编写期间，武汉理工大学胡华夏教授、方明教授多次关心写作进展，并提供了非常宝贵的指导和建议，在此表示由衷的感谢！本书在编写的过程中借鉴与引用了相关学者和专家的研究成果，以及一些经典案例和网络资源，在此对他们的辛勤工作表示衷心的感谢！

由于作者水平有限，本书难免存在不足，恳请各界人士不吝指正，以便我们再版时能及时修正。

注：本书中的公司名等相关信息均为虚构信息。

目录

第1章 计算机会计概述

☆ **学习目标**

要求学生能掌握计算机会计的内涵，了解会计电算化到会计信息化的发展进程，掌握会计信息化的基本目标和主要内容，了解我国会计信息化的发展趋势。

☆ **课前思考**

随着企业市场竞争的日益激烈，越来越多的企业要求毕业生一上岗就能熟练操作财务软件，光有理论的学习已远远不能满足需要。你觉得电子计算机能帮助会计人员做哪些工作呢？你是否知道国内知名的财务软件公司呢？

1.1 计算机会计的内涵

计算机会计是以电子计算机为主的当代电子技术和信息技术应用到会计业务中的简称。它是一个用电子计算机代替人工记账、算账、报账以及代替部分由人脑完成的对会计信息的处理、分析和判断的过程，是一门融合计算机科学、管理科学、信息科学和会计学为一体的综合性学科。

具体而言，计算机会计是将电子计算机技术应用到会计业务处理工作中，应用软件指挥计算机设备替代手工完成或手工很难完成甚至无法完成的会计工作的过程。从会计信息系统的角度看，计算机会计是以人机协同的系统为基础进行的会计处理，主要有以下七项工作内容。

1. 建立账套

在会计信息系统中，应用会计软件（财务软件）开展会计核算工作，要先在系统中建立当前会计主体独立使用的账套。所谓账套，就是会计核算单位记录一套账务数据所用的计算机电子文件的集合，它是通过会计软件进行会计核算生成的，并存储在计算机中。从技术上看，账套由众多的数据表构成，形成会计数据的存储和处理体系。建立账套时，至少需要以下参数：①账套编号，编号便于计算机进行数据处理，以区别不同的账套；②账套名称，一般为核算单位的名称；

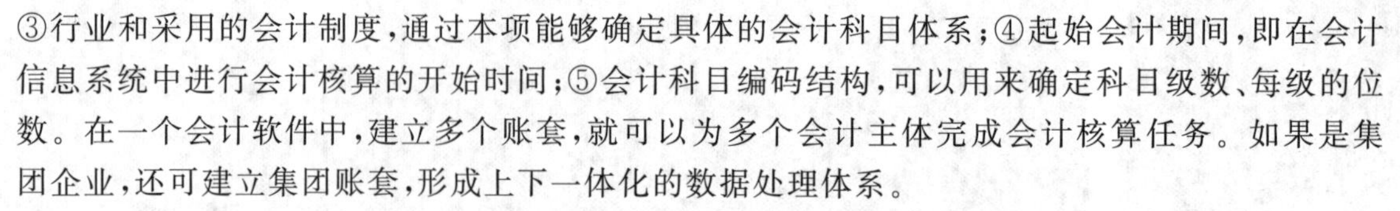

③行业和采用的会计制度，通过本项能够确定具体的会计科目体系；④起始会计期间，即在会计信息系统中进行会计核算的开始时间；⑤会计科目编码结构，可以用来确定科目级数、每级的位数。在一个会计软件中，建立多个账套，就可以为多个会计主体完成会计核算任务。如果是集团企业，还可建立集团账套，形成上下一体化的数据处理体系。

2. 基础设置

基础设置就是在账套建立的基础上，全面构建会计核算体系，主要包括以下两方面。

①操作人员设置。将会计人员的职责分工在系统中加以明确，同时使系统具有合法的使用者。

②设置编码体系。在系统中建立用于会计核算的会计科目体系、往来单位代码体系、部门代码体系、人员代码体系、物料代码体系等。

会计科目体系在编码体系中是最为重要的，通过会计科目分别对会计对象的不同内容进行反映和监督，是会计核算的主要形式。在大部分会计资料中（如凭证、账簿、报表等），都要以会计科目作为直接对象来加以反映，通过会计科目建立一个完整的归类汇总核算体系。

3. 初始化

初始化是指输入初始余额，将原来已经存在于手工系统的初始数据转到信息化后的会计系统中，如科目年初余额和累计发生额、固定资产余额、应收应付余额、物料余额等，以便开始以后的会计核算。初始化完成后，需要进行系统启用，然后进入日常账务处理阶段。

4. 填制凭证和登记账簿

填制凭证和登记账簿这两种传统会计方法目前仍然是会计信息系统业务处理的核心。会计信息系统与手工会计系统形式上的一个差别就是会计档案的存在形式不同，这就决定了填制凭证和登记账簿等方法的直接对象有着明显的区别。在会计信息系统中，填制凭证有两种方式，一种是直接在系统中填制凭证，另一种是手工填制好凭证后输入，两种方式都体现了会计软件的一个较为重要的功能——输入功能。

与传统会计方法相比，会计信息系统中的填制凭证和登记账簿主要有以下几个方面的特点。①凭证中各数据项根据类型、范围和钩稽关系进行有效控制。如会计分录中的会计科目必须在设置的会计科目表中已经存在，并且是最底层的明细科目；根据当前科目的属性确定是否具有某些项目，如往来单位、结算单据号码等；借贷方金额必须相等；事先要确定借方或贷方、必有或必无科目、非法对应科目等；编号可以自动连续；日期可以限制顺序等。②键盘操作较手工处理更容易导致错误发生，因而凭证填制在操作上分为填制、修改、删除等步骤，以进行正确性控制。③填好的凭证同样需要审核，信息化系统的审核可在程序中再次检验凭证的正确性。④登记账簿之前可以汇总，而不是必须汇总；信息化系统可根据需要随时对任意范围的凭证进行汇总；计算机不会出现因疏漏导致总账与明细账登记结果不一致的情况。⑤登记账簿主要是更新相关科目的发生额和余额，真正的账簿一般是在账簿查询时生成的。

还有一种特殊的填制凭证的方法是设置自动转账凭证。自动转账凭证的设置是一次定义、多次反复应用的初始化工作，凭证模板建立以后，相关参数可不必调整，或只在业务变化以及会计核算方法变更时做少量修改即可。具体是由用户对凭证的全部要素项目进行定义，并保存为转账模板，由系统根据模板自动生成凭证。自定义转账凭证中的凭证类型、摘要、会计科目、借贷方向、金额来源公式等都必须由用户自己来定义，其中金额来源公式的设置涉及各种账簿与凭证的金额关系，以及不同会计软件所约定的语法规范。自动转账的意义在于多次重复应用，只有对于不同会计期间需重复多次处理的业务，才能在反复应用中体现出简便、快捷的优势。税金计提、成本结转、损益结转等业务都具有一定的时间性，也有一定的规律性，这类在不同会计期间重复发生又基本稳定的业务，最能体现软件自动处理的优势。自动转账有两种情形：一种是直接从账务数据中取数生成凭证，如结转期间损益；另一种是要通过函数进行较为复杂的运算才能得到凭证上所需的数值，如计算并分配应付福利费。自动转账又分为两个层次：一个层次是在总账系统中定义并使用的自动转账；另一个层次是在各个子系统中定义和使用的自动转账，如工资系统中的工资费用分配、固定资产系统中的折旧费用分配等。自动转账一旦完成定义，即可在不同会计期间重复使用，大大提高了效率。

5. 业务核算

在会计信息系统中，总账系统实现的是总括数据的处理和展现，而业务核算是在采购、销售、库存、工资、固定资产、成本核算等业务模块中实现的，处理的结果通过凭证接口转入总账进行统一的处理。各业务模块都有相关的数据采集和处理方法，形成了一体化的会计业务核算体系。

6. 期末结账

期末结账分为月结账和年结账两种。下面分别加以介绍。

月结账每月月底都需要进行，不仅要结转各账户的本期发生额和期末余额，还要进行一系列处理，如检查会计凭证是否全部审核、记账；科目之间有关数据是否平衡；相关辅助账是否进行了处理等。与手工结账相比，信息化结账工作全部由计算机自动完成，更加规范。

年结账是指系统自动产生下一年度的初始数据文件（如凭证文件、科目余额发生额文件等），并结转年度余额，同时自动对固定资产等相关数据进行跨年度连续使用的处理。

7. 编制会计报表

在会计软件中，编制会计报表分为两个步骤。第一步是设计阶段，即设计会计报表格式，定义数据来源和计算公式；第二步是使用阶段，在具体会计期间，自动生成当期会计报表的结果。设计完成的会计报表可以长期使用，一般每年会根据新的科目调整、业务变化做相应的变动。

1.2 会计电算化与会计信息化

1.2.1 会计电算化的内涵

“会计电算化”一词是1981年中国会计学会在长春市召开的财务、会计、成本应用电子计算机专题讨论会上提出的。它是指将电子计算机技术应用到会计业务处理工作中，用计算机来辅助会计核算和管理，通过会计软件指挥计算机替代手工完成或手工很难完成的会计工作，即电子计算机在会计中应用的代名词。与此相近或同义的还有电脑会计、EDP会计、会计信息系统、计算机会计信息系统、会计电算化系统等。在这些概念中，有时会有一定的特指，体现出一些差异。

会计电算化广义上是指与实现会计工作电算化有关的所有工作，包括会计电算化软件的开发和应用、会计电算化人才的培训、会计电算化的宏观规划、会计电算化的制度建设、会计电算化软件市场的培育与发展等。会计电算化在我国从启蒙到现在，已经走过了40多年的历程，取得了很大成效，包括实施会计电算化的企业数量逐步增加，商品化通用会计软件产业形成，政府管理机构宏观管理和调控作用提升等，无不体现了会计电算化带来的新思想、新方法、新作用，会计工作的作用和地位得到了很大加强。

1.2.2 会计信息化的内涵

1999年4月在深圳市举行的会计信息化理论专家座谈会上，根据当时会计电算化的发展状况，会计理论界的专家提出了从会计电算化到会计信息化的发展方向，首次明确提出“会计信息化”这一概念。

会计信息化是指采用现代信息技术，对传统的会计模型进行重构，并在重构的现代会计基础上，建立信息技术与会计学科高度融合的、充分开放的现代会计信息系统。这种会计信息系统将全面运用现代信息技术，通过网络系统使业务处理高度自动化，信息高度共享，能够主动和实时报告会计信息。会计信息化不仅是信息技术运用于会计上的变革，更代表一种与现代信息技术环境相适应的新兴会计思想。

1.2.3 会计电算化与会计信息化的区别

会计电算化与会计信息化的区别主要体现在以下几个方面。

①目标。会计电算化以解放生产力、提高工作效率为出发点，首先强调的是会计数据处理的规范化，改变手工会计的不规范现象，要求会计软件的开发、会计信息系统的运行按照我国统一会计制度的要求规范操作，立足于财务报告的规范生成。

会计信息化则更强调会计输出结果的效率和增值性，这种增值效应依赖于网络环境下会计数据的快速收集、实时传递以及对不同层次数据的深加工。会计信息化的成效依赖于会计信息输出的多元化研究。

②理论基础。会计电算化是以传统会计理论和计算机技术为基础的，而会计信息化的理论基础还包含信息技术、系统论和信息化论等现代技术手段和管理思想。

③技术手段。会计电算化阶段，主要目标是开发出解决会计单项工作或整体核算工作的软件，从而帮助会计人员实现劳动力的解放和效率的提高，硬件方面主要以单机环境或F/S(文件/服务器)架构为主，很少涉及网络技术。会计信息化阶段，主要目标是开发出集财务管理、生产管理、供应链管理、人力资源管理乃至决策支持等诸多子系统于一体的管理信息系统，并结合大数据和人工智能技术，不断拓展管理的深度和广度，在基于局域网络和互联网络的环境下跨越时空运行。

④功能范围。会计电算化以实现业务核算为主，会计信息化不仅进行业务核算，还有会计信息管理和决策分析，并能够根据信息管理的原理和信息技术重组会计信息处理的流程。

⑤信息输入输出方式。在会计电算化环境下，会计信息的输出主要有显示、打印、介质保存等方式。在会计信息化环境下，除了前述方式以外，还可以通过网络实现信息传递与共享，通过授权、划分权限级次，企业内部各个机构、部门可从信息系统中直接获取信息。随着XBRL(可扩展商业报告语言)的应用以及B/S(浏览器/服务器)体系架构的应用，从互联网上获取财务信息成为重要途径。

1.3 会计信息化的基本目标

会计信息化的目标就是运用信息化的手段，提高工作效率，提供更全面准确的信息，为管理决策服务，从而促进管理水平的提高，获取更高的经济效益。其基本目标主要有以下五个方面。

1）减轻会计人员工作强度，提高工作效率

把繁杂的记账、算账、结账工作交给高速运转的计算机处理，从而减轻会计人员的工作强度。同时会计软件具有很高的精确性和逻辑判断能力，可以避免手工操作产生的误差，达到提高工作效率的目的。

2）促进会计职能的转变

在手工条件下，会计人员长期处于繁重的手工核算工作中，没有时间和精力更多地参与管理、决策。实施会计信息化后，会计人员从繁重的手工操作中解放出来，有条件参与企业管理与决策，为提高企业现代化管理水平和提高经济效益服务。

3）准确、及时地提供会计信息

在手工条件下，由于大量会计信息需要记录、加工、整理，会计信息的提供速度较慢，也难以全面提供管理所需要的信息，一定程度上影响了经营决策工作。实施会计信息化后，大量的信息都可以及时记录、汇总、分析，甚至实现实时跨地域传送，向企业管理者、股东等有关方提供准确、及时的会计信息。

4）提高会计人员素质，提升会计管理水平

会计信息化工作要求会计人员提高自身素质，更新知识结构。第一，需掌握会计信息化的有关知识；第二，为了参与企业管理，要更多地学习经营管理知识；第三，实现会计信息化后，会计工作由会计软件系统和会计人员共同完成，强化了会计规范化工作，提升了会计工作的管理水平。

5）实现企业管理信息化，提高企业经济效益

会计是价值管理的主要手段，处理的信息量大，要求快捷准确。在手工记账下，会计人员将大量精力用于数据处理，参与管理工作受到了极大的限制。实施会计信息化的目的之一就是使广大会计人员从繁重的手工操作中解脱出来，减轻劳动强度。实施会计信息化的根本目的就是通过核算手段和会计管理决策手段的现代化，提高会计信息收集、整理、传输、反馈的及时性和准确度，提高会计的分析决策能力，提供管理所需的会计信息，更好地满足管理的需要，从而更好地发挥会计参与管理、参与决策的职能，为提高现代化管理水平和提高经济效益服务。因而，实施会计信息化不仅要使会计工作本身信息化，最终目标是要使企业管理信息化，达到提高企业经济效益的目的。

☆ **思政园地**

财会人员的守正与创新

在会计信息化不断发展的背景下，企业财会人员在掌握通用财务软件操作流程的基础上，应积极参与企业信息技术的学习与培训。一方面，财会人员需熟悉财会领域新的信息技术，以更好地适应会计信息化背景下新的工作模式，提高会计信息处理的能力。另一方面，财会人员应参与会计信息系统维护和信息安全管理，强化信息安全意识，有效识别系统信息风险，防止会计信息泄露。在大数据背景下，财会人员应坚持学习，守正创新，严格执行准则制度，维护国家财经纪律和经济秩序。

1.4 会计信息化的基本工作内容

会计信息化是一项系统工程，应按系统工程的方法来开展，即按下述步骤进行：可行性研究、规划、编制实施计划、建立或升级会计信息系统、建立或优化会计信息化后的组织与管理体系。会计信息化是一个长期不断提升的过程，在单机、网络及系统扩展升级过程中，都需要进行相关的论证，每一个阶段的重点可能有所差异，但基本工作内容是类似的。

1）可行性研究

可行性是指开展会计信息化工作的可能性和经济性，主要包括组织、技术、经济三方面。组织可行性是指企业内外部环境是否为开展会计信息化工作创造了必要的条件；技术可行性是指企业所能组织和拥有的技术力量能否保证会计信息化工作的正常开展；经济可行性是指开展信息化工作所带来的有形效益和无形效益与耗用成本的对比情况。

可行性分析一般按下述步骤进行：进行初步调查；根据初步调查，确定目标和所要解决的问题；确定约束因素，包括经济上、技术上、组织上的制约因素；确定各种可选方案；对各种可选方案进行可行性评价，主要研究各种方案在经济上、技术上、组织上的可行性；确定方案，明确实施计划。

2）规划

规划是对企业近几年会计信息化工作所要达到的目标，以及如何有效、分步骤实现目标而做的规划。它实质上是企业开展会计信息化工作的中长期规划，是对企业开展会计信息化工作所做的总体可行性研究。规划期以 5 年左右为宜，第一年的计划应该相当可靠，第二年的计划应比较可靠，第三年以后的计划可以粗略和概括一些。计划至少要根据每年的情况变化调整一次，以使计划符合实际。

规划一般按下述步骤进行：研究确定企业的总体目标和会计部门的局部目标；综合考察建立会计信息系统的内外部环境制约，包括经济、技术、组织等企业内部制约与上级主管部门、国家的有关政策法令等外部制约；确定会计信息化的总体目标，确定近几年内建立一个什么样的会计信息系统；分析确定企业的会计信息需求，即确定输入、输出什么信息，对外提供哪些数据接口；确定所要建立系统的总体结构，可用数据流程图、功能图、层次图、数据结构图等工具来表示；确定所要建立系统的资源需求，包括硬件、软件、人力、其他日常支出等；制定会计信息化工作总体目标的分步骤实施计划，即将总体目标结合企业现有的条件，确定分步实施计划；选择实现的途径；确定实施计划，即最后确定当前所要建立的会计信息系统、实现途径等。

3）编制实施计划

编制实施计划主要是根据确定的目标和规划，确定人力、物力、财力的具体安排和工作时间表。

4）建立或升级会计信息系统

建立或升级会计信息系统，是会计信息化规划与实施计划的具体落实。

5）建立或优化会计信息化后的组织与管理体系

会计信息系统的建立仅仅是整个会计信息化工作的第一步，更重要的是如何有效地对会计部门的人、财、物等各要素进行计划、组织、协调和控制，有效地运行会计信息系统，使得信息化后的会计工作水平有根本性的提高，会计部门参与分析、参与控制、参与管理、参与决策的职能和作用得以充分发挥，这就要求建立信息化后的组织与管理体系。

信息化后会计部门的组织主要是指信息化后企业组织机构的调整，以及各项职能、职责的重新划分。信息化后会计工作的管理，一方面是指怎样更好地运行已建立的会计信息系统和采取保证会计信息系统安全、正常运行的系列制度和控制措施；另一方面是指信息化后，会计部门如何积极参与企业的预测、决策、控制等管理活动，当好领导的参谋。需要说明的是，信息化后会计工作的组织与管理实质上是密不可分的，组织工作是管理工作的一部分，管理工作又以组织工作为基础。

1.5 我国会计信息化的发展趋势

我国的会计信息化事业经过 40 多年的历程，已经全面普及。受会计管理要求、技术进步、管理信息化发展等因素的影响，会计信息化还在不断向前推进，会计信息化有以下发展趋势。

1）朝管理一体化方向发展

管理一体化是指从整个企业的角度出发开展计算机在管理中的应用工作。会计信息化工作只是整个管理信息化工作的一个有机组成部分，需要其他部门信息化的支持，同时也向其他部门提供支持和提出要求。如今许多企业的会计信息化工作已有了较好的基础，具备了向其他部门扩展的条件。一些企业已经实现了管理一体化的目标，进一步向纵深推进。

对于集团企业，在互联网化会计信息系统的基础上，财务共享服务是近几年发展较快的模式。

2）朝规范化、标准化方向发展

通过标准化解决各种会计软件之间及其与其他相关软件之间的数据接口问题，以实现会计信息的相互规范传递和会计信息化后的审计应用等，从而为更充分和更广泛地利用会计信息服务。会计信息化的宏观管理将向规范化和标准化过渡。

3）会计软件技术不断发展

①支持云平台和服务端同时运行。同一套业务系统可以基于互联网在多种硬件平台和操

作系统上运行，以便企业根据业务需要选择最合适的模式，帮助企业顺利实现不同应用水平阶段的平稳过渡。

②支持多种应用系统数据交换和集成。不少企业建立了各自的应用系统。在电子商务时代，企业要求新系统能与原有系统进行数据交换和集成，从而有效利用已有投资。例如，已经采用会计软件的用户希望整个销售和生产管理系统也能与目前的信息化会计系统进行数据共享。企业间（特别是企业与供应商之间、企业与客户之间）的数据交换将帮助企业有效提升整个供应链的竞争力。进入系统的数据应能根据事先的设定以及管理工作的内在规律和内在联系，传递到相关的功能模块中，达到数据高度共享和系统高度集成。

③支持多准则业务模式、多语种及个性化用户界面。跨国企业的管理和企业的跨国交易必然带来对会计软件多准则、多语种支持的需求。一套应用系统应当可以按照用户的设定，在同样的数据下输出不同准则需要的数据处理结果，在不同的用户端显示不同语种的应用界面。由此还可以引出另一种功能需求，即可以由用户自行设定应用系统输出界面上使用的术语和界面布局，实现用户界面个性化。

④高可靠性和安全性。大规模的系统、分布式应用、广泛的网络连接需要系统具有更高的可靠性和更强的安全控制。远程通信线路、多用户操作、共享数据的大量分发与传递，需要会计信息系统有超强的稳定性，并能够对各种意外情况做出正确处理。阻止黑客入侵、越权操作等的发生需要会计信息系统有健全的安全防线。对系统内部数据记录的存取及删改权限的管理、系统操作日志的建立等，都是必不可少的安全措施。

⑤面向电子商务应用。随着电子商务技术的发展，企业各种对外的业务活动已经延伸到了互联网上，实现了网络经营。所以，新的系统应从企业的实际出发来设计电子商务工作模式，实现财务、业务、电子商务一体化。

4）计算机审计将由绕过计算机审计向穿透计算机审计发展

随着信息化管理体系的逐步形成，复合型会计信息化人才的不断涌现，计算机审计技术的不断发展，我国的计算机审计工作将由传统的绕过计算机审计向穿透计算机审计发展，从而更充分地保证会计信息的真实可靠。同时，在信息化下还可以实现前置审计，对重大的目标偏离进行实时预警。

5）智慧会计将成为现实

近年来人工智能技术快速发展，并逐步被引入会计工作中。智能机器人能代替人工完成一些机械性工作（如识别和转换纸质数据、装订票据等），并伴随大数据、深度学习等技术的发展，将逐步实现帮助会计人员完成分析、决策等智慧型工作。

【思考题】

(1) 会计信息化的基本目标是什么？

(2) 什么是计算机审计？

(3) 智慧会计是如何体现的呢？

☆ 思政案例

2022年影响中国会计人员的十大信息技术评选结果出炉

2022年影响中国会计人员的十大信息技术分别是财务云、会计大数据分析与处理技术、流程自动化(RPA 和 IPA)、中台技术(数据中台、业务中台、财务中台等)、电子会计档案、电子发票、在线审计与远程审计、新一代 ERP、在线与远程办公、商业智能(BI)。2022 年五大潜在影响技术排名为金税四期与大数据税收征管、业财税融合与数据编织、大数据多维引擎与增强分析、机器人任务挖掘与智能超级自动化、分布式记账与区块链审计。

本次评选委员会主任、上海国家会计学院教授刘勤认为，与往年相比，2022 年的评选结果有一些新变化值得重点关注。第一，一些对会计工作有影响的技术，比如在线审计与远程审计、在线办公与远程办公、商业智能等得到了更多关注；第二，对中台技术(数据中台、业务中台、财务中台等)的关注度在提高，这类技术的特点是可以打破不同系统之间的信息壁垒，实现信息的高度共享，并能借助低代码、微服务等技术，应对前台应用需求的不断变化。与此同时，刘勤指出，尽管给出了几项与信息安全相关的候选技术(如数字签名、数据治理、信息安全与隐私保护等)，但最终都没有进入十大信息技术，这说明业内对信息安全的关注度和重视程度仍然有待提高。

数字时代对财务数字化转型提出了必然要求。财政部会计司相关负责人在“会计科技 Acctech 应对不确定性挑战”高峰论坛上表示，近年来新一代信息技术不断推动会计工作的创新发展，大数据、人工智能、移动互联、云计算、区块链等新技术得到了初步应用。财务数字化是企业数字化转型的重要一环。

财政部管理会计咨询专家、元年科技总裁韩向东观察，目前企业数字化转型大致呈现“三大梯队”特征。韩向东指出，第一梯队是推动数字化转型的头部企业，它们制定了相对完整的规划，并且全方面推动，由此对企业的运营模式、商业模式等进行了重构和重塑；第二梯队是局部推进或场景化推进数字化转型的企业，在局部场景中，它们更充分地利用了数据的价值来驱动业务、赋能决策；第三梯队是仍在补传统信息化短板的企业，它们认识到了数字化转型的重要性，正在迎头赶上，比如继续完善基础的 ERP 建设等。

(原文来源：央广网。有删改。)

【总结】信息技术在会计领域的应用，加快了会计行业的改革。在会计信息化时代，会计人员不仅需要具备丰富的会计理论知识与实践技能，还需掌握信息技术、经济、金融等相关领域的知识，才符合现代企业财务管理的需要。会计的职业岗位能力需求的转变，需要会计人员的知识结构的转变。现代企业的会计人员应成为复合型的高级技术人才，才能更好地为现代企业的可持续发展助力。

【章末习题】

一、单项选择题

1. 会计软件是以(　　)和会计方法为核心，以会计制度为依据，以计算机及其应用技术为技术基础，以会计数据为处理对象的软件系统。

A. 会计理论　　B. 税务制度　　C. 计算机及其应用技术　　D. 会计数据

2. 实现会计信息化的最终目的是为(　　)服务。

A. 管理、决策　　B. 税务　　C. 会计监督　　D. 审计

3. 会计信息系统中凭证的填制工作是由(　　)来完成的。

A. 会计人员　　B. 计算机人员　　C. 软件维护人员　　D. 单位负责人

二、多项选择题

1. 商品化会计软件在研发时应关注软件的(　　)等方面。

A. 安全性　　B. 可靠性　　C. 稳定性　　D. 易学性

2. 在开展会计信息化工作过程中，应着重做好(　　)等方面的工作。

A. 会计信息化制度的建立　　B. 会计信息系统的建立

C. 会计人员的培训　　D. 计算机审计

3. (　　)的正确选择与配置是开展会计信息化工作的一个重要前提。

A. 会计档案　　B. 计算机硬件

C. 财务软件　　D. 管理制度

三、判断题

1. 会计信息化之所以促进了会计工作的规范化，是由于会计信息化为会计数据的输入、处理和输出提供了一系列规范化的控制和格式。(　　)

2. 会计信息化是进行会计核算的人机相结合的控制系统。(　　)

3. 会计信息化下的审计线索、审计程序与原来的手工方式是完全相同的。(　　)

4. 不同会计软件基本模块的功能大致相同。(　　)

5. 会计电算化是对用电子计算机处理会计业务的通俗称谓。(　　)

第2章 会计信息系统的基本内容

☆ 学习目标

理解会计信息系统的内涵；掌握会计信息系统的功能模块；理解会计信息系统的使用管理、维护管理和档案管理的工作内容及其重要性。

☆ 课前思考

回顾会计信息化的发展历程，结合对财务软件的初步认识，你知道什么是数据，什么是信息吗？你觉得什么是会计信息系统呢？手工账阶段保存在纸质介质上的凭证、账簿和报表可以称为一个会计信息系统吗？

2.1 会计信息系统的内涵

会计信息系统(accounting information system)是企业管理信息系统中的一个重要子系统，它是以提供会计信息为目的，采用现代信息处理技术，对会计信息进行采集、存储、处理及传送，完成会计反映、控制职能的系统。

在整个企业管理信息系统中，会计信息处于核心地位，从会计信息的收集、会计信息的处理到会计信息的输出，最终传递给决策者和使用者，是一个信息流动的过程。在这个过程中，伴随着对企业经营活动的管理与控制。

2.1.1 会计信息的收集

会计数据是指在会计工作中，从不同来源、不同渠道获得的，记录在单、证、账、表上的各种原始会计资料。会计数据的来源广泛，既有企业内部生产经营活动产生的各种资料，也有企业外部与企业相关的经济活动产生的各种资料。会计数据的数量繁多，不光是指每个会计期间需要处理的数据量大，更重要的是会计数据是一种随着企业生产经营活动的持续进行而源源不断产生并需要加以处理的数据。在互联网、物联网应用越来越普及的情况下，产生并能够采集到各种各样的数据,形成了大数据。这些数据不仅包括传统意义上的数字数据,还包括图片、视频、文本、声音等各种可以记录、存储的数据。

会计信息是指会计数据经过加工处理后产生的、为会计管理和企业管理所需要的经济信息。它包括反映过去所发生的财务信息,即有关资金的取得、分配与使用的信息,如资产负债表等;管理所需要的定向信息,如各种财务分析报表;对未来具有预测作用的决策信息,如月度计划、年度规划等。会计通过信息的提供与使用来反映过去的经济活动,控制目前的经济运行,预测未来的经济走向。会计信息的收集实际上是根据会计工作的目的汇集原始会计数据的过程。随着信息技术的发展,会计信息收集已成为管理信息系统的一部分。会计信息收集不再局限于会计核算方面,而更多趋向于会计管理、经营决策等方面。

2.1.2 会计信息的处理

会计信息处理从手工处理发展到利用计算机、网络等信息技术处理,是会计操作技术和信息处理方式的重大变革。这种变革对会计理论和会计实务提出了一系列新课题,在推动会计自身发展和变革的同时,也促进会计信息化的进一步完善和发展。

现代会计信息处理是指应用信息技术对会计数据进行输入、处理和输出的过程,主要表现为用计算机代替人工记账、算账和报账,以及代替部分在手工环境下由人脑完成的对会计信息的分析、判断。现代会计信息处理不仅引起了会计系统内在的变化,强化了系统的能力,同时也提高了会计工作的效率和会计信息的质量。现代会计信息处理的特点如下。

①以计算机为计算工具,数据处理规范化、速度快、精度高。目前一些数据量较大的运算已经通过云计算模式完成。

②数据处理人机结合,系统内部控制程序化、复杂化。现代会计信息处理虽然以计算机为计算工具,但整个信息处理过程仍为计算机与人工的结合。计算机对数据的处理是通过程序来进行的,系统内部控制方式均要求程序化,如采用密码控制程序对操作权限进行限制,采用校验程序验证借贷金额是否平衡等。同时,期末账项调整和结账均可自动进行,并在相应工作完成后自动生成各种转账凭证。

数据处理的人机结合和系统内部控制的程序化使得系统控制复杂化。其控制点由对人的控制转到对人机两方面的控制,控制的内容涉及人员分工、职能分离和计算机系统的维护,以及会计信息和会计档案的保管。

③数据处理自动化,账务处理一体化。现代会计信息处理过程分为输入、处理和输出三个环节。将分散于各个核算岗位的会计数据收集处理后,计算机对输入数据自动进行记账、转账和报表编制处理,查询打印输出各类账表。

④信息处理规范化,会计档案存储电子化。现代会计信息处理要求建立规范化的会计基础工作,会计数据处理严格按程序规范化进行。在会计信息系统中,各种会计数据以文件的形式组织,并存储在计算机的存储器中,存储介质成为保存会计信息和会计档案的主要载体。

⑤增强系统的预测和辅助决策功能。充分利用计算机的处理功能,在系统分析、设计与开发中充分运用数学模型、运筹学、决策论等方法,可以极大地增强会计信息系统的预测和辅助决策功能。

2.1.3 会计信息的输出

一个完整的会计处理系统，不仅需要有灵活、方便、正确的输入方式和功能齐全的数据处理功能，还必须提供一个完善方便的输出系统。

会计信息系统的输出方式包括显示输出、打印输出和文件输出。显示输出的特点是速度快、成本低，但输出会计数据的应用者局限在会计信息系统内部，不易交流。打印输出的特点是速度慢、成本高，适用于输出必须打印的情况。文件输出的特点是速度快、成本较低、易于转换，但不直观、存储介质易受损坏、安全性较差。

随着声音、图像等多媒体技术的应用，会计数据的表现形式越来越丰富，同时随着对会计信息系统数据接口的标准化，文件输出越来越重要。如记账凭证、会计账簿等，可以以文件的形式存储在存储介质中，需要时调用会计软件的显示输出功能进行查询或者打印。

2.2 会计信息系统的功能模块

会计软件的基本结构是从系统的功能层次结构来反映的，功能结构是指系统按其功能进行分层分块的结构形式，即模块化的结构。一个系统可以划分为若干个子系统，每个子系统可划分为几个功能模块，每个功能模块划分为若干个层次，每个层次再划分为若干个程序模块，每个程序模块都有相对独立的功能。一个子系统对应一个独立完整的管理职能，在系统中有较强的独立性；一个功能模块完成某一项管理业务，是组成子系统的基本单位；一个程序模块则实现某一个具体加工处理，是组成功能模块的基本要素；各层次之间、各模块之间也有一定的联系。通过这种联系，将各层次、各模块组成一个有机的整体，实现系统目标。

大部分的会计软件按会计核算功能划分为若干个相对独立的子系统，由于子系统每一部分的功能简单明了且相对独立，各子系统之间的会计信息通过传递进行交换，从而形成一体化的会计信息系统。会计软件中能够相对独立地完成会计数据输入、处理和输出功能的各个部分，称为会计软件的子系统。典型的会计软件的子系统主要有账务处理、出纳管理、工资管理、固定资产管理、采购管理、库存管理、存货核算、成本核算、销售管理、应收及应付账款、会计报表、财务分析等子系统。根据行业的特点，将一些模块进行扩展和深入，或简化合并，形成不同定位的会计信息系统。

1）账务处理子系统

账务处理是会计软件的核心系统，它以输入系统的会计原始数据或电子记账凭证为基础，按会计科目、统计指标体系对其所反映的经济内容，进行记录、分类、计算、加工、汇总，输出总账、明细账、日记账及其他辅助账簿、凭证和报表。账务处理子系统完成手工账务处理的记账、算账、对账、转账、结账工作，生成日记账、总账和除各子系统生成的明细账之外的全部明细账。一般账务处理子系统具备部门核算和项目核算的功能，一些账务处理子系统还包含出纳管理、银行对账和往来账管理的功能。

2）出纳管理子系统

出纳管理子系统主要进行库存现金和银行存款的处理，具体包括进行库存现金和银行存款的初始化录入，结束初始化后引入现金日记账和银行存款日记账，现金日记账与现金盘点单进行对账，银行存款日记账与银行对账单进行对账。在进行银行对账时，有自动对账和手工对账两种方式。对账完成后，可查看银行存款余额调节表，以及其他的报表。

3）工资管理子系统

工资管理子系统主要进行工资的初始设置(包括工资类别设置、工资项目定义、工资项目计算公式定义、工资分配凭证定义、工资表打印格式定义等)、修改、计算、发放，以及工资费用的汇总和分摊等工作，生成工资结算单、职员工资发放条、工资结算汇总表、工资费用分配汇总表等，并自动编制工资转账凭证传递给账务处理子系统。工资管理子系统一般还有人事基本信息、考勤信息、工资历史信息等基本信息和工资代发、个人所得税计算、养老保险及个人收入台账建立等功能。

4）固定资产管理子系统

固定资产管理子系统主要用于固定资产明细核算及管理。该子系统完成固定资产卡片管理、固定资产增减变动核算、折旧的计提与分配等工作，生成固定资产卡片、固定资产统计信息表、固定资产登记簿、固定资产增减变动表、固定资产折旧计提表，并自动编制转账凭证供账务处理子系统使用。

5）采购管理子系统

采购管理子系统主要用于完成采购订单管理、采购入库管理、采购发票管理和查询有关数据等采购业务工作，最后生成采购的相关凭证。在采购业务中，主要有现购、赊购、直运采购、受托入库采购、退货业务。采购管理子系统主要包含初始设置、采购申请管理、采购订单管理、采购收货入库管理、采购退货管理、采购结算管理及相关账表输出等功能。

6）库存管理子系统

库存管理子系统主要用于完成物料的入库、在库、出库、调拨、盘点管理等一系列管理工作。库存管理子系统主要包含初始设置、入库管理、出库管理、其他业务处理等功能。

7）存货核算子系统

存货核算是业务处理与账务处理相连的一个重要环节，供应链系统中的各种单据都要在存货核算子系统中通过核算与结转来完成成本的确认，为每一张进出的单据确定一个正确的成本金额。本系统实现了企业业务、财务一体化的完整管理，是账务处理和业务处理的接口。存货核算子系统主要包含初始设置、存货入库核算、存货出库核算、凭证处理、期末处理等功能。

8）成本核算子系统

成本核算子系统实现各种费用的归集和分配，及时准确地计算出产品的总成本和单位成本，并自动编制转账凭证供账务处理子系统使用。

成本核算子系统主要功能有产品目录结构设置、在产品的成本初始录入、产品产量等统计数据录入、从有关子系统进行费用归集、费用汇总分配、成本计算、产品成本汇总、商品产品成本表及主要产品单位成本表生成、成本转账凭证生成等。

9）销售管理子系统

销售主要包含现销、赊销、退货几种业务。销售管理子系统主要包含初始设置、报价管理、销售订单管理、销售发货和出库处理、销售退货处理、销售结算及相关报表生成等功能。

10）应收及应付账款子系统

应收账款子系统完成各应收账款的登记、冲销工作，动态反映各客户信息及应收账款信息，并可进行账龄分析和坏账估计。应收账款子系统的基本功能如表2-1所示。

表2-1　应收账款子系统的基本功能

功能	具体内容
发票管理	具有将订单信息传递到发票,并按订单查询发票的功能;列出需要审核的发票;打印已经审核的发票;提供发票调整的审计线索;查询历史资料
客户管理	提供有关客户的信息,如使用币种、付款条件、付款方式、付款银行、信用状态、联系人、地址等。此外,还有各类交易信息
分析预测	完成各应收账款的登记、冲销及应收账款的分析预测工作

应付账款是处理从发票审核、批准、支付到检查和对账的业务,它可以提供什么时候付款、是否付全额、是否使用现金折扣等信息。应付账款子系统与采购管理子系统、库存管理子系统完全集成。应付账款子系统的基本功能如表2-2所示。

表2-2　应付账款子系统的基本功能

功能	具体内容
发票管理	将发票信息录入之后,可以验证发票上所列物料的入库情况,核对采购订单物料,核对采购单和发票的差异,查看指定发票的所有采购订单物料的入库情况,列出指定供应商的所有发票及发票调整情况
供应商管理	提供物料的供应商信息,如使用币种,要求的付款条件、付款方式,信用状态,联系人,地址等。此外,还有各类交易信息
支票管理	处理多个付款银行信息与多种付款方式,能够进行支票验证和重新编号,将开出支票与银行核对,查询指定银行开出的支票,作废支票和打印支票
账龄分析	根据指定的过期天数和未来天数计算账龄,也可以按照账龄列出应付款的余额

11）会计报表子系统

会计报表子系统按国家统一会计制度规定,根据会计资料编制会计报表,为公司管理者和其他各方提供财务报告。会计报表子系统实现各种会计报表的定义和编制,并可进行报表分析和报表汇总。该系统生成的会计报表包括对外会计报表(资产负债表、利润表、现金流量表)和内部管理需要的会计报表。

会计报表子系统的主要功能有新表登记、表格格式定义、报表变动单元数据来源及计算公式定义、报表数据公式校验、报表合并、报表汇总、报表查询及报表输出等。

12）财务分析子系统

财务分析是在核算的基础上对财务数据进行综合分析,不同的会计软件分析的内容也有所不同,一般有预算分析、前后期对比分析、图形分析等功能。

☆ 思政园地

财会人员的职业道德和专业素养

会计信息化的发展对会计工作者的职业道德提出了更高的要求。会计是一个重要的社会职业,会计工作者需要具备高要求的职业操守和道德规范。会计信息化的应用使得会计工作更加透明和规范,会计工作者应该遵守职业道德准则,保持良好的职业操守,不得利用会计信息化手段进行违法违规操作。

会计信息化的发展对会计工作者的专业素养提出了更高的要求。会计工作者需要掌握信息技术的应用知识,熟悉会计信息系统的操作和管理,提高信息技术的应用能力和信息化管理水平。同时,会计工作者还需要具备较强的沟通能力、分析能力和创新能力,以适应信息时代对会计工作者的新要求。

2.3 会计信息化人员的岗位职责

在会计软件的应用过程中,会计信息化人员通常包括系统管理人员、系统维护人员、业务操作人员、数据审核人员、档案管理人员、财务分析人员、审查人员,这类人员统称为系统应用人员。不同的人员有不同的分工与职责,在不同的岗位上发挥不同的作用。会计信息化人员管理的基本方法是按照责权利相结合的基本管理原则,明确系统内各类人员的职责、权限并尽量将之与各类人员的利益挂钩,即建立健全岗位责任制。这样一方面可以加强内部控制,保护资金财产的安全;另一方面可以提高工作效率,充分发挥系统的运行效率。

会计信息化后,根据企业规模的大小和实际情况设置具体管理岗位。在会计软件应用中,各岗位的基本职责如下。

1) 系统管理人员

系统管理人员也称电算主管,负责协调计算机及会计信息系统的运行工作,要求具备会计和计算机知识,以及相关的会计信息化组织管理的经验。电算主管可由会计主管兼任,采用大中小型计算机和计算机网络会计软件的企业应该设立此岗位。系统管理人员的权限很大,一般可调用所有的功能和程序,但不能调用系统的源程序及详细的技术资料。系统管理人员不能由软件的开发人员担任。

系统管理人员的工作职责如下:

①负责会计信息系统的日常管理工作,监督并保证系统的有效、安全、正常运行,在系统发生故障时,应及时到场,组织与监督有关人员恢复系统的正常运行;

②协调系统各类人员之间的工作关系;

③负责组织和监督系统运行环境的建立,以及系统建立时的各项初始化工作;

④负责系统各有关资源(包括设备、软件、数据及文档资料等)的调用、修改和更新的审批;

⑤负责系统操作运行的安全性、正确性、及时性检查;

⑥负责计算机输出的账表、凭证数据正确性和及时性的检查与审批;

⑦负责做好系统运行情况的总结,提出更新软件或修改软件的需求报告;

⑧负责规定系统内各使用人员的权限等级;

⑨负责系统内各类人员的工作质量考评,以及提出任免意见。

2) 业务操作人员

业务操作人员也称软件操作人员,负责输入记账凭证和原始凭证等会计数据,输出记账凭证、会计账簿、报表和进行部分会计数据处理工作，要求具备会计软件操作知识；一般由基本会计岗位（原手工会计业务岗位）的会计人员兼任。业务操作人员是系统运行中的关键人员，其不能由系统开发人员担任，不能调用非自己权限内的功能。

业务操作人员的工作职责如下：

①负责本岗位业务的录入、处理与输出；

②严格按照系统操作说明进行操作；

③系统操作过程中发现故障，应及时报告系统管理人员，并做好故障记录及上机记录等事项；

④做到当日账当日清；

⑤按规定打印系统所有的明细账、总账和会计报表，以及自动转账凭证。

3）数据审核人员

数据审核人员负责对输入计算机的会计数据（记账凭证和原始凭证等）进行审核，操作会计软件登记账簿，对打印输出的账簿、报表进行确认。此岗位要求具备会计和计算机知识，可由主管会计兼任。

数据审核人员的工作职责如下：

①负责输入数据的审核工作，包括各类代码的合法性、摘要的规范性和数据的正确性；

②负责输出数据正确性的审核工作；

③对不真实、不合法、不完整、不规范的凭证或票据退还各有关人员，更正、补齐后，再次审核；

④对于不符合要求的凭证和不正确的输出账表数据，不予签章确认。

4）系统维护人员

系统维护人员负责保证计算机硬件、软件的正常运行，管理计算机内会计数据。此岗位要求具备计算机和会计知识。采用大中小型计算机和计算机网络会计软件的企业应设立此岗位，此岗位在大中型企业中应由专职人员担任。系统维护人员了解所用的软件，所以，其不能从事系统的业务操作工作。

系统维护人员的工作职责如下：

①定期检查软硬件设备的运行情况；

②负责系统运行中的软件、硬件故障的排除工作；

③负责系统的安装和调试工作。

5）审查人员

审查人员负责监督计算机及会计软件系统的运行，防止利用计算机进行舞弊，要求具备会计和计算机知识。此岗位可由会计稽核人员或内部审计人员兼任。

审查人员的工作职责如下：

①协助制定有关的内部控制措施和制度；

②对有关数据及现象进行分析，发现线索；

③进行日常审查。

6）财务分析人员

财务分析人员负责对计算机内的会计数据进行分析，提交有关分析报告，要求具备计算机和会计知识。采用大中小型计算机和计算机网络会计软件的企业可设立此岗位，可由主管会计兼任。

财务分析人员的工作职责如下：

①协助建立日常的分析制度和规范；

②提交有关的常规分析报告；

③完成领导下达的有关分析任务。

7）档案管理人员

档案管理人员负责保管各类数据和会计档案，应具备计算机常识，如U盘、光盘的使用与保护等，一般应由能做好安全保密工作的人员担任。

档案管理人员的工作职责如下：

①负责系统的各种开发文档、操作手册，各类数据U盘、光盘，以及各类账表、凭证、资料的备份和存档保密工作；

②做好各类数据、资料、账表、凭证的安全保密工作，不得擅自借出；

③按规定期限，向各类有关人员催交备份数据及存档数据。

2.4 会计信息系统的使用管理

会计信息系统的使用管理主要是通过对系统运行的管理，保证系统正常运行，完成预定任务，保证系统内各类资源的安全与完整。会计信息系统的使用管理主要体现在日常管理工作中，是系统正常、安全、有效运行的关键。如果企业的操作管理制度不健全或执行不得力，就会给各种非法舞弊行为可乘之机；如果操作不正确，就可能会造成系统内数据的破坏或丢失，影响系统的正常运行，也可能会造成录入数据的不正确，影响系统的运行效率，直至输出不正确的账表；如果各种数据不能及时备份，则有可能在系统发生故障时，会计工作不能正常进行。会计信息系统的使用管理主要包括机房管理与操作管理。

2.4.1 机房管理

设立机房主要有两个目的：一是给服务器和相关设备创造一个良好的运行环境，保护服务器及相关设备，使其稳定地运行；二是防止各种非法人员的违法违规行为，设立机房有利于保护设备的程序与数据的安全。对于办公条件较好的企业，一般是将服务器等重要设备放置在机房，其终端设备放置在办公室里，以便于日常工作。具体管理是通过制定与贯彻执行机房管理制度来实施的。机房管理的主要内容包括：

①审查有权进入机房人员的资格，明确哪些人能进入机房，首先是机房管理人员能进入，其次是因业务需要进入的人员，最后是临时借阅资料等临时进入的人员；

②确保满足机房内的各种环境要求，例如，机房的卫生要求、温度和湿度要求、防火要求；

③确保满足机房内各种设备的管理要求；

④明确机房内禁止的活动或行为，如严禁吸烟等；

⑤确保满足设备和材料进出机房的管理要求。

小型企业往往不设置单独的机房，将服务器放在办公室，因此要特别注意服务器的管理工作。

2.4.2 操作管理

操作管理是指对计算机及系统操作运行的管理工作，其主要体现在建立与实施各项操作管理制度上。操作管理的任务是建立会计信息系统的运行环境，按规定录入数据，执行各子模块的运行操作，输出各类信息，做好系统内有关数据的备份及发生故障时的恢复工作，确保计算机及系统的安全、有效、正常运行。

操作管理制度主要包括以下内容。

1）上机运行系统的规定

上机运行系统的规定主要是明确哪些人员能上机运行系统，哪些人员不能运行系统。一般来说包括以下内容：

①系统管理人员、系统维护人员及其他经系统管理人员批准的有关人员，有权上机运行系统；

②非指定人员不能上机运行系统；

③业务操作人员、数据审核人员由系统管理人员根据业务需要确定其是否能上机运行系统；

④与业务无关的人员及脱离会计工作岗位的人员不得上机运行系统；

⑤操作运行人员需经培训合格后方可上机运行系统。

2）操作权限

操作权限是指系统的各种操作人员所能运行的操作权限，软件功能权限一般在会计软件中可设定，实现实时控制。操作权限主要包括以下内容：

①业务操作人员应严格按照凭证或单据输入数据，不得擅自修改已复核的凭证数据，如发现差错，应在复核前及时修改或向系统管理人员反映。已输入计算机的数据，在登账前发现差错，可由业务操作人员进行改正；如在登账之后发现差错，必须另制作凭证，以红字冲销或补充登记，录入计算机。

②除了系统维护人员之外，其他人员不得直接打开数据库进行操作，不允许随意增删和修改数据、源程序和数据库结构。

③软件开发人员不允许进行系统性的操作。

④系统软件、系统开发的文档资料均由系统管理人员负责并指定专人保管，未经系统管理人员许可，其他人员不得擅自复制、修改和借出。

⑤存档的数据如光盘、移动硬盘、纸质账表和凭证及各文档资料等，由档案管理人员按规定统一复制、核对、保管。

⑥系统维护人员必须按有关的维护规定进行操作。

3）操作规程

操作规程主要指操作运行系统中应注意的事项，它们是保证系统正确、安全运行，防止各种差错的有力措施。其主要包括以下内容：

①各操作人员在上机操作后，会计软件中一般会自动记录上机日志，必要的情况下可以打印保存或单独复制保存；

②操作人员的操作密码应注意保密；

③操作人员必须严格按操作权限操作，不得越权或擅自上机操作；

④操作人员应及时做好备份工作，以防发生意外事故；

⑤未经批准，操作人员不得使用格式化、删除等命令或功能，更不允许使用系统级工具对系统进行分析或修改系统参数；

⑥操作人员不能使用来历不明的存储介质和进行各种非法拷贝工作，以防止计算机病毒的传入。

2.5 会计信息系统的维护管理

要使会计信息系统正常、稳定、高效地运行，就要求不断维护和优化核算系统；系统在设计中必然存在考虑不周的情况，系统在运行过程中也必然会出现各种问题，要求对系统进行维护。现有统计资料表明，在软件系统生命周期内的工作量中，软件维护的工作量一般占50%以上。经验表明，维护工作要贯穿系统的整个生命周期，不断重复出现，直到系统过时和报废为止；随着系统规模的扩大和复杂性的增加，维护费用在整个系统的运行费用中所占的比例越来越大。维护是整个系统生命周期中最重要、最费时的工作。

系统的维护包括硬件维护与软件维护两部分。软件维护主要包括正确性维护、适应性维护、完善性维护三种。正确性维护是指诊断和改正错误的过程；适应性维护是指当企业的会计工作发生变化时，为了适应新工作内容而进行的软件修改活动；完善性维护是指为了满足用户增加功能或改进已有功能的需求而进行的软件修改活动。软件维护还可分为操作维护与程序维护两种。操作维护主要是利用软件的各种自定义功能来修改软件的一些参数，以适应会计工作的变化，它实质上是一种适应性维护；程序维护主要是指需要修改程序的各项维护工作。

维护管理工作主要是通过制定维护管理制度和组织实施来实现的。维护管理制度的主要内容如表2-3所示。

表2-3 维护管理制度的主要内容

维护类型	具体内容
系统维护	实施对系统硬件设备的日常检查和维护，以保证系统的正常运行； 在系统发生故障时，排除故障和恢复运行； 在系统扩充时负责安装、调试，直至运行正常； 在系统环境发生变化时，随时做好适应性维护工作
软件维护	软件维护的内容包括操作维护与程序维护。操作维护主要是一些日常维护工作，程序维护分为正确性维护、完善性维护和适应性维护
硬件维护	定期进行检查，并做好检查记录； 在系统运行过程中，出现硬件故障时，及时进行故障分析，并做好检查记录； 设备更新、扩充、修复，由系统维护人员实施安装和调试

同时，企业还需要进行日常的维护工作，以下是一些典型的日常维护工作。

1）账套使用权限维护

在使用会计软件时，用户应该对账套使用权限进行严格管理，防止数据外泄；用户不能随便让他人使用计算机；在离开计算机时，必须立即退出会计软件，以防止他人偷窥系统数据，甚至篡改数据。

设置操作人员权限是从内部控制的角度出发，对系统操作人员进行严格的岗位分工，严禁越权操作的行为发生，保证系统使用的安全性。系统管理人员和账套主管都有权设置操作人员权限，不同的是，系统管理人员可以指定或取消某一操作人员为一个账套的主管，也可以对各个账套的操作人员进行授权；账套主管的权限局限于其所管辖的账套，在该账套内，账套主管默认拥有全部操作权限，可以针对本账套的操作人员进行权限设置。

账套主管自动拥有所有模块的操作权限，可以为一个操作人员赋予几个模块的操作权限，也可以为一个操作人员赋予一个模块中的部分功能权限。按照内部控制制度的要求，企业不同的角色及不同的会计人员应具有不同的操作权限，因此在增加了系统操作人员之后，紧接着是要进行角色的权限及操作人员权限的设定，即会计分工。

会计软件的权限管理一般分为三个层次：功能级权限管理，数据级权限管理，科目、金额级权限管理。

2）备份和打印重要的账簿及报表数据

为防止硬盘上的会计数据意外丢失或遭到人为破坏，单位需要定期将硬盘数据备份到其他磁性介质（如U盘、移动硬盘、光盘等）上。

在月末结账后，对本月重要的账簿和报表数据还应该打印备份。对于应该打印哪些账表、什么时候打印，应根据具体情况来确定。

3）会计软件版本升级

会计软件随着计算机技术、软件开发工具的升级发展和业务的变化，会不断推出新的版本。具体推出的频率依据不同的软件和厂家有所不同。软件升级意味着错误的纠正、功能的增强，也可能是有重大的创新。对于会计人员来讲是新技术的进步和软件功能的进一步增强，将会进一步提高会计工作效率和更深入地利用会计数据。

会计软件升级有如下作用。

①纠正软件中存在的错误。由于多种原因，原先的软件可能存在程序错误和功能错误，这些错误往往是在具体的应用中才发现的。软件厂家会不断地完善原先的软件，进行升级，解决问题。

②更新功能。根据新的业务或管理的需要，增加新的功能。例如，在新的版本中增加了一些管理分析报表等。

③界面和易用性的改进。有些软件虽然可以应用，但界面不美观，流程不清晰，甚至影响应用的效果，为此进行的改进就是对界面的优化。有些功能虽然能用，但用起来不方便，这类改进就属于易用性的提高。

我们使用软件后，即会养成特定的操作习惯，其因人而异，不尽相同。如有的人习惯在菜单中寻找命令，有的人则习惯直接利用快捷键；有的人喜欢使用流程图式的窗口布局，有的人会将窗口布局设置成非常个性的排列；等等。在软件升级过程中，往往会加入一些新的功能，很可能有些以前已经习惯的操作在使用新版本后会变得不适应。出现这种情况后，就必须放弃以前的习惯，去适应新的操作方式。

软件升级的种类如下。

①程序补丁。根据用户对新功能的需要,或者原软件中需要解决的一些问题,会计软件研发企业会针对产品开发一个补丁程序。对于不同版本的会计软件或者不同的系统平台,补丁程序可能会有差异。用户得到补丁程序之后,只需要在一定条件下简单地执行一些操作就可以获得新的功能。

②程序升级。当补丁较多,或者打补丁时需要对数据进行一些复杂操作,会计软件研发企业一般都会提供升级程序,方便用户自动完成升级工作。

在下载补丁时,要特别注意以下问题。

弄清自己使用的会计软件属于哪个种类。会计软件研发企业一般都会针对不同类型的用户,开发有低端、中端、高端的相关产品,往往还有针对行业的会计软件。

下载本企业所使用版本的补丁程序。对于同一种软件,由于新版本不断推出,在实际使用中,企业使用的不一定是最新版本,或者由于某些原因(如在该版本进行了专项开发)不能进行升级,就要特别注意所使用的版本号,如果不清楚,应该主动询问软件服务机构。

规范安装新的补丁程序。用户得到补丁程序之后,应该仔细核对补丁程序所适用的版本、适用环境等信息,严格按照补丁程序的操作说明进行操作。在给使用中的会计软件安装补丁之前,一定要做好充分的系统备份和数据备份。第一步是建立一个完全独立的测试系统,然后安装补丁程序;第二步是测试原来会计软件的各项功能是否能够正常使用;第三步是测试新提供的功能是否能够正常使用;第四步是在以上测试完毕后,对运行中的系统安装补丁程序。安装完成后,同样要进行原有功能的测试和新功能的测试。如果运行正常,则可启用新的系统。若测试出现异常,则恢复原来的系统,并联系软件研发企业处理。

由于软件升级涉及许多复杂的技术问题,如果本企业自己实施有困难,应要求软件研发企业的服务人员来进行升级。

2.6 会计信息系统的档案管理

2.6.1 会计信息系统档案管理的意义

会计信息化的档案主要包括打印输出的各种账簿、报表、凭证,存储会计数据和程序的存储介质,系统开发运行中编制的各种文档,以及其他会计资料。会计信息系统的档案管理在整个会计信息化工作中起着重要的作用。

1) 良好的档案管理是会计信息化工作连续进行的保障

会计档案是各项经济活动的历史记录,也是检查各种责任事故的依据。只有会计档案保存良好,才能连续反映企业的经济情况,才能了解企业经营管理过程中的各种差错和不足,才能保证信息前后期的相互利用,才能保证系统操作的正确性、可继续培训性和系统的可维护性。

2) 良好的档案管理是会计信息系统维护的保证

在会计信息化后的档案中,对于自行开发或增值开发的企业,各种开发文档是重要内容。

对于会计信息系统维护人员来说，软件文档越不全、越不符合要求，理解就越困难。会计信息系统是一个非常庞大的系统，就是其中的一个模块也非常复杂，而且其跨越了会计与计算机两方面的专业知识，了解与维护系统非常困难。因此，如果没有保存完整的系统开发文档、使用和维护文档，系统的维护将更加困难，甚至不可能。如果出现这样的情况，将很可能导致系统停止运转，严重影响会计工作的连续性。

3）良好的档案管理是保证系统内数据信息安全完整的关键环节

当系统程序、数据出现故障时，往往需要利用备份的程序与数据进行恢复；当系统处理需要以前年度或计算机内没有的数据时，也需要将备份的数据复制到计算机内；系统的维护也需要各种开发文档或使用说明。因此，良好的档案管理是保证系统内数据信息安全完整的关键环节。

4）良好的档案管理是会计信息得以充分利用，更好地为管理服务的保证

让会计人员从繁杂的事务性工作中解脱出来，充分利用计算机的优势，及时为管理人员提供各种管理决策信息，是会计信息化的高级目标。俗话说，巧妇难为无米之炊。对于计算机来说也一样，计算机内没有相应的数据，什么样的分析也无法提供。因此，要实现会计信息化的目标，就必须要有保存完好的会计数据。只有良好的档案管理，才可能在出现各种系统故障的情况下，及时恢复被毁坏的数据；只有保存完整的会计数据，才可能利用各个时期的数据，进行对比分析、趋势分析、决策分析。因此，良好的档案管理是会计信息得以充分利用，更好地为管理服务的保证。

2.6.2 会计信息系统档案管理的任务

1）保证按要求生成各种档案

按要求生成各种档案是档案管理的基本任务。对于自主开发或增值开发的企业来说，各种开发文档应由开发人员编制，会计部门应监督开发人员提供完整的、符合要求的文档；各种会计报表与凭证应按国家的要求打印输出；各种会计数据应定期备份，重要的数据应强制备份；计算机源程序应有多个备份。

2）保证各种档案的安全与保密

会计信息是加强经济管理、处理各方面经济关系的重要依据，不允许随意透露、毁损和遗失。各种会计信息资料的丢失与毁损自然会影响到会计信息的安全与保密；各种开发文档及程序的丢失与破坏都会危及运行的系统，从而危及系统中会计信息的安全与完整。所以，各种档案的安全与保密是与会计信息的安全密切相关的，我们应加强档案管理，保证各种档案的安全与保密。

3）保证各种档案得到合理利用

档案中的会计信息资料是了解企业经济情况、进行分析决策的依据；各种开发文档是系统维护的保障；各种会计信息资料及系统程序是系统出现故障时恢复系统、确保系统连续运行的保证。

2.6.3 会计信息系统档案管理的方法

1）会计信息系统档案的生成与管理办法

计算机代替手工记账后，会计档案除手工编制的凭证、账簿和会计报表外，还包括计算机打

印输出的会计凭证、会计账簿、会计报表，存有会计信息的存储介质，会计系统开发的全套文档资料。对手工形成的会计凭证、会计账簿和会计报表等会计档案，在此不再论述，可参见《会计档案管理办法》(2015 年 12 月 11 日，财政部、国家档案局发布)。

计算机代替手工记账企业的记账凭证有两种生成方式。第一种是由原始凭证直接录入计算机，由计算机打印输出。在这种情况下，记账凭证上应有录入人员、稽核人员、会计主管人员的签名或盖章。收付款记账凭证还应有出纳人员的签名或盖章。相关的签名在信息化下可以通过软件自动生成并打印出来。打印生成的记账凭证应视同手工填制的记账凭证，按《会计档案管理办法》的有关规定立卷归档保管。第二种是手工事先做好记账凭证，计算机录入记账凭证后进行处理。在这种情况下，保存手工记账凭证与机制凭证皆可，如保存手工记账凭证，可按《会计档案管理办法》的有关规定进行处理与保管；如保存机制记账凭证，其处理和保管办法与由计算机生成的记账凭证相同。需要强调的是，在计算机记账后发现记账凭证录入错误时，保存手工记账凭证的，需同时保存为进行冲账处理而编制的手工记账凭证；保存机制记账凭证的，需同时保存进行冲账处理的机制记账凭证。

已由计算机全部或部分代替手工记账的，其会计账簿、报表以计算机打印的书面形式保存。这主要是考虑到当前磁性或其他介质的可靠性不强和保存条件要求较高等情况而定的。其保存期限按《会计档案管理办法》的规定办理。除日记账一般应每天打印外，普通账簿可以根据实际情况和工作需要按月或按季、按年打印；发生业务少的账簿可满页打印。现金、银行存款账可采用计算机打印输出的活页账页装订。

存有会计信息的磁性介质及其他介质，在未打印成书面形式输出之前，应妥善保管并留有副本。一般来说，为了便于利用计算机进行查询及在会计系统出现故障时进行恢复，这些介质都应视同相应会计资料或档案进行保存。系统开发的全套文档资料视同会计档案保管。

2）会计信息系统档案管理制度

档案管理需要通过制定与实施档案管理制度来实现。档案管理制度的主要内容如表 2-4 所示。

表 2-4　档案管理制度的主要内容

项目	具体内容
存档的手续	主要是指各种审批手续，如打印输出的账表必须有会计主管、系统管理人员的签章才能存档保管
各种安全保证措施	如备份介质应贴上标签，存放在安全、洁净、防热、防潮的场所
档案使用的各种审批手续	如调用源程序应由有关人员审批，并应记录调用人员的姓名、调用内容、归还日期等
各类文档的保存期限及销毁手续	如打印输出的账簿应按《会计档案管理办法》规定的保管期限进行保管
档案的保密规定	如任何伪造、非法涂改变更、故意毁坏数据文件、账册等的行为都将进行相应的处理

【思考题】

(1) 会计信息系统一般应具备哪些功能模块呢?
(2) 会计信息系统档案管理的方法有哪些?
(3) 实施会计信息化的企业应设置哪些工作岗位呢?

☆ 思政案例

乡政府会计成“黑客”,提前安装远程操控软件,盗取财政资金超50万

“乡政府账户里的52万多元,不知道怎么被转到了一个公司的账户……”云南怒江福贡县公安局接到架科底乡政府工作人员报案后,迅速展开调查。

很快,公安干警发现,乡政府财务专用电脑被远程操控完成转款,电脑经第三方数据分析认定为黑客攻击,账户资金被盗取是因为有人将病毒植入乡财务专用电脑,电脑被远程操控完成了转款。但作案人每次远程登录计算机都会修改IP地址,难以锁定上网地点,导致办案遇到了瓶颈,难以破案。

问题线索被移交至县纪委监委,办案人员对涉案资金的作案方式、财政资金的拨付流程进行比对分析。“我们留意到,财务一体化管理系统全县在使用,但黑客只攻击架科底乡财务专用电脑,而且资金被转出的名目为草果、重楼项目建设基地资金。”办案人员说,“初步判断作案人应该是熟悉该乡政府产业项目和财务工作的人。”

顺着这一思路,办案人员对2012年以来在乡政府从事财务工作的人员进行全面排查。在第三方审计时,重点关注架科底乡政府财政资金审计,发现多笔征地补偿款没有相关报账资料。审计人员认为这只是工作上的疏忽,而县纪委监委办案人员却从中发现了端倪。

“报账资料是拨付财政资金的重要依据,一般不可能缺失,除非有人故意‘搞鬼’。”经排查,确认相关补偿款已拨付给农户,而缺失的报账资料是乡政府原会计和福新在审计期间补上的。

县纪委监委决定对和福新启动初核程序,发现和福新曾在2018年初给多名架科底乡村民购买银行卡,要求他们办理网上银行业务,其中就有涉及征地补偿的村民。乡政府的征地补偿款转入这些村民的银行账户后,很快就被转出。

摸清资金大致去向后,福贡县纪委监委对和福新严重违纪违法问题进行立案审查调查,并成立公安、审计、中国人民银行反洗钱中心联合调查组,县公安局以涉嫌诈骗罪对其采取刑事拘留强制措施。和福新到案后却丝毫不配合调查:“你们有什么问题找我的律师谈。”

“必须找到关键性的证据,才能彻底突破案件。”联合调查组搜查和福新车辆时,发现一个包裹,包裹里藏着U盘、电话卡、手机、银行卡、身份证、U盾、剪卡器、数据线等作案工具。

在铁证面前,和福新心理防线慢慢崩塌,最终如实供述了违法犯罪事实。原来,和福新担任乡政府会计后,发现财务工作实际上是在自己主导下开展的,觉得有机可乘的和福新,通过扫描、抠图等技术手段伪造、变造了一份美丽公路征地补偿资料,将41.23万元补偿款转入自己控制持有的银行卡中。

得手后,和福新再次用相同方式伪造、变造4名农户的征地补偿款材料,骗取了征地补偿款

150 万元。

2018 年 5 月,和福新被调整到乡政府办公室工作,但多次作案的他根本收不住手。他利用会计和出纳经常将乡政府的网银 U 盾插在财务室电脑上、密码长期不更改的漏洞,在异地的一个网吧用提前安装的远程操控软件,盗取了该乡政府财政资金 52.5 万元。

直至案发,和福新先后贪污、盗取国家财政资金 240 余万元。2021 年 4 月,福贡县人民法院以贪污罪、盗窃罪、妨害信用卡管理罪,判处和福新有期徒刑十一年,并处罚金 74 万元。

(原文来源:中央纪委国家监委网站。有删改。)

【总结】财务人员违纪违法行为的发生,与个别财务人员放松对自我的要求、对法纪毫无敬畏之心有关。无论是跟钱打交道,还是跟账打交道,爱岗敬业、廉洁自律都是财务人员必须遵守的职业操守。要积极推动财务人员职业道德建设,着力防范贪污挪用等违纪违法行为。会计职业道德贯穿会计工作的所有领域和整个过程,财务人员要充分认知到自己所承担的社会责任和历史担当,始终坚持准则、诚实守信、廉洁自律、服务社会。

【章末习题】

一、单项选择题

1. 在会计信息化下,财务分工主要是通过(　　)实现的。

A. 设置操作人员密码　　B. 内部管理制度的规定

C. 权限管理　　D. 由操作人员自身设置

2. 通用财务软件基础设置不包括的内容是(　　)。

A. 企业名称　　B. 会计期间设置　　C. 工资核算　　D. 会计科目设置

3. 明细科目主要是根据(　　)设置的。

A. 企业自身业务特点　　B. 财政部的规定

C. 企业会计准则的规定　　D. 对方企业的需要

二、多项选择题

1. 计算机替代手工记账需建立的基本管理制度有(　　)。

A. 操作管理制度　　B. 硬件管理制度

C. 软件管理制度　　D. 审计制度

2. (　　)属于系统维护人员的职责。

A. 定期检查软件、硬件的运行情况　　B. 负责软件的安装和调试工作

C. 记账凭证的审核　　D. 负责会计数据的录入

3. (　　)是会计人员的主要工作内容。

A. 记账凭证的填制　　B. 报表的编制

C. 记账凭证的修改　　D. 记账凭证的审核

三、判断题

1. 在会计信息系统中,会计主体的界限划分主要是通过账套设置来完成的。　　(　　)

2. 与手工会计不同,会计信息化下不存在明显的岗位分工问题,可以由操作人员完成全部的证、账、表的工作。　　(　　)

3. 会计档案管理需要通过制定与实施档案管理制度来实现。（ ）

4. 会计软件各子系统之间往往保持相对独立，它们之间很少存在数据传输。（ ）

5. 我国会计核算以人民币作为记账本位币，因此不允许出现外币记账。（ ）

第3章 财务软件的发展与评价

☆ **学习目标**

掌握财务软件的内涵与分类；了解国内外财务软件的发展历程；熟悉通用财务软件的评价与选择。

☆ **课前思考**

我国会计电算化的起步较晚，但随着改革开放，我国的经济得到了飞速发展，我国企业自主研发的财务软件在国内具有很高的市场占有率，在激烈的市场竞争中占据了重要的位置。你知道有哪些ERP软件吗？企业在实施ERP项目时需要注意什么呢？

3.1 财务软件的内涵

对于财务软件的内涵，从不同的角度，有不同的理解。

第一，从软件的设计原理角度，财务软件可被定义为专门用于会计工作的电子计算机应用软件，包括采用各种计算机语言编制的用于会计工作的计算机程序、数据库和用户界面。

第二，从软件的形成过程来定义，一般认为，财务软件是指由开发人员根据具体会计工作，使用一种或多种计算机语言编制的，经过评审通过并在市场上公开销售的通用软件，它可以配合计算机完成记账、算账、报账等会计核算和部分财务管理工作。

第三，从软件的功能构成来看，财务软件是由各种功能模块构成的、依据一定的应用步骤用以完成财务数据的收集、整理、加工和输出的系统，其中主要包括财务核算模块和财务管理模块。

因此，财务软件可以被定义为专门用于会计核算与管理的电子计算机应用软件，即一组指挥计算机进行会计核算与管理工作的程序等，它包括计算机程序、存储的数据以及有关资料。

3.2 财务软件的分类

财务软件根据不同的应用情况，可以分为不同的类型。

①按适用范围不同，财务软件可以划分为专用财务软件(定点开发财务软件)和通用财务软件(商品化财务软件)。

专用财务软件也称为定点开发财务软件，是指仅适用于个别企业会计业务的财务软件。例如，某企业针对自身的会计核算和管理的特点而开发研制的软件。

定点开发财务软件的特点是把适合企业特点的会计核算规则与管理方法编入财务软件，如将报表格式、工资项目、计算方法等在程序中固定。其优点是比较适合使用企业的具体情况，使用方便；缺点是受到空间和时间上的限制，只能在个别企业、一定的时期内使用。

通用财务软件，又称商品化财务软件，是指经过评审通过的用于在市场销售的通用财务软件。商品化财务软件一般具有通用性、合法性和安全性等特点。选择商品化财务软件是企业实现会计电算化的一条捷径，是采用最多的一种方式。但是，商品化财务软件有一些缺点：一是不能全部满足使用企业的各种核算与管理要求；二是对会计人员的要求较高(如要求用户定义各种计算公式，设置各种单据表格等)，使其感到使用不便。

目前，大多数企业对于通用性比较好的部分模块，如总账和报表模块，一般使用商品化财务软件，而对于本企业有特殊核算和管理要求的功能，在商品化财务软件不能满足的情况下，自行开发，然后利用商品化财务软件提供的接口，将它们连接起来。

②按硬件结构不同，财务软件可以划分为单用户财务软件和多用户(网络)财务软件，不同企业可选择不同类型的软件。

一般而言，单用户财务软件适用于中小型企业，多用户财务软件适用于大中型企业。两种类型软件的核算原理与模块划分差异不大，仅仅在数据传递的时间和空间上存在差异。多用户财务软件通过网络连接，空间分布没有界限，时间上可以多人同时操作，比单用户财务软件更有效率，但成本也更高。

③按提供信息的层次不同，财务软件可以划分为核算型财务软件、管理型财务软件和决策型财务软件。

核算型财务软件是指专门用于完成会计核算工作的电子计算机应用软件，用以实现会计核算电算化。会计核算电算化是会计电算化最重要的组成部分，它面向事后核算，采用一系列专门的会计核算方法，实现会计数据处理电算化，提供会计核算信息，完成会计电算化基础工作。核算型财务软件的主要任务是设置会计科目、填制会计凭证、登记会计账簿、进行成本计算和编制会计报表等。

管理型财务软件的功能是在全面会计核算的基础上，对会计信息进行深层加工，实现会计管理职能。它是核算型财务软件的扩展，面向管理工作。管理型财务软件以财务管理学为理论基础，以决策支持为目标，以数据为中心，广泛采用会计学、统计学、运筹学、数量经济学等的相关方法，建立反映特定财务管理问题的模型，提供管理上所需要的各种财务信息。管理型财务软件的主要任务是开展财务分析、进行会计预测、编制财务计划和进行会计控制。管理型财务软件的总目标是通过核算、分析、决策处理过程的现代化，提高工作效率、管理水平，使企业的经营成本最低、资金周转最快、利润最高。

决策型财务软件主要是运用数据库和方法库建立各种模型，根据模型进行预测和辅助会计决策，为管理者提供科学的预测与决策信息。例如，利用成本核算数据和回归分析方法，建立成本估计模型；利用存货核算数据和经济批量法，建立财务预测模型。

3.3 国内外财务软件的发展历程

3.3.1 国外财务软件的发展历程

1954 年美国通用电气公司首次利用电子计算机计算职工薪金，开创了利用计算机进行会计数据处理的新纪元。

国外财务软件的发展，可以分为四个阶段。

1）物料需求计划阶段

20 世纪 50 年代，随着计算机的出现，人们开始尝试通过系统软件来处理库存控制优化问题。1960 年前后，美国生产与库存控制协会（APICS）的物料需求计划（material requirement planning，MRP）委员会主席约瑟夫·奥列基等人第一次运用 MRP 原理，开发了一套以库存控制为核心的微机软件系统。APICS 的成立以及第一套 MRP 软件的面世标志着现代企业管理软件的发展开始起步。

MRP 主要解决企业的生产计划与控制问题，保证既不出现短缺，又不积压库存，解决了制造业所关心的缺件与超储的矛盾。MRP 的应用过程中，没有财务部门的参与，因此当时的 MRP 软件并不涉及财务管理部分。

MRP 下的各子系统与财务系统之间是离散的，不能交互，所以数据不能共享，当时的财务管理信息系统几乎完全独立，成为一个“信息孤岛”。相关的数据、信息在生产与财务部门的计算机上重复录入与存储，企业任何一个信息系统都无法提供某一决策所需要的完整信息资料。这就降低了最终所需数据的可靠性，导致工作效率的低下甚至决策的失误。

2）闭环式 MRP 阶段

MRP 能利用物料清单、库存信息和主生产计划计算物料的需求，但是它没有考虑到生产企业现有的生产能力和采购的约束，也不能根据计划实施情况的反馈信息对计划进行调整，由此而产生的往往是生产计划与生产能力不匹配、不平衡。为了解决这些问题，20 世纪 70 年代出现了闭环式 MRP 系统。

闭环式 MRP 的基本思路：一是把生产能力需求计划纳入 MRP，形成一个封闭的系统，即系统必须根据生产能力的限制对能力需求计划、物料需求计划乃至主计划进行调整；二是在执行过程中必须反馈信息并利用反馈信息进行平衡调整。换句话说就是把需要与可能结合起来，通过能力与负荷的反复平衡，实现一个完整的生产计划和控制系统。

3）制造资源计划阶段

20 世纪 80 年代，人们把生产、财务、销售、采购等各个子系统集成为一个一体化的系统并称为制造资源计划（manufacturing resource planning），为了与物料需求计划（MRP）相区别，就称其为 MRPⅡ。MRPⅡ的基本原理就是把企业作为一个有机整体，以生产计划为主线，从整体最优的角度出发，通过运用科学方法对企业各种制造资源和产、供、销、财各个环节进行统一有效的计划、组织和控制，使物流、信息流、资金流流动畅通的动态反馈系统成为以生产制造为主线，集物流、信息流、资金流为一体的全面制造资源计划。

MRPⅡ的主要职能在财务、物料和制造方面。在这个阶段，决策支持系统开始引入人工智能技术，是一个比较完整的生产经营管理计划体系，能为企业生产经营提供一个完整而详尽的计划，可使企业内各部门的活动协调一致，形成一个整体，是提高制造业企业整体效率和效益的有效管理模式。但是，MRPⅡ中的财务系统主要用于事后收集和反映财务数据，在管理控制和决策支持方面的功能相对较弱。

4）企业资源计划阶段

从 20 世纪 90 年代中后期开始，为了确立竞争优势，各国企业更加关注进入市场的时间、产品的质量、服务的水平和运营成本的降低，并且为适应市场全球化，组织结构和投资结构也趋向于分布式和扁平化。

企业资源计划（enterprise resource planning，ERP）就是在这种时代背景下面世的。在 ERP 系统设计中，考虑到仅靠自己企业的资源不可能有效地参与市场竞争，还必须把经营过程中的有关各方（如供应商、制造工厂、分销网络、客户等）纳入一个紧密的供应链中才能有效地安排企业的产、供、销活动，满足企业利用一切市场资源快速高效地进行生产经营的需求并准确及时地反映各方的动态信息，监控经营成本和资金流向，以期进一步提高企业对市场反应的灵活性和财务效率，并在市场上获得竞争优势。

3.3.2 国内财务软件的发展历程

我国财务软件的发展始于 20 世纪 70 年代，大致经历了三个阶段：第一阶段，探索发展阶段（1979—1988 年）；第二阶段，政府推动发展阶段（1989—1998 年）；第三阶段，市场化发展阶段（1999 年至今）。

1）探索发展阶段（1979—1988 年）

我国第一台计算机诞生于 1958 年，从那时起到 20 世纪 70 年代中期，计算机主要用于科学技术工作中。1979 年，财政部拨款 500 万元，用于长春第一汽车制造厂进行会计电算化试点工作。1981 年 8 月，在财政部、第一机械工业部、中国会计学会的支持下，中国人民大学和长春第一汽车制造厂联合召开了财务、会计、成本应用电子计算机专题讨论会。1979 年是中国会计信息化发展的起点。

在 1979—1988 年，会计信息化（那个时代称之为会计电算化）从无到有，在中国开始生根发芽，各部门（包括财政部、铁道部等）纷纷在全国各地做探索性的试点，全国高等院校也加入研究的行列，这个阶段属于探索阶段。但从整个国家来讲，这项工作基本上是各自为政，国家各职能部门都在摸着石头过河，摸索能够适应自身需要的解决方案。这个阶段的中国会计信息化水平不高，相关软件功能单一且不通用，还没有形成大规模的商品化财务软件公司与市场。

这一阶段的历史大背景是，我国刚刚开始改革开放，各行各业都在强调解放思想，学习和应用科学技术知识。1981 年后，IBM-PC 计算机的出现，为计算机的普及应用提供了可能。在当时，dBase 开发工具对于爱好计算机的会计人员来讲，学习容易，从而使计算机得到广泛应用。很多单位自发地进行了财务软件（即通常所说的会计软件）的专项开发，主要是开发一些相对简单的模块，应用层次也很低，但相对于手工来讲，变化是巨大的。这一阶段，大型企业和科研院所在开展会计信息化工作后，会计信息化逐步上升为区域性、行业性的行为。

1988 年，中国会计学会首届会计电算化学术讨论会在吉林召开。在这次会议上，与会专家达成共识：发展通用会计软件和引入市场机制是中国会计电算化发展的出路。同年，财政部在上海召开会计电算化工作会议，对制定各省区计算机应用规划、实施会计软件的评审工作做了统一部署。

2）政府推动发展阶段（1989—1998 年）

在广泛征求各方意见的基础上，1989 年 12 月 9 日，财政部发布了《会计核算软件管理的几项规定（试行）》。对于会计信息化自身来讲，这是一个划时代的文件，中国会计信息化在财政部的统一部署管理和强有力的推动下获得长足的发展。大大小小的财务软件厂商如雨后春笋般地涌现出来，先锋、用友、金蜘蛛、万能、安易、润嘉等是这个时期的典型代表。因此，《会计核算软件管理的几项规定（试行）》的发布可以称为我国会计信息化发展第二阶段，即政府推动发展阶段的标志。

1990 年，财政部正式成立了会计核算软件评审委员会，先后制定了《关于会计核算软件评审问题的补充规定（试行）》《关于加强对通过财政部评审的商品化会计核算软件管理的通知》等文件，对财务软件进行严格的评审与管理。针对会计电算化地区发展的不平衡问题，1994 年财政部又下发了《关于大力发展我国会计电算化事业的意见》，以推动全国的工作开展，并提出了具体要求。这些工作成了我国会计信息化发展的强有力的推动力量。

在这期间，在财政部的统一部署下，我国进行了普及性的会计电算化初级培训，使所有的会计上岗人员懂得了计算机和会计电算化基础知识，这为我国的会计软件的快速推广打下了先行的认识基础。

1989—1998 年，会计软件逐步通用化、商品化，市场上出现了数百家会计软件公司。这个时期的中国会计信息化发展非常迅速，会计软件依托 DOS（disk operating system，磁盘操作系统）平台，功能上也基本上属于核算型。从 1994 年开始，Windows 会计软件逐步引起重视，但真正普及是在 1998 年后。

在这 10 年中，在财政部及各省区财政厅（局）的推动下，商品化会计软件逐步走向成熟，市场竞争机制逐步完善，全国通用会计软件生产厂家从几百家逐渐向十来家集中。

3）市场化发展阶段（1999 年至今）

市场化发展阶段的大背景是，国家机关进行机构改革，部分转变职能，将属于市场的交给市场，行业性的管理逐步转向行业协会。在财政部强有力的推动与管理下，中国会计信息化不断发展壮大并走向成熟，会计信息化应用逐渐普及，行政推广已经没有必要，会计软件评审等工作逐渐失去意义。随着会计信息化的发展，市场机制的自发调节趋于完善，会计信息化管理开始由政府管理转向行业协会自律。这个时期的会计软件逐步转向管理型，大型的会计软件公司开始向 ERP 转型。

1998 年后，行业协会开始逐步发挥作用。在理论研究方面，中国会计学会会计信息化专业委员会成为组织者和实施者。在市场方面，中国软件行业协会财务及企业管理软件分会也在发挥作用。财政部继续发挥着宏观管理会计信息化的作用。在会计核算软件数据接口方面，上升到国家标准化管理，使整个管理更加宏观和长远。

2008年11月，财政部牵头成立了会计信息化委员会，成立该部门的原因是会计信息是各部门、各单位的决策基础，推进会计信息化工作对于贯彻落实会计审计准则和内部控制标准、提高企业管理水平、加强国家宏观调控具有十分重要的意义，为推进我国会计信息化建设提供组织保障、协调机制和智力支持。会计信息化建设的总体目标是力争通过5～10年的努力，建立一个政府指导并组织推动、单位主动参与并具体实施、市场积极响应并配合支持的会计信息化管理体系；构建一个以企业提供标准化信息为基础，方便使用者高效利用信息的数出一门、资料共享的综合信息平台；形成一套以XBRL国家分类标准为重要组成部分的会计信息技术标准体系；打造一支既精通会计业务又熟悉信息技术的复合型会计信息化人才队伍；培育一个为相关单位提供高质量软硬件产品、技术服务和相关领域咨询服务的会计信息化产业。

为使会计软件数据接口能在更大范围内执行和应用，满足会计软件和其他软件的发展要求，2004年，审计署、财政部等制定了《信息技术　会计核算软件数据接口》(GB/T 19581—2004)国家标准。2008年，国家标准化管理委员会又专门成立了全国审计信息化标准化技术委员会，以长期推动审计信息化的有关标准制定工作。2010年和2011年，《财经信息技术　会计核算软件数据接口》系列国家标准发布，包括“第1部分：企业”“第2部分：行政事业单位”“第3部分：总预算会计”“第4部分：商业银行”，后续有关ERP的数据接口标准也已经发布。

2010年10月，国家标准化管理委员会和财政部发布XBRL技术规范系列国家标准和企业会计准则通用分类标准。XBRL有效增强了信息的准确性和及时性，有利于从不同角度和不同层次对信息进行深加工和精细化处理，提高了信息利用的广度、深度和精度，不仅可在财会领域单一应用，更可以不断拓展到财政管理、税务管理、金融监管、国有资产管理、企业风险管理与内部控制的众多方面。

2013年，财政部发布了《企业会计信息化工作规范》(财会〔2013〕20号)，对信息化环境下的会计工作进行了详细规范；2024年，财政部对该规范进行了修订。

☆ **思政园地**

财务工作需要不断创新

在财务工作中，人机协同是一个不可忽视的趋势。技术的迅猛发展使得财务数据的处理和分析变得更加便捷和准确。借助先进的财务软件和系统，可以实现财务数据的自动化记录和处理，大大提高工作效率并减少人为错误。

此外，还可以利用大数据和人工智能等技术，深入分析财务数据，发现潜在的机会和风险，为企业提供更好的战略和经营建议。有了财务管理软件之后，能够提高企业的经营管理水平，通过设计和实施创新的财务控制和运营管理机制，可以提高企业的资源利用效率，降低成本，增强竞争力。

3.4 通用财务软件的评价与选择

3.4.1 通用财务软件的评价

对通用财务软件的评价目前没有固定的指标，一般主要从以下几方面进行评价。

1）通用财务软件符合国家有关法规、制度要求

会计工作要遵循全国统一会计制度和其他财经法规的有关规定，对执行会计工作的通用财务软件也不例外。同时，作为一种技术产品，通用财务软件还应满足国家对软件管理的相关规定以及相关的标准。

2）适用性

适用性主要是指通用财务软件适用于本单位会计业务处理的性能，是否适用主要应根据所做的需求分析来确定。一般应主要评价：软件的功能是否满足本单位的要求；软件输出的信息是否满足本单位的要求；软件需输入的信息本单位是否能提供，是否方便；软件提供的接口是否能满足本单位会计信息化工作进一步开展的要求。

3）通用性

通用性是指通用财务软件满足不同的企事业单位、不同的会计工作及单位不同时期会计工作需要的功能。其包括纵向与横向两方面的通用性，纵向的通用性指通用财务软件满足单位不同时期会计工作需要的性能；横向的通用性是指通用财务软件满足不同单位会计工作需要的功能。对通用性主要考察以下六个方面。

①各种自定义功能是否能满足使用单位的要求。对于会计工作中不十分规范、变化较多的事项，通用财务软件一般都是通过自定义功能来实现通用的。例如，通用报表生成系统中，就应由使用人员定义数据来源、报表项目的算法、打印格式等。

②各种编码方案是否有由使用人员自定义的功能，即是否有增删改等维护功能。例如，会计科目的分级数和每级科目的长度及编号应由使用人员按有关会计制度的规定自行设置。对会计科目及其编码应有增删改功能，以保证适应核算内容的变化。

③对一些无法直接实现通用的功能是否设有可选功能，是否满足通用要求。在一些功能无法直接实现通用的情况下，应增加可选功能，由使用单位选择所需功能，通过软件组合来满足使用单位的要求。例如，成本核算就可设置定额核算法、平行结转分步法等各种成本核算的可选方法，由单位按自己采用的成本核算方法选择设置软件中的成本核算方法。

④对一些变化较多的算法是否可由使用人员进行自定义。例如，由使用人员自定义成本核算中的产品费用归集公式。

⑤软件的系统初始设置及维护功能是否能充分设置本单位所需的各种初始数据。

⑥软件是否提供了对外符合有关标准的数据接口。

4）安全性与可靠性

安全性是指通用财务软件防止会计信息被泄露和破坏的能力。可靠性是指通用财务软件防错、查错、纠错的能力。评价通用财务软件的安全性与可靠性主要考察软件提供的各种可靠性保证措施结合起来是否能有效地防止差错的发生，在发生时是否能及时查出并进行修改；安全性保证措施是否能有效地防止会计信息的泄露和破坏。软件安全性与可靠性应主要从以下几方面进行考察：

①是否有数据备份与恢复功能，并能有效地备份与恢复各种历史数据；

②是否有权限设置功能，并能最大限度地保证各有关人员只能执行其权限范围内的工作；

③是否采用了各种容错技术，保证在会计人员操作失误时及时发现和纠正错误；

④是否将会计业务存在各种钩稽关系的特点融入软件中，可随时检查各种生成数据的正确性；

⑤对各种上机操作是否留有记录，以便随时追踪查询各种失误与破坏。

5）易使用性

易使用性是指通用财务软件易学、易操作的性能，主要从以下方面进行评价：用户操作手册内容是否完整、通俗易懂；联机帮助是否充分；软件操作是否简便易学；软件操作过程中的难点是否设有辅助功能，辅助功能是否实用；软件提供的界面是否清晰，并符合会计人员的习惯；对操作的关键环节是否具有特别控制，如结账、删除往年数据等。

6）先进性

先进性是指通用财务软件在同类产品中的先进程度，包括功能的完备性、运行效率、软件技术平台的先进性和软件设计的优良性等。先进性是单位选择通用财务软件的因素之一，但对于会计工作，主要应考虑其实用性，即前五个评价标准。

3.4.2 通用财务软件选择的步骤

①进行初步的需求分析，确定对软件的功能、安全性、可靠性及其他性能的要求。例如，确定账务模块应有建账、科目及编码增删改、记账凭证录入及复核、记账、结账、账簿查询、数据备份与恢复、凭证及账簿打印等功能。

②选择几家通用财务软件厂家进行调查，了解其产品。首先是通过网站初步了解有关情况，然后通过阅读产品简介、观看产品演示，采用询问、讨论等方式，考察其是否满足本单位的需求，如了解其对会计业务岗位的设置是否满足本单位的要求，会计科目的编码方案是否满足本单位的要求，业务处理模式是否满足本单位的要求等。

③确定1～3家厂家的产品，再争取到其用户单位参观，详细了解产品使用、客户服务、本地代理维护能力等情况。

④采用招标或谈判方式，确定选择对象，确定软件模块、价格、付款方式、试用条件、后续维护、人员培训等问题。

【思考题】

(1) 你了解用友和金蝶公司的发展历程吗？

(2) 小微企业应该如何选择财务软件呢？

(3) 财务软件在我国发展经历了哪些阶段？

☆ 思政案例

遵纪守法，支持原创，拒绝盗版

不少消费者为贪图便宜，免费使用了一些有问题的盗版软件，其实这就如同给电脑安了“监控”，埋了“地雷”，风险极高。“3·15”信息安全实验室技术人员对十余款常用软件的破解版，即盗版版本，进行了实时监测，发现了不少猫腻。一款视频APP的破解版，测试人员发现它被额外嵌入了3款和官方版本毫不相关的第三方插件。只要这款视频APP一运行，用户所有的关键信息都被识别。只要掌握其中2～3种信息，即使用户更换了手机或电话号码，它也能精准锁定用户，实时捕捉和追踪用户动态，形成用户的精准画像。

这些盗版软件的开发者、传播者不是为了给人们“送福利”的，盗版软件里内置的插件，就像是寄生在电脑里的窃贼一样在盗取消费者的个人信息，最后把这些信息变成非法售卖的商品。

消费者不要抱着侥幸心理，贪图盗版软件的小便宜，等到吃了大亏后悔莫及。

依据我国刑法相关条款及司法解释的规定，以营利为目的，未经著作权人许可，复制发行、通过信息网络向公众传播其文字作品、音乐、美术、视听作品、计算机软件及法律和行政法规规定的其他作品的，违法所得数额较大或者有其他严重情节的，处三年以下有期徒刑，并处或者单处罚金；违法所得数额巨大或者有其他特别严重情节的，处三年以上十年以下有期徒刑，并处罚金。

保护知识产权，就是尊重知识，尊重智力创造活动。高红法官建议市民，在日常工作生活中自觉遵守知识产权法，向违法行为说不。购买财务软件时，应注意以下问题：①购买的是否为原版软件；②购买的是否为财政部评审通过的软件；③软件的对外是否有接口，接口是否符合要求；④厂家提供文档资料的优劣等。

（原文来源：《北京日报》。有删改。）

【总结】我们应该增强版权意识，主动避免使用盗版软件。盗版软件不仅违反法律，也会给用户带来安全隐患和经济损失。使用合法正版软件不仅能够获得更好的技术支持和服务，还能避免潜在的风险和漏洞。同时，应该选择正规渠道下载安装软件，如官方应用商店、授权代理商等。这些渠道经过了严格的审查和筛选，可以有效保护用户的权益，确保软件的质量和安全性。

拒绝盗版，是每个人的责任与义务。盗版的财务软件无法保障数据的安全与稳定，无法保障财务软件的先进性和适用性，对企业的发展是不利的。

【章末习题】

一、单项选择题

1. 在会计核算软件中，其核心子系统是（　　）。

A. 报表子系统　　B. 账务处理子系统
C. 财务分析子系统　　D. 成本核算子系统

2. 一般情况下，小型企业开展会计信息化会选择（　　）。

A. 商品化财务软件　　B. 自行开发软件
C. 委托软件公司开发软件　　D. 定点开发软件

3. 通用财务软件又称（　　）。

A. 专用财务软件　　B. 定点开发财务软件
C. 单用户财务软件　　D. 商品化财务软件

二、多项选择题

1. 财务软件按照适用范围不同可分为（　　）。

A. 专用财务软件　　B. 通用财务软件
C. 单用户财务软件　　D. 多用户财务软件

2. 会计核算软件的基本功能主要有（　　）。

A. 会计数据处理　　B. 会计数据存档
C. 会计数据输入　　D. 会计数据输出

3. 国外财务软件的发展主要经历了（　　）等阶段。

A. MRP 阶段　　B. 闭环式 MRP 阶段　　C. MRPⅡ阶段　　D. ERP 阶段

三、判断题

1. 一般情况下，一个财务软件只能设置一个账套。（　　）
2. 财务软件各子系统的数据始终是围绕账务处理子系统进行传递的。（　　）
3. 定点开发财务软件的特点是把适合单位特点的会计核算规则与管理方法编入财务软件。（　　）
4. 单位选择商品化财务软件的时候不用考虑易使用性。（　　）
5. 使用财务软件时，为保证万无一失，会计核算人员应由部分程序开发人员兼任。（　　）

第4章 账套管理的操作原理与基本流程

☆ **学习目标**

通过本章的学习，理解财务软件账套的基本含义；掌握账套的建立、修改、删除操作；掌握账套备份和恢复的基本含义及操作流程。

☆ **课前思考**

当企业通过购买商品化财务软件的方式建立会计信息系统后，会计人员就可以直接进行账务处理了吗？答案是否定的。你觉得还需要做哪些准备工作呢？

4.1 账套管理概述

所谓账套，是指在财务软件系统中为每一个独立核算的单位所建立的一套完整的账务体系。财务软件账套管理的核心是对单位所使用账套的各项内容进行管理。账套是财务软件中存放会计所有数据资料文件的总称，即一个核算单位。一个单位对应一个账套，如果单位内部还有独立核算的下级单位，或下设多个独立核算的部门，则可给每个独立核算的下级单位或部门分别立账，各账套之间可实现资源或数据共享。

不同的财务软件，账套管理的功能略有不同。以金蝶 KIS 专业版为例，账套管理的主要功能包括新建账套、修改账套、删除账套、账套备份与恢复等。

新建账套是单位在首次使用财务软件进行会计工作时必须要进行的步骤，如同手工会计需要建立会计核算体系一样。建账的原理是在计算机中建立一套电子数据库文件，用来存储各种会计和业务活动的数据和信息。在金蝶 KIS 专业版财务软件中，新建账套需要录入核算单位的名称、账套名称、单位地址和电话、数据库路径等信息。对于新建完成的账套，在发现信息错误的情况下，可以进行修改或删除。

账套备份与恢复是每一款财务软件必须具备的重要功能。所谓账套备份是指将当前电子账簿中的数据文件全部复制到其他硬盘或者软盘上。账套恢复是指在硬盘数据丢失或者需要恢复到以前某一天(这一天已经有了备份)的情况下,将已经备份在其他硬盘或者软盘下的数据再复制回来的过程。为了防止由于硬盘出现故障或其他突发原因导致电子账套数据丢失,应进行定期或不定期的账套数据备份,以保障会计信息的安全性和准确性。

4.2 账套的建立

以金蝶 KIS 专业版财务软件为例,建立账套的流程如下。

双击电脑桌面上的金蝶 KIS 专业版图标,在系统登录界面,单击“账套管理”按钮,进入账套管理登录界面,如图 4-1 所示。

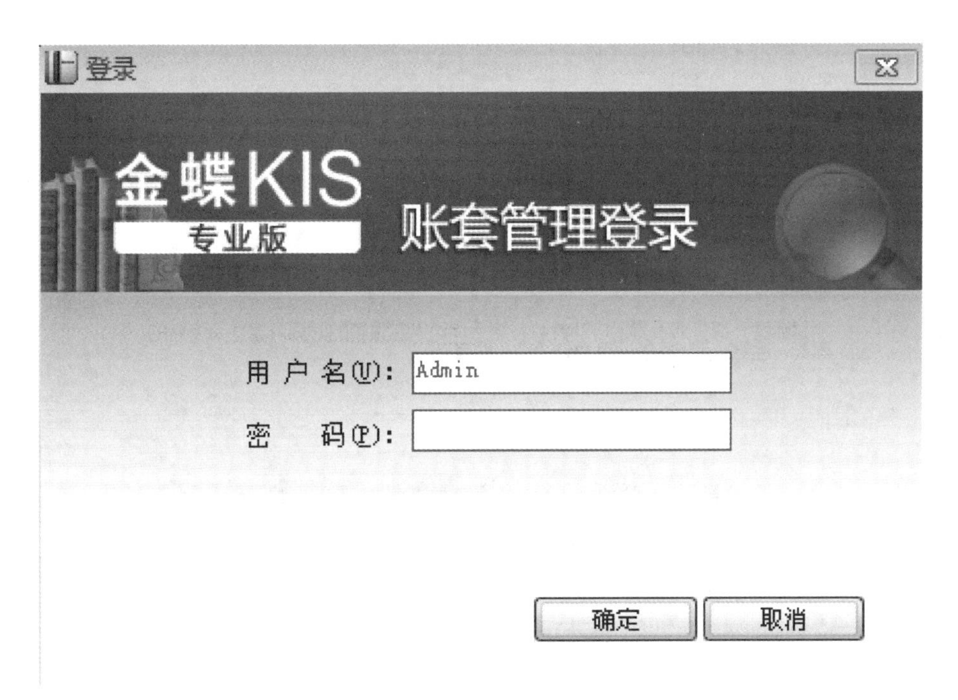

图 4-1　账套管理登录界面

单击“确定”按钮后,在“账套管理”窗口单击“新建”按钮,依照建账向导完成账套的新建工作,如图 4-2 所示。

【操作提示】建账工作一般由系统管理人员完成,系统管理人员负责系统的建立、维护与更新,不参与日常财务处理工作。在金蝶 KIS 专业版软件新建账套时,系统会自动生成账套号,不需要操作人员进行设置。带 * 的项目为必须输入项目。

在图 4-2 所示的“新建账套”窗口中,录入账套名称和公司名称、地址、电话等信息,并设置数据库路径后,单击“确定”按钮,建账完成,如图 4-3 所示。

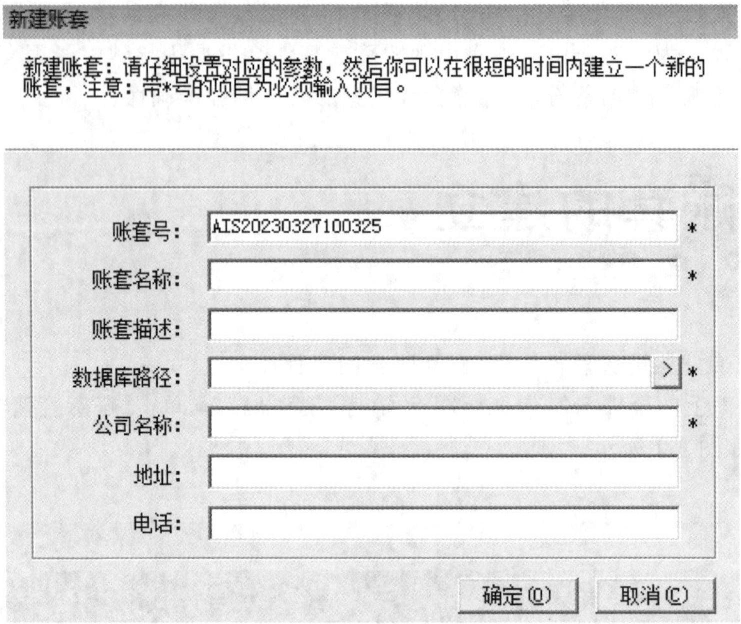

新建账套

新建账套：请仔细设置对应的参数，然后你可以在很短的时间内建立一个新的账套，注意：带*号的项目为必须输入项目。

账套号：AIS20230327100325 *
账套名称： *
账套描述：
数据库路径： *
公司名称： *
地址：
电话：

确定(O) 取消(C)

图 4-2 新建账套

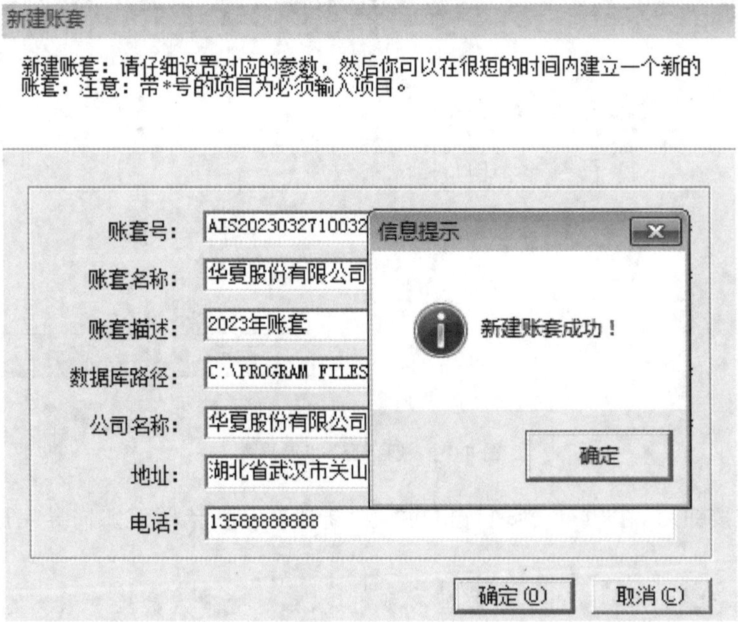

新建账套

新建账套：请仔细设置对应的参数，然后你可以在很短的时间内建立一个新的账套，注意：带*号的项目为必须输入项目。

账套号：AIS2023032710032
账套名称：华夏股份有限公司
账套描述：2023年账套
数据库路径：C:\PROGRAM FILES
公司名称：华夏股份有限公司
地址：湖北省武汉市关山
电话：13588888888

信息提示
新建账套成功！
确定

确定(O) 取消(C)

图 4-3 建账完成

4.3 账套的修改与删除

4.3.1 账套的修改

在"账套管理"窗口,选中要修改的账套,单击"属性"按钮,即出现图 4-4 所示的窗口,在"账套属性"窗口中可以对除账套号之外的内容进行修改。

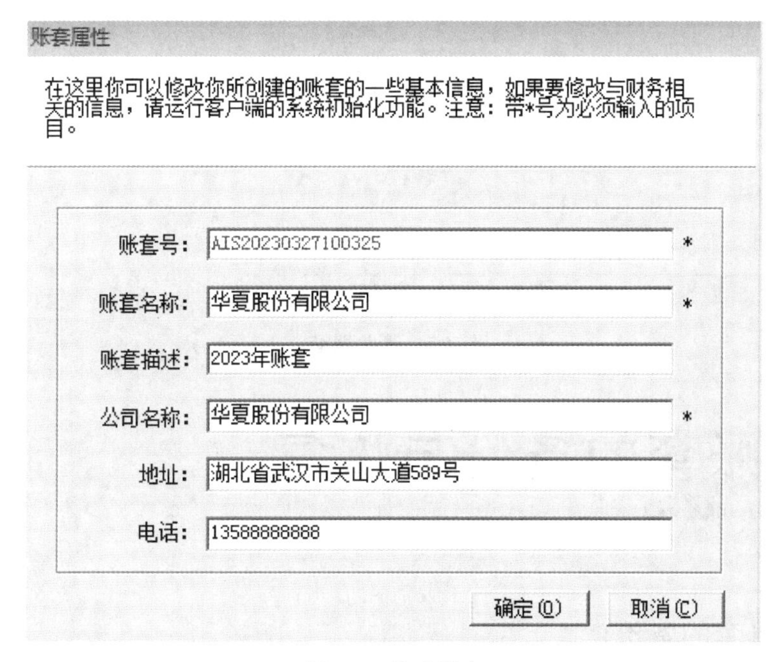

图 4-4 修改账套

【操作提示】通常只有设置账套的系统操作人员才有权限修改账套数据。修改账套只能修改部分信息。系统已经确认或已经处理的一些关键信息是无法修改的。

4.3.2 账套的删除

在"账套管理"窗口选中要删除的账套,单击"删除"按钮,即可删除选中的账套,如图 4-5 所示。

【操作提示】对不再使用的账套,可以直接删除,删除账套将把该账套数据存储文件全部删除,因此需要谨慎使用该功能。

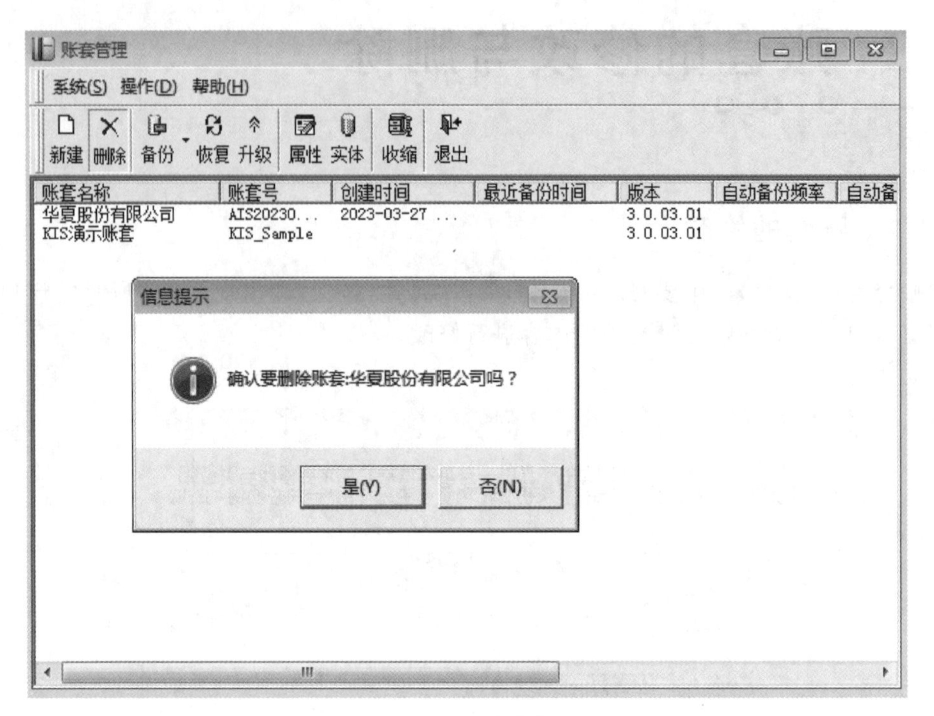

图 4-5 删除账套

4.4 账套的备份与恢复

4.4.1 账套的备份

在“账套管理”窗口中，选中需备份的账套，单击“备份”按钮，在“账套备份”窗口中，设置备份路径，单击“确定”按钮即可，如图 4-6 所示。生成的备份文件有两个。一个为数据库文件，另一个为说明性文件，如图 4-7 所示。在进行账套恢复时，两个文件缺一不可。缺少其中任何一个文件，将无法完成账套的恢复。如若两个文件的名称因存储原因出现不一致的情况，也将无法进行账套恢复。

【操作提示】数据备份需要定期(一般为每个月末)或不定期(输入了大量数据等情况)进行。数据恢复不需要定期进行，只有在数据遭到破坏或者需要恢复到以前某一天状况下时进行。数据恢复一般会完全覆盖当前账套数据，因此要谨慎使用。

☆ 思政园地

财会人员的风险意识

为什么要进行账套的备份呢？是因为在会计信息系统中数据有丢失、紊乱等风险，而这些风险会导致账套数据受损，进而无法进行持续的账务处理，给企业带来损失。作为财会人员要

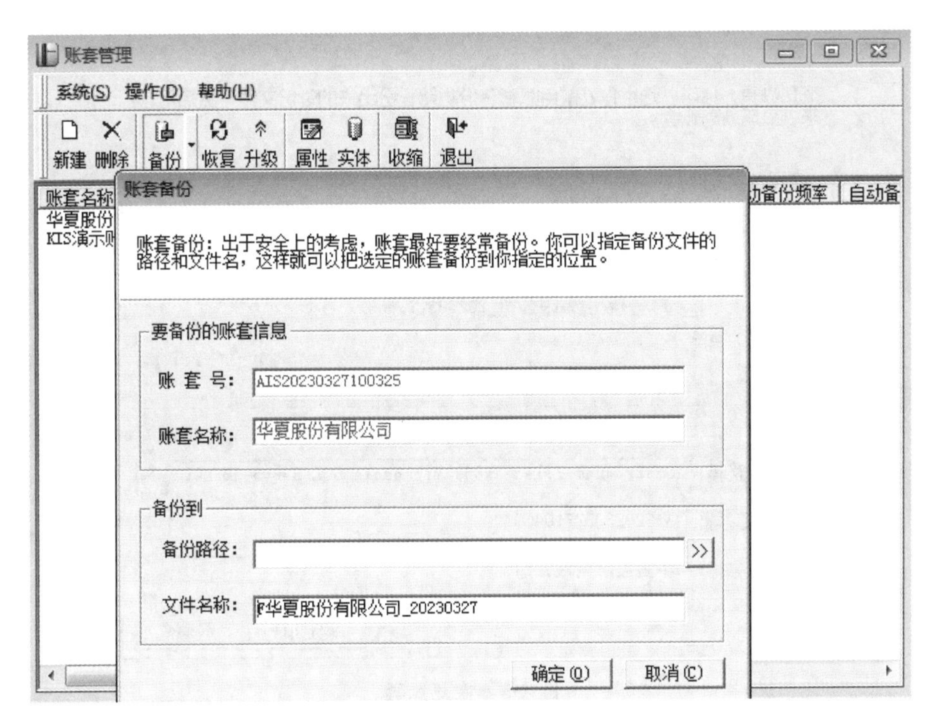

图 4-6　备份账套

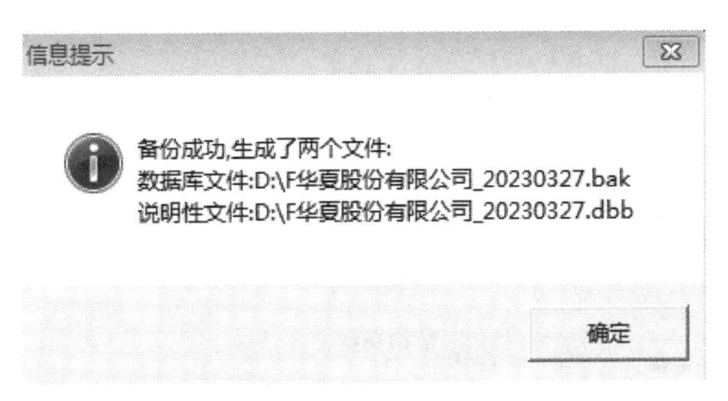

图 4-7　备份成功

意识到风险的存在，并加强防范与控制，增强自我保护意识。

在账务处理的关键时间节点，比如结束初始化之前、结账之前、输入了大量重要数据之后等，财会人员均需要进行数据的备份。财会人员必须具有风险意识，熟练掌握账套备份和恢复的操作流程，并明确其重要性，以确保企业的账务处理能顺利进行。

4.4.2　账套的恢复

账套的恢复，是指在已有备份账套的情况下进行的账套恢复。在“账套管理”窗口中，单击“恢复”按钮，在“恢复账套”的窗口中，选择备份文件所在的位置，单击出现的说明性文件，即可进行账套的恢复，如图 4-8 所示。单击“确定”后，系统即提示“恢复账套成功！”。

在进行系统操作时，如若出现异常提示，如“当前使用的功能与其他用户有冲突，目前无法使用。”等，可以利用金蝶 KIS 专业版软件提供的解决方案进行处理。

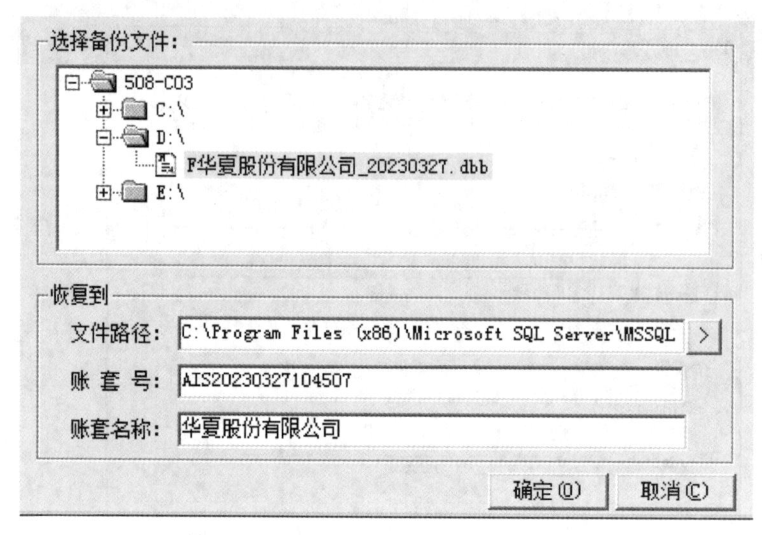

图 4-8　恢复账套

选择“开始”→“程序”→“金蝶 KIS 专业版”→“工具”→“系统工具”，进入图 4-9 所示的界面。

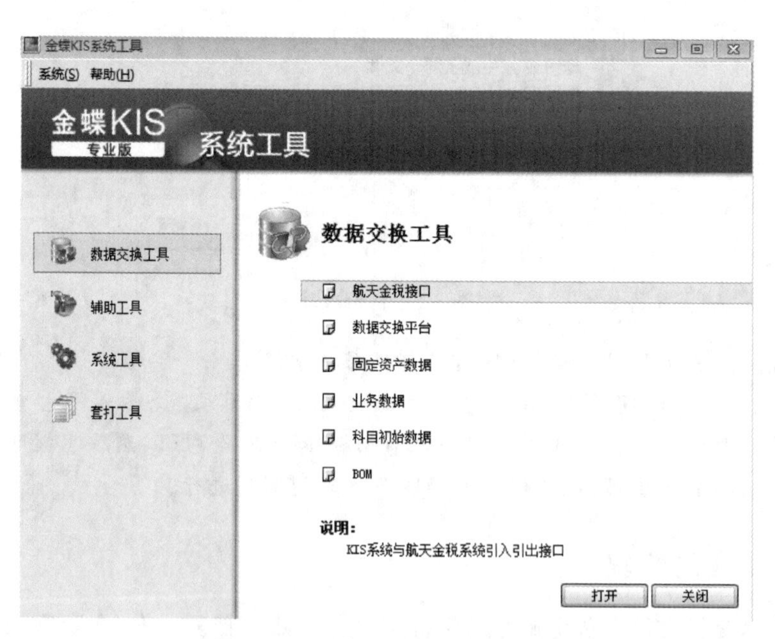

图 4-9　金蝶 KIS 专业版系统工具

选择“系统工具”选项，单击“打开”按钮，在“网络控制”窗口中，单击菜单“控制”→“清除当前任务”，即清除网络控制工具中选中的记录。

【思考题】

(1) 你听说过哪些财务软件呢？请举例说明。

(2) 你觉得企业应设置何种账套备份的计划比较合理呢？

(3) 你觉得账套恢复功能的作用体现在什么地方呢？

☆ 思政案例(一)

MySQL 案例:一个数据丢失的案例

MySQL 数据丢失了,调查记录:

①实例状态是否正常？——经确认,实例状态正常。

②业务库存在吗？——经确认,业务库存在。

③业务访问哪个表报错？表存在吗？删除了吗？——经确认,业务表存在。

④应用用户权限是否正常？——经确认,应用用户拥有业务库的所有权限。

⑤业务访问有什么问题？——经确认,业务访问部分页面报错。

⑥一方面怀疑应用程序有异常,另一方面怀疑丢失了某些记录。检查运维端的思路是检查业务表是否有主键,业务端访问错误与业务表的对应关系,能否找到相应的记录。

⑦进一步分析发现业务表有主键,开发方也提供了查询记录。开发方检查了应用,日志并没有明确打印出错误信息。

⑧确认当晚对部分表进行了 DDL 改动。继续排查发现当晚的 DDL 改动涉及对业务表的操作,改动内容为修改字段长度。

⑨查看 sql_mode 配置,查询对应的完整行记录进行开发确认,最终确认是由 DDL 变化导致字段被截断。

最后通过备份恢复,问题终于解决了。

【总结】在会计信息化的进程中,必须培养财会人员的风险意识,尤其是数据丢失的风险意识。财会人员需保持持续的学习状态,积极汲取计算机技术和会计信息系统等方面的专业知识,能主动防范数据丢失风险,也能在数据丢失时通过合理的方式进行数据的恢复,以减少损失。

☆ 思政案例(二)

紧急事件,记一次系统数据从丢失到恢复的案例

2 月 13 日 23:00,接到微信消息,问能否帮忙恢复数据。

系统环境信息如下。

操作系统:RHEL7.5。

工作流平台:开源 activiti。

业务应用:调用 activiti,生成该应用的流程数据。

工作流使用的数据库:MySQL 5.7 社区版,一主两备。

23:05,开始介入数据丢失的故障。

解决问题的大概思路如下。

①找到是什么人在什么时间点做了什么操作。

②确认这个操作对系统的影响有多大，是否对其他系统有影响；确认这个操作是不是正常业务体现。

③确认数据库里受到影响的日志的时间段。

④在仿真环境中复盘整个故障。

⑤制定技术恢复方案，在仿真环境中验证数据恢复方案。

⑥在仿真环境中验证数据恢复后应用是否正常。

⑦备份生产环境数据，应用数据恢复方案到生产环境。

⑧生产环境进行绿灯测试，无误后，恢复完成。

请问，为什么不用备份恢复的方式进行数据库恢复？

在系统中，数据已经备份了，每天都有进行备份。而不能使用备份恢复的原因在于，工作流平台里有很多应用的流程引擎，一旦做了基于时间点的恢复，别的应用的系统数据一块被恢复了，将会导致别的系统会丢失一部分数据。

【总结】在会计信息系统中，账套备份和恢复的操作流程是财会人员必须掌握的基本技能。但在一定情况下，直接进行全部数据的备份恢复，在弥补一部分数据丢失的同时也会造成另一部分数据的丢失，需用辩证的眼光看待问题，寻找最合理的解决问题的方式。

【章末习题】

一、单项选择题

1. 下列不属于金蝶 KIS 专业版软件建立账套时需要设置的信息是(　　)。

A. 账套名称　　B. 单位名称　　C. 数据库路径　　D. 科目期初余额

2. 一个账套可以代表(　　)的账簿体系。

A. 一个部门　　B. 一家分公司　　C. 一家总公司　　D. 都可以

3. 以系统管理人员的身份进行财务软件系统操作时，不能进行的操作有(　　)。

A. 新建账套　　B. 修改账套　　C. 删除账套　　D. 设置会计科目

二、多项选择题

1. 下列属于系统管理人员的操作权限的是(　　)。

A. 账套备份　　B. 月末结账　　C. 建立账套　　D. 审核记账凭证

2. 下列属于账套管理基本功能的是(　　)。

A. 建立账套　　B. 删除账套　　C. 备份账套　　D. 引入会计科目

3. 金蝶 KIS 专业版软件的账套备份文件有(　　)。

A. 数据库文件　　B. 会计科目文件　　C. 说明性文件　　D. 账簿文件

三、判断题

1. 账套号是区别不同账套的唯一标识。(　　)

2. 建账工作一般由系统管理人员完成，系统管理人员负责系统的建立、维护与更新，但不参与日常财务处理工作。(　　)

3. 金蝶 KIS 专业版软件进行账套备份时会生成两个文件，一个为数据库文件，另一个为说明性文件。(　　)

4. 金蝶 KIS 专业版软件在进行账套恢复时，有数据库文件即可进行恢复。(　　)

5. 系统管理人员可以增加操作人员，并进行操作人员权限设置。(　　)

四、操作题

已知的信息资料如下。

账套名称:华夏股份有限公司。

账套描述:2025年账套。

数据库路径:系统默认。

公司名称:华夏股份有限公司。

地址:湖北省武汉市关山大道589号。

电话:13588888888。

根据上述资料,以系统管理人员身份进行新建账套、修改账套、账套备份与恢复等内容的操作。

第5章 基础设置的操作原理与基本流程

☆ **学习目标**

通过本章的学习,理解基础设置的内涵;掌握通用财务软件基础设置的主要内容和实际操作应用。

☆ **课前思考**

你学会新建账套了吗?关于账套的备份和恢复,你觉得其重要性体现在哪些地方呢?你觉得要进行日常账务处理,还需要有哪些基础信息的设置呢?

5.1 基础设置概述

基础设置是指正式录入记账凭证之前应该做的各种前期工作。财务软件的初始设置实际上是手工记账和计算机记账的交接过程。在这一过程中要输入一家企业具体的会计核算规则、方法和基础数据,将通用财务软件系统转化成一个适合特定企业的专用的财务软件系统,使之能够完成该企业的会计信息化工作。

基础设置是在建立账套完毕之后、系统正常使用之前需要进行的一项重要工作。由于现有商品化财务软件一般为通用财务软件,因此各个企业需根据自身实际情况,对本单位使用的会计科目、部门、外币信息等进行初始设置。

在进行基础设置时,应注意设置的内容和参数等信息初始化完成后有些可以修改,有些则不能修改,在操作过程中需要仔细体会。

5.1.1 系统参数

为了使通用财务软件更适合软件应用企业的具体业务需求,软件会有系统参数设置的功能，用来设置部分特殊的业务需求，包括系统参数、会计期间、财务参数、业务参数等。

5.1.2 用户管理

用户管理是对使用财务软件进行数据处理的人员进行设定并给予一定操作权限的工作。只有进行了用户管理设置，才能进行财务软件的后续初始化和日常处理工作。

不同财务软件用户管理设置的位置也不相同。金蝶 KIS 专业版软件在"主控台"→"基础设置"→"用户管理"中进行设置，且必须在完成系统参数设置后才能进行用户管理的操作。

①设置操作人员。对操作人员可以进行增加、修改和删除等处理，也可以设置操作人员组，同一类职能的操作人员为一个操作组，如会计组、成本核算组等。

②权限管理。权限管理即操作人员权限设置，可根据不同岗位人员选择相应的权限，人员岗位变动时可以修改。

【操作提示】进行设置操作人员和授权工作时，各个财务软件的要求不一。金蝶 KIS 专业版软件要求由系统管理人员进行操作人员（包括财务主管）的设置和授权工作。

5.1.3 外币功能

外币功能只适用于有外币业务的企业进行设置，这类企业在进行业务交易过程中涉及的货币不仅仅是记账本位币，如以人民币为记账本位币的企业，可能涉及美元、日元等业务；以美元为记账本位币的企业，可能涉及人民币、日元等业务。这些业务都属于外币业务，按照会计制度和准则的要求，必须把外币折算成记账本位币，因此需要对所使用的外币及发生的汇兑损益进行管理，基本操作步骤如下。

1）增加（删除）外币

对于需要使用的外币，可以进行增加，并且可以增加多个外币；对于不使用的外币可以进行删除。

2）定义外币汇率类型

汇率一般分为固定汇率和浮动汇率两种，设定了浮动汇率的币种，其在日常外币折算过程中需要按照每天业务发生时的记账汇率进行；设定了固定汇率的币种，其在日常外币折算过程中需要按照各期期初汇率或者年初汇率进行。企业在初始设置时需要对上述汇率进行规定。

3）设置折算方法

设置折算方法功能是确定外币与记账本位币如何进行折算，各个财务软件定义此功能的模式不同，主要有以下两种。

①直接给出如下两个折算公式进行选择：本位币＝外币×汇率；本位币＝外币÷汇率。

②给出直接汇率和间接汇率两个选项。一般来说，直接汇率＝本位币÷外币，理解为一个单位的外币金额可以折算成的本位币金额，如 1 美元＝6.8 元（人民币），直接汇率就是 6.8；间接汇率＝外币÷本位币，可解释为一个单位的本位币金额可以折算成的外币金额，如 1 元（人民币）＝80 日元，间接汇率就是 80。

财务软件使用者可以根据各个财务软件的不同，选择其一即可完成设置。

【操作提示】外币一经使用，不能删除。外币汇率数额一般要求在设置外币时输入，也可以在日常业务发生时输入。

5.1.4 计量单位

因为财务软件进行核算与管理时需要针对存货类科目进行数量金额式的核算与管理，因此，所有的财务软件必然提供设置计量单位的功能，一般包括计量单位的代码设置、计量单位的名称设置。有些情况下，为了方便计量单位的管理，还需要设置计量单位组，在计量单位组的下面再分别设置具体的计量单位名称。

5.1.5 结算方式

结算方式是指建立和管理用户经营活动中所涉及的结算方式，如现金结算、支票结算、汇票结算等，结算方式最多可分为 2 级，一旦被引用，不能进行修改和删除。通用财务软件都会在基础设置里提供结算方式管理的功能，一般包括新增、修改、删除的基本操作。新增时，输入的内容主要包括结算方式代码、结算方式名称。

5.1.6 辅助项目

辅助项目也可以称为基础档案资料，这些资料的输入主要是为了实现辅助管理功能，可以使用，也可以跳过，各个企业可根据实际情况进行选择。许多企业需要对各个部门的费用收支等业务进行考核，有些企业需要对本企业员工进行业务考核和管理，有些企业需要对客户和供应商进行管理，需要在此模块中设置好部门档案、员工档案、客户与供应商档案、项目档案等，以便后期调用这些档案资料。

各个财务软件辅助核算内容必须输入的共有项目为辅助核算代码、辅助核算名称。

【操作提示】辅助核算内容填写完毕后，在以后日常工作中仍可以继续增加和修改。各项内容需要进行编码输入，有编码方案规定的软件，需要按照编码方案进行输入。各个软件辅助核算输入的内容不尽相同，需对具体软件加以了解。本部分仅对辅助核算内容进行说明，如何调用这些内容，将在“会计科目”部分中进行说明。

5.1.7 会计科目

会计科目设置是初始化最重要的工作之一，会计科目设置的好坏直接影响日常会计工作进行得顺利与否。会计科目是填制会计凭证、登记会计账簿、编制会计报表的基础，财务软件一般都提供了符合国家会计制度和准则规定的一级会计科目，明细科目需要各个企业根据实际情况自行确定，因此会计科目设置工作的主要操作功能有增加会计科目、修改会计科目和删除会计科目。

1）增加会计科目

增加会计科目分为两类：一类是增加一级科目，一类是增加明细科目。一般来说，一级会计科目各个财务软件已经根据会计制度和准则给定，因此会计科目增加的主要工作集中在明细科目的增加上。财务软件增加会计科目时，需要设置的科目属性主要包括会计科目代码、会计科目名称、会计科目性质或类别、会计科目余额方向、是否为辅助核算科目、是否为外币核算科目、是否为数量核算科目等。

根据会计科目属性设置的不同，可以将会计科目的增加分为以下几种情况。

①一般会计科目增加。对于一般会计科目，需要在新增科目的界面上，添加会计科目代码、

会计科目名称，选择会计科目性质、类别及余额方向。

第一，增加会计科目代码，必须按照建立账套时设定好的科目编码方案(即会计科目级数与级长)进行，系统要求科目代码必须存在且不能重复。长度不符合既定的要求、代码不唯一的，系统不允许存储。

【操作提示】增加明细科目时，科目编码的操作：首先输入其上级科目的代码，然后根据编码方案自行编写本级科目代码。例如，“银行存款”科目代码为 1002，要在“银行存款”科目下增加“工行存款”科目，如果建立账套时的编码方案为 4-2-2，则“工行存款”科目代码为 100201。

第二，增加会计科目名称，输入企业所使用的会计科目名称，会计科目名称可以为汉字、英文字母或者数字等，但是不允许为空。

【操作提示】明细科目一般只需要填入明细科目名称，如上例中，只需要填入“工行存款”即可。对于已经录入期初余额或者已经制单的会计科目，有些财务软件不允许增加下级科目，有些财务软件允许增加，但把余额自动追加到第一个明细科目中，需在使用中体会。

第三，设定会计科目性质、类别及余额方向。会计科目一般分为资产类、负债类、所有者权益类、共同类、成本类、损益类六大类别，并且有些科目，如“库存现金”“银行存款”科目需要登记日记账并参与现金流量表的编制，财务软件为了能够区别这些会计科目，需要操作人员对会计科目的性质与类别进行选择。同时，不同性质的会计科目余额方向也不相同，一般来说，资产类科目(除资产抵减类科目)余额在借方，负债和所有者权益类科目余额在贷方，成本类科目余额在借方，损益类科目中收入类科目余额在贷方、费用与支出类科目余额在借方。

【操作提示】不同财务软件此三项设置基本都存在，仅仅是在模块设置上存在差异。

②外币核算科目增加。如果科目在进行某项外币业务时使用，为了在日常核算中调用到该外币，需要将此科目设定为外币核算科目。

对于外币核算科目，在新增科目的界面上，除了要添加会计科目代码、会计科目名称，选择会计科目性质、类别及余额方向之外，还需要对“外币核算”选项进行设置。

【操作提示】设置了此功能，有些财务软件对应有个期末调汇功能，该功能是期末进行自动汇兑损益调整并生成凭证的功能，可以选择设置。

③数量核算科目增加。有些会计科目，如“原材料”“库存商品”科目等，在进行日常处理时除了要知道业务发生的金额外，还要知道业务发生的数量，为了能够在日常凭证处理时填入数量，需要在此设置该功能。

对于数量核算科目，在新增科目的界面上，除了要添加会计科目代码、会计科目名称，选择会计科目性质、类别及余额方向之外，还需要选择“数量金额辅助核算”选项，并选择计量单位。

【操作提示】设置了数量核算的会计科目需要设定计量单位，如千克、吨、箱、平方米等。

④辅助核算科目增加。前面我们已经输入了辅助核算的内容，如各个部门、各个员工、各个客户等，为了在日常凭证处理时调用这些内容，需要在此设置进行辅助核算的科目。

如果需要新增辅助核算科目，那么在新增科目的界面上，除了添加会计科目代码、会计科目名称，选择会计科目性质、类别及余额方向之外，还应该同时添加核算项目。如果该核算科目已经存在，那么需要找到该科目，选择“修改”选项，添加核算项目。

【操作提示】一个会计科目可以设置多种辅助核算，一种辅助核算可以被多个科目使用。

⑤银行科目与现金科目增加。对于银行科目，在新增科目的界面上，除了要添加会计科目代码、会计科目名称，选择会计科目性质、类别及余额方向之外，还需要选择“银行科目”与“出日

记账”选项。对于现金科目，在新增科目的界面上，除了要添加会计科目代码、会计科目名称，选择会计科目性质、类别及余额方向之外，还需要选择“现金科目”与“出日记账”选项。

2）修改、删除会计科目

①修改会计科目。用户可以通过双击要修改的会计科目，或者单击“修改”按钮，对其会计科目属性进行相应的修改。

【操作提示】尚未使用的会计科目，一般允许修改除一级会计科目代码外的所有内容。已经使用的会计科目，一般科目代码、辅助核算、外币核算、数量核算等内容不允许修改。

②删除会计科目。对于不使用的会计科目，可以选择删除功能。

【操作提示】尚未使用的会计科目可以直接删除，已经使用的会计科目不允许删除。

5.1.8 凭证类型

各个企业在进行会计核算时都要使用会计凭证，企业的规模及组织结构不同，选择的凭证类型也有所不同。一般来说，规模小、组织结构单一、业务量少的企业可采用不分类的记账凭证；规模较大、组织结构较为复杂、业务量较多的企业可采用分类的记账凭证。

为了便于管理，不同企业具体的选择要根据其实际情况进行。分类的记账凭证按照其反映的经济业务内容不同，可分为收款凭证、付款凭证和转账凭证；收款凭证和付款凭证又可具体分为现金收款凭证、银行收款凭证及现金付款凭证、银行付款凭证。各个财务软件都提供了选择凭证种类的功能，用户可以根据具体情况选择。

设置好凭证类型后，财务软件通常要求设置不同类型凭证的限定条件。一般来说，限定条件如下：一类记账凭证没有限定条件；三类凭证，收款凭证要求借方必须存在“库存现金”及“银行存款”科目、贷方不能出现“库存现金”与“银行存款”科目，付款凭证要求贷方必须存在“库存现金”及“银行存款”科目，转账凭证要求借贷双方都不能出现“库存现金”及“银行存款”科目；五类凭证与三类凭证相似。

【操作提示】如果上述类型中不存在本企业使用的凭证，财务软件提供了用户自定义凭证类型功能。

一般来说，会计年度内凭证类型一经设置好，则不允许修改。

☆ 思政园地

财会人员的职业谨慎

在进行基础设置时，会计期间、启用日期、记账本位币等信息一经设定，不能再修改。所以，进行账套的基础设置应注意：好的开始是成功的一半，会计人员应按照企业的实际情况，实事求是，不偏不倚地反映客观真实数据，保持良好的独立性。

苏轼在《决壅蔽》中说：“以少而言之，一日而废一事，一月则可知也。一岁，则事之积者不可胜数矣。欲事之无繁，则必劳于始而逸于终。”账套的基础设置是一个一次性但较为烦琐的工作。基于会计核算的专业性和系统性，基础设置需确保内容的完整性和准确性，才能保证后续会计处理的顺利进行。

5.2 基础设置的具体操作应用

5.2.1 设置系统参数

登录金蝶 KIS 专业版软件主控台，选择“基础设置”→“系统参数”，进行账套信息设置。

1）设置系统信息

在“系统信息”选项卡中，根据企业实际填写税号、银行账号、地址和电话等信息，确认记账本位币为人民币，代码为 RMB，保留两位小数，如图 5-1 所示。

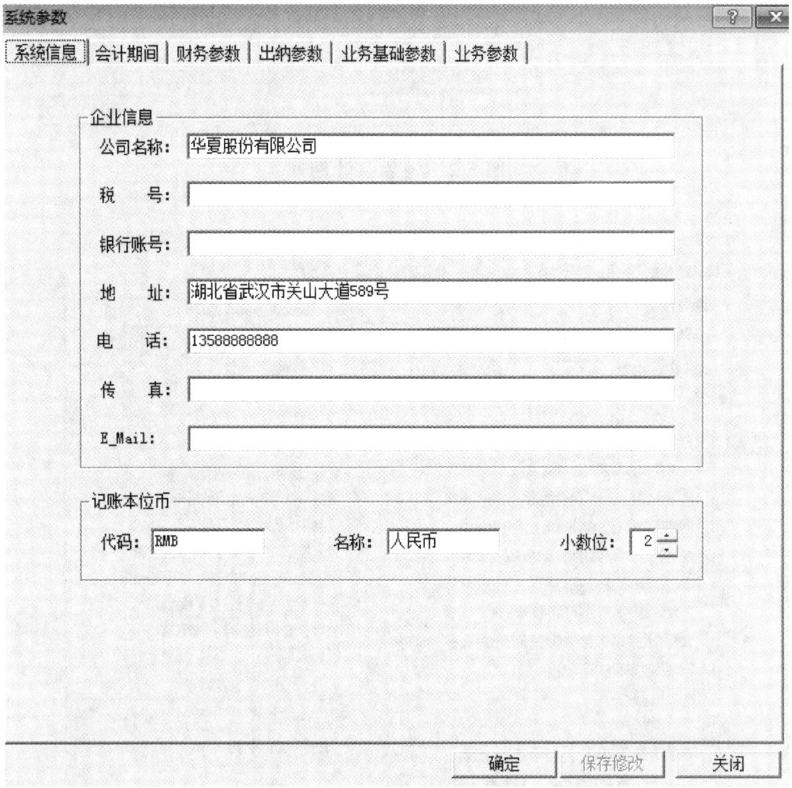

图 5-1 设置系统信息

2）设置会计期间

单击“会计期间”选项卡，按照系统默认的参数设置，单击“确认”按钮即可，如图 5-2 所示。

3）设置财务参数

单击“财务参数”选项卡，根据企业实际设置启用会计年度和会计期间的初始参数，数量和单价小数位设置为两位，如图 5-3 所示。

在“财务参数”选项卡中，系统默认勾选了“审核与反审核必须为同一人”“不允许修改/删除业务系统凭证”等选项。对于“不允许手工修改凭证号”“禁止成批审核”“凭证审核后不允许出

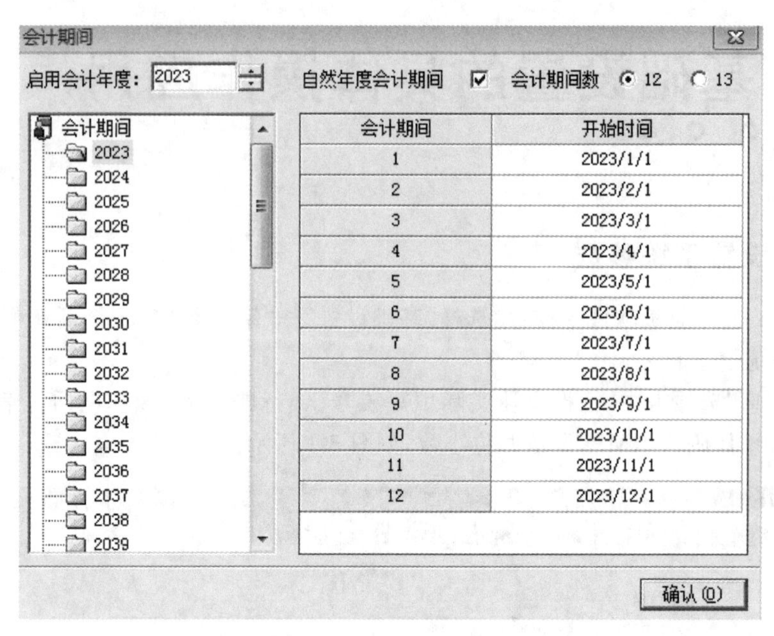

图 5-2　设置会计期间

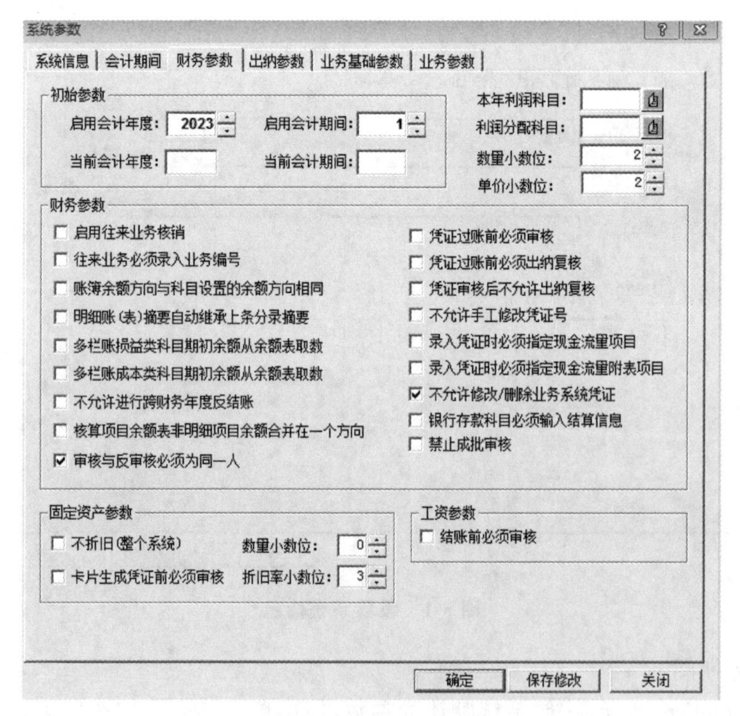

图 5-3　设置财务参数

纳复核”等，可根据企业会计人员的工作职责和工作规范进行勾选。

【操作提示】在“财务参数”选项卡中，“本年利润科目”和“利润分配科目”选项由于尚未进行会计科目的引入，故暂不进行设置。在初始化环节完成了会计科目的引入后，需回到此选项卡设置“本年利润科目”和“利润分配科目”选项，否则将无法进行期末损益结转。

4）设置出纳参数

单击“出纳参数”选项卡，把“启用会计年度”选项设置为“2023”，“启用会计期间”选项确定为“1”，如图 5-4 所示。

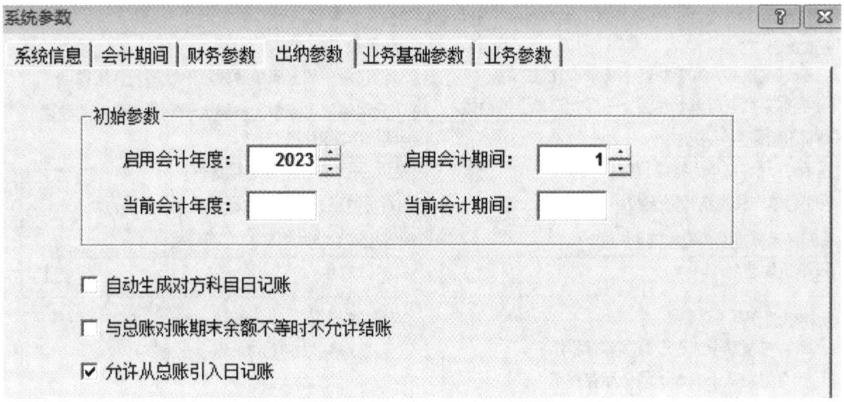

图 5-4　设置出纳参数

5）设置业务基础参数

单击“业务基础参数”选项卡，把“启用会计年度”选项设置为“2023”，“启用会计期间”选项确定为“1”，如图 5-5 所示。

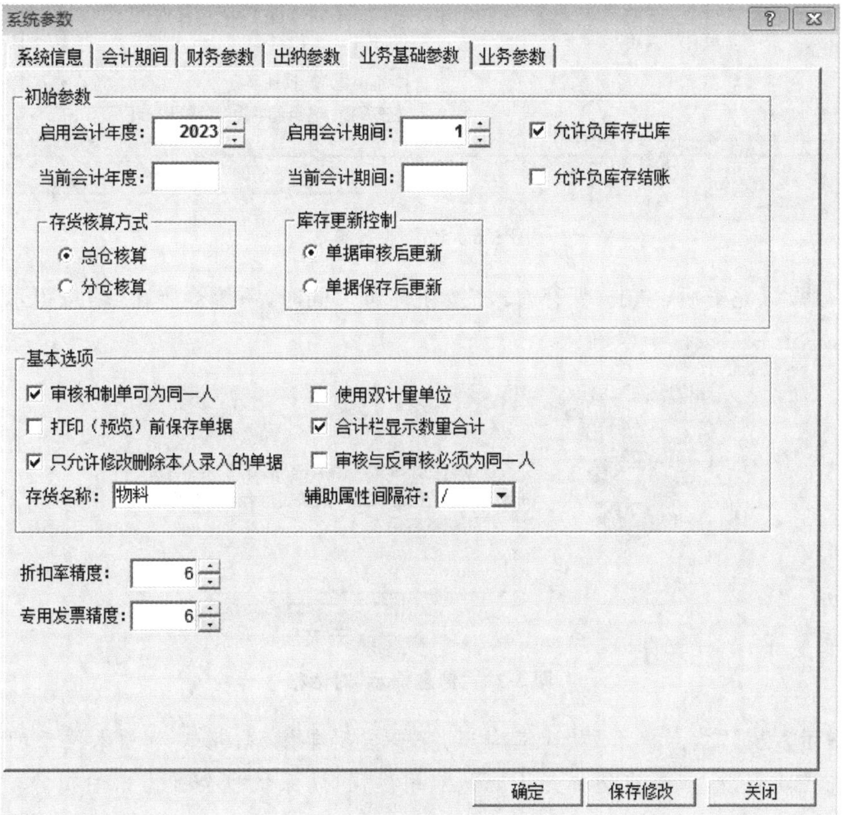

图 5-5　设置业务基础参数

6）设置业务参数

单击“业务参数”选项卡，根据系统默认设置，如图 5-6 所示。

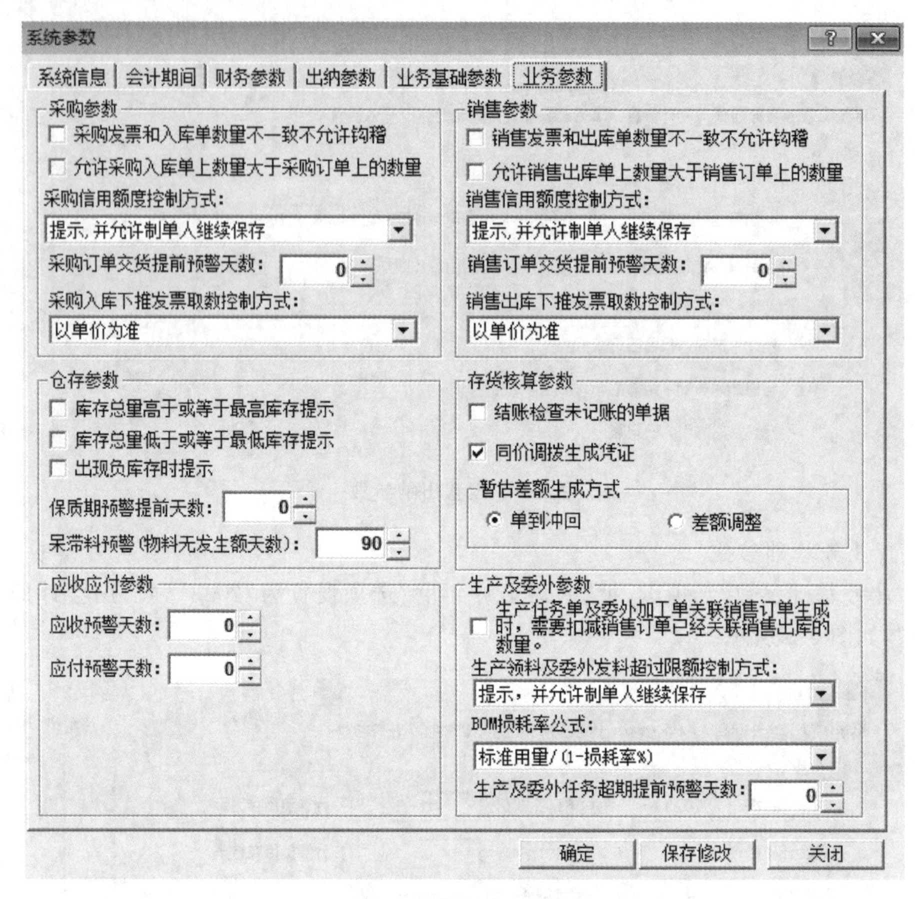

图 5-6　设置业务参数

系统参数设置完毕后，单击“保存修改”按钮即可。同时，系统会弹出“信息提示”对话框，如图 5-7 所示，单击“是”按钮予以确认。

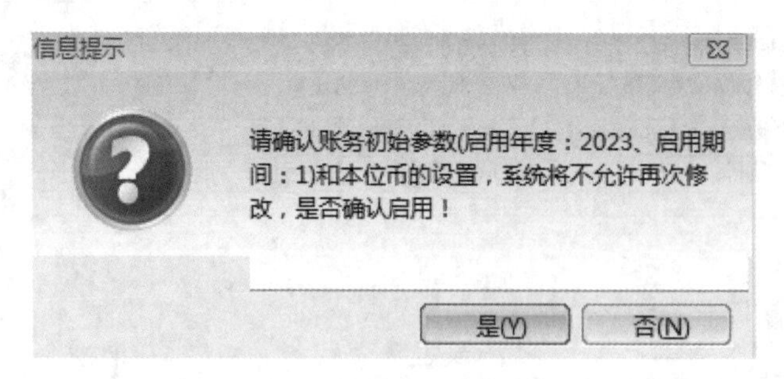

图 5-7　“信息提示”对话框

【操作提示】根据“信息提示”对话框内容，账套启用年度、启用期间和本位币的设置一经设定，将不允许再次修改，应慎重选择是否确认启用。同时，系统也会弹出出纳初始参数设置和业务初始参数设置的“信息提示”对话框，均应予以确认。修改完初始设置参数后，系统提示需要重新登录。

5.2.2 设置用户管理

在金蝶 KIS 专业版软件的主控台中，选择“基础设置”→“用户管理”，在图 5-8 所示的界面中进行用户的相关操作。

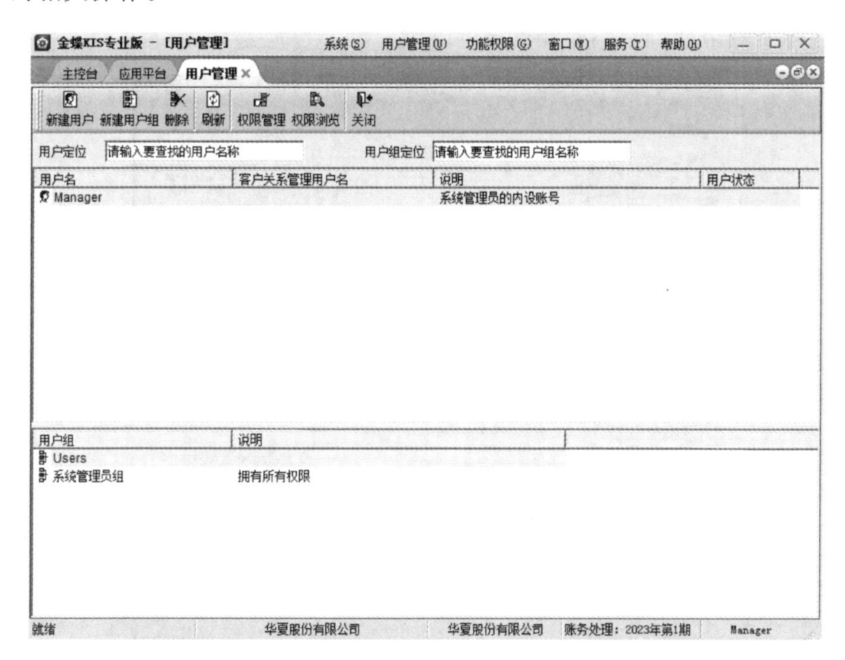

图 5-8　设置用户管理

1）新建用户

在“用户管理”选项卡中单击“新建用户”按钮，即可增加新的用户，如图 5-9 所示。例如，可以增加企业财务部门的会计、出纳等人员。

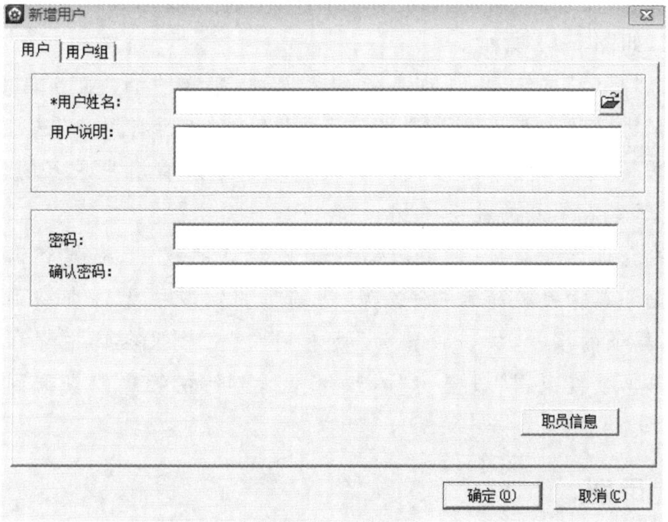

新增用户
用户 | 用户组
*用户姓名:
用户说明:
密码:
确认密码:
职员信息
确定(O) 取消(C)

图 5-9　新增用户

【**操作提示**】在新建用户时，可以选择直接新建用户，或先新建用户组，再在用户组下增加用户。企业可根据部门实际情况进行设置，以保证操作人员根据工作岗位匹配相应的权限。

2）权限管理

在"用户管理"选项卡中选中要授权的用户，单击"权限管理"按钮，弹出图 5-10 所示的窗口，可以进行快速授权，即对系统的查询权和管理权进行设置。查询权使用户具有基本的使用权限，管理权表明其具有增加、修改、删除数据的权限。

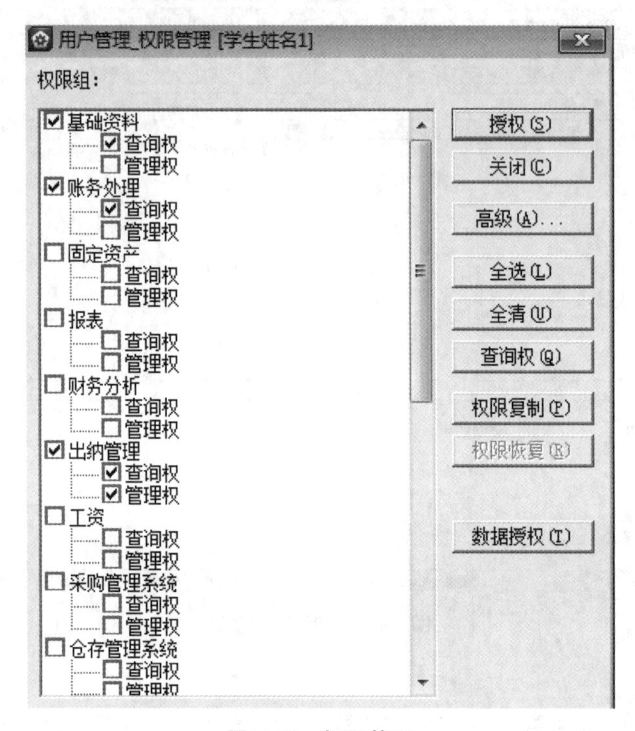

图 5-10　权限管理

同时，单击"高级"按钮，可以对用户进行详细授权，即可以对每一具体业务功能的新增、修改、删除等进行授权，如图 5-11 所示。

【**操作提示**】单击"高级"按钮，在详细授权的界面中，需要进行"业务单据授权范围"选项的设置，可以勾选"所有用户""本组用户"或"当前用户"选项。"所有用户"选项代表可以处理所有用户录入的业务单据。"本组用户"选项代表可以处理本组所有用户录入的业务单据。"当前用户"选项代表只能处理本人录入的业务单据。

对于财务部门的会计主管而言，其具有审核记账凭证的权限，应能查询到会计人员所填写的记账凭证，如若"业务单据授权范围"设置为"当前用户"，其将无法查询到其他人所录入的信息，则无法进行记账凭证的审核，故应设置为"所有用户"。如果会计主管和会计人员设置在同一用户组，则"业务单据授权范围"设置为"本组用户"，会计主管也能查询到会计人员填制的记账凭证，进而进行审核。

5.2.3　设置币别

在金蝶 KIS 专业版软件的主控台中，选择"基础设置"→"币别"，在图 5-12 所示的界面进行

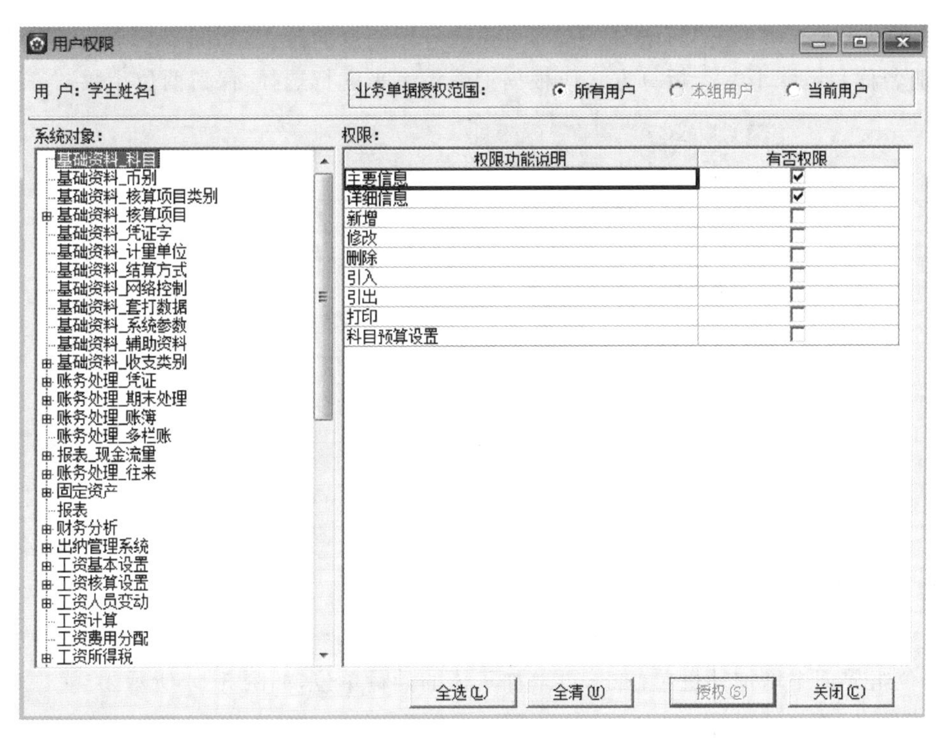

图 5-11　详细授权

币别设置的相关操作。

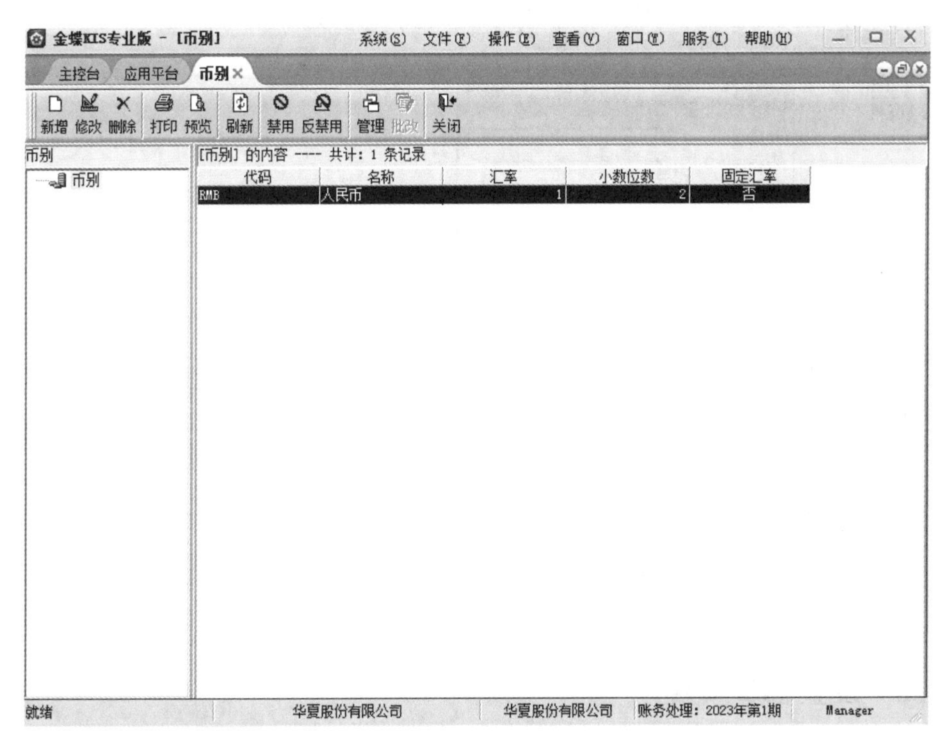

图 5-12　设置币别

在“币别”选项卡中单击“新增”按钮，即可进行外币信息的录入，如图 5-13 所示，需录入币别代码、币别名称和记账汇率。折算方式应根据记账汇率来进行选择，保留两位小数。

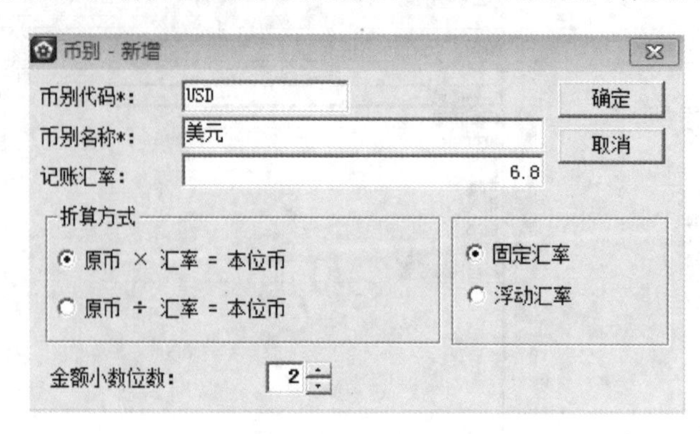

图 5-13 新增外币

5.2.4 设置计量单位

在金蝶 KIS 专业版软件的主控台中，选择“基础设置”→“计量单位”，单击“新增”按钮，在新增计量单位组界面中增加计量单位组，再增加具体的计量单位，如图 5-14 所示。

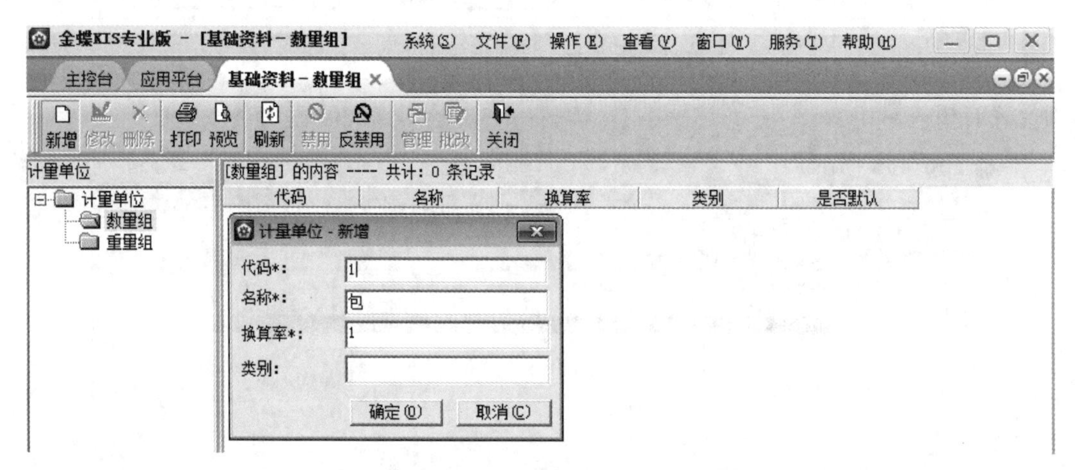

图 5-14 设置计量单位

【操作提示】在新增计量单位时，选中计量单位组后，在右侧空白处单击鼠标右键，单击“新增”命令即可增加计量单位。

5.2.5 设置结算方式

在金蝶 KIS 专业版软件的主控台中，选择“基础设置”→“结算方式”，单击“新增”按钮，在“结算方式-新增”窗口中填写结算方式的代码和名称，如图 5-15 所示。

5.2.6 设置核算项目

在金蝶 KIS 专业版软件的主控台中，选择“基础设置”→“核算项目”，单击“客户”“部门”“职员”“供应商”等核算项目类别，进行相关设置，如图 5-16 所示。

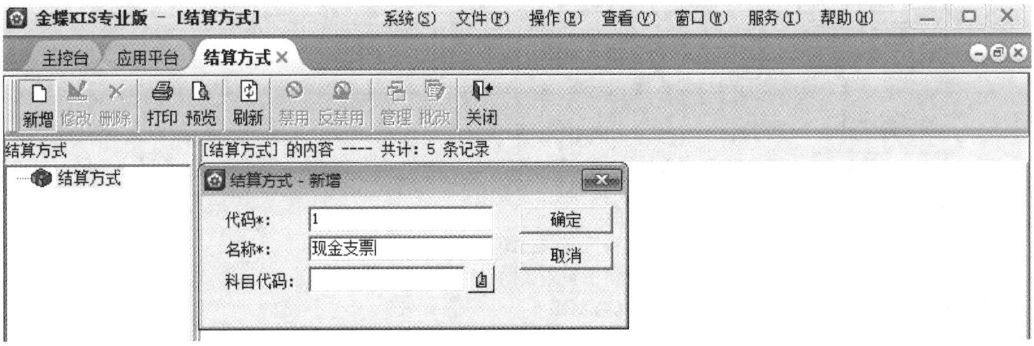

图 5-15　设置结算方式

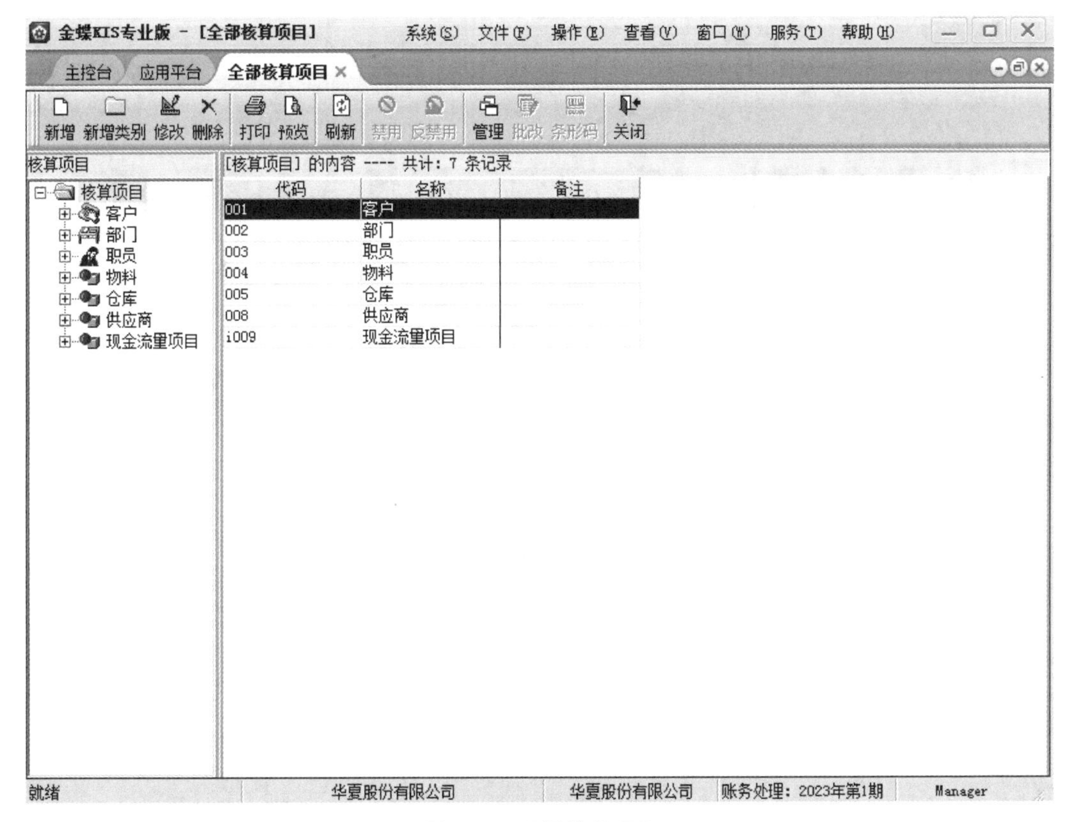

图 5-16　设置核算项目

1）新增客户

在“全部核算项目”选项卡中，选中“客户”选项，单击“新增”按钮，即可进行客户信息的录入，如图 5-17 所示。

2）新增供应商

在“全部核算项目”选项卡中，选中“供应商”选项，单击“新增”按钮，即可进行供应商信息的录入，如图 5-18 所示。

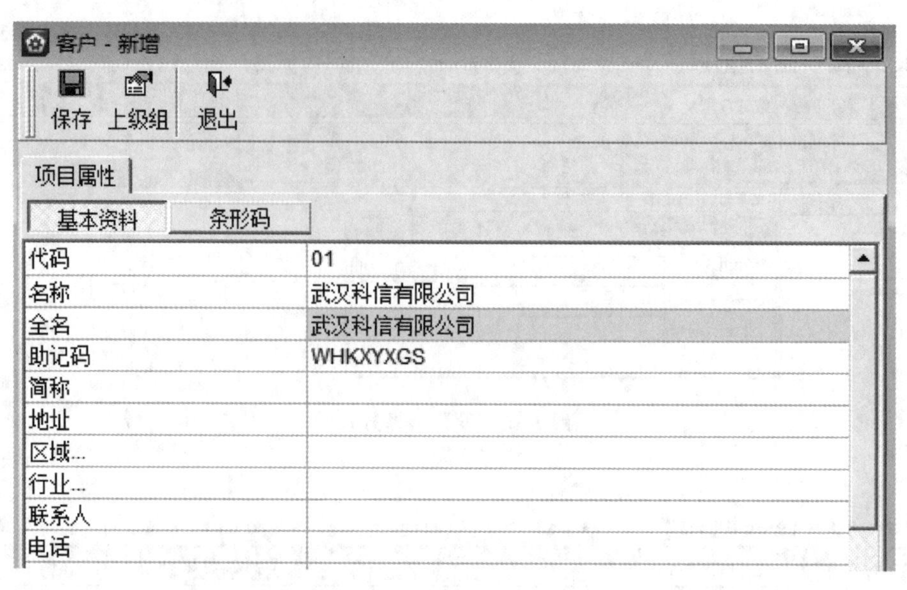

图 5-17　新增客户

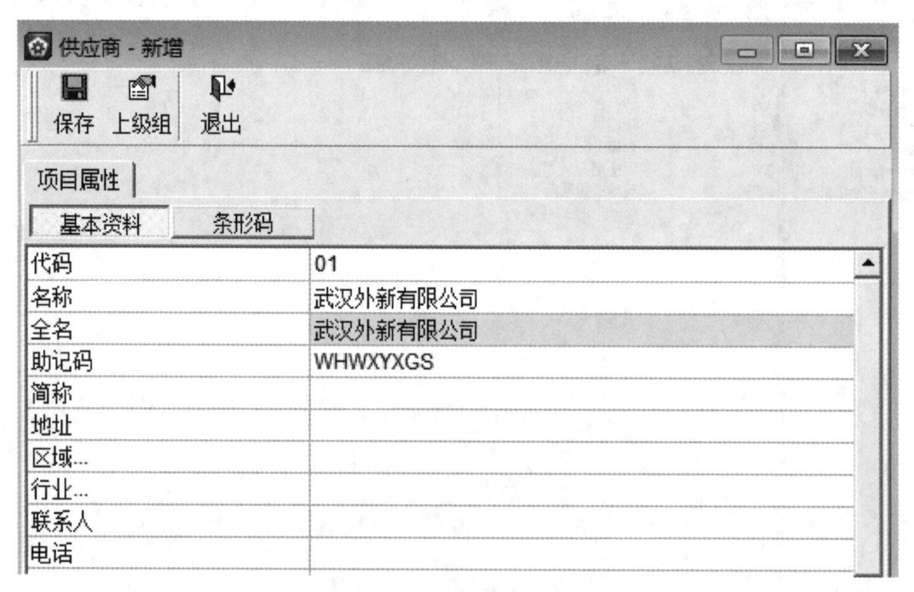

图 5-18　新增供应商

3）新增部门

在“全部核算项目”选项卡中，选中“部门”选项，单击“新增”按钮，即可进行部门信息的录入，如图 5-19 所示。

4）新增职员

在新增职员前，应选择“基础设置”→“辅助资料”，选中“职员类别”选项，在右侧空白处单击鼠标右键，单击“新增”按钮，进行增加职员类别的代码和名称的设置，如图 5-20 所示。然后，选择“基础设置”→“核算项目”，在“全部核算项目”选项卡中选中“职员”选项，单击“新增”按钮，进行职员信息的录入，如图 5-21 所示。

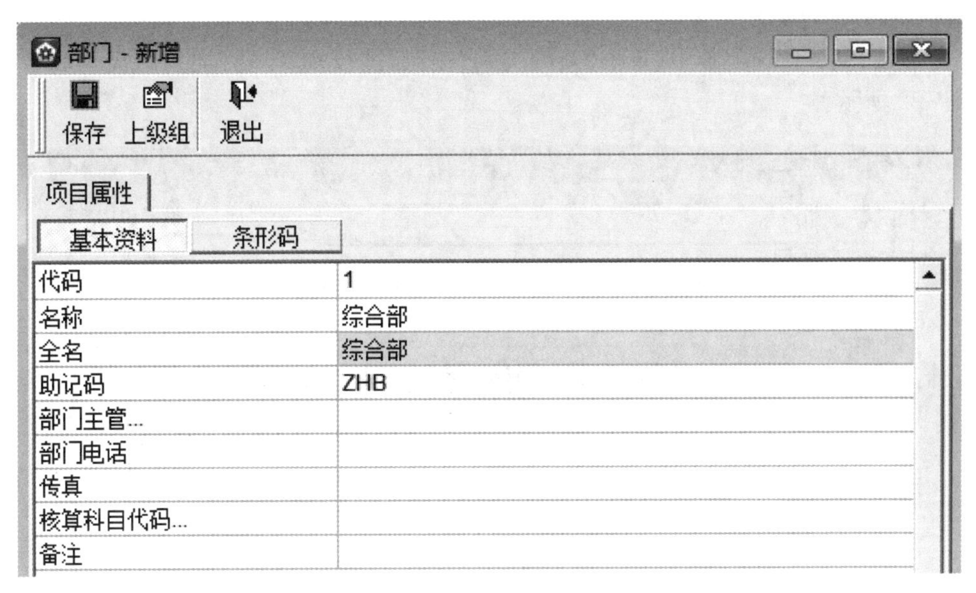

图 5-19　新增部门

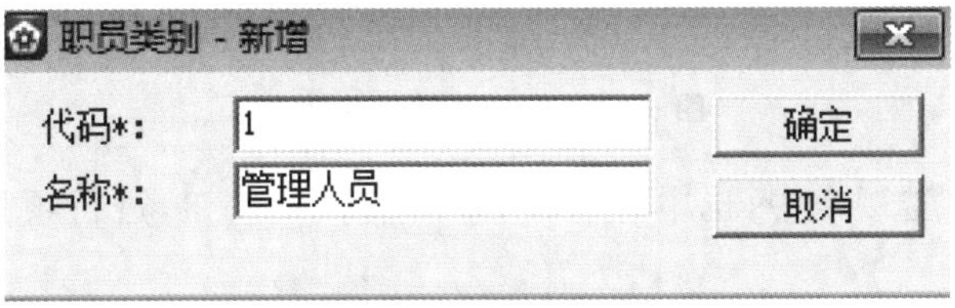

职员类别 - 新增
代码*:
1
名称*:
管理人员
确定
取消

图 5-20　新增职员类别

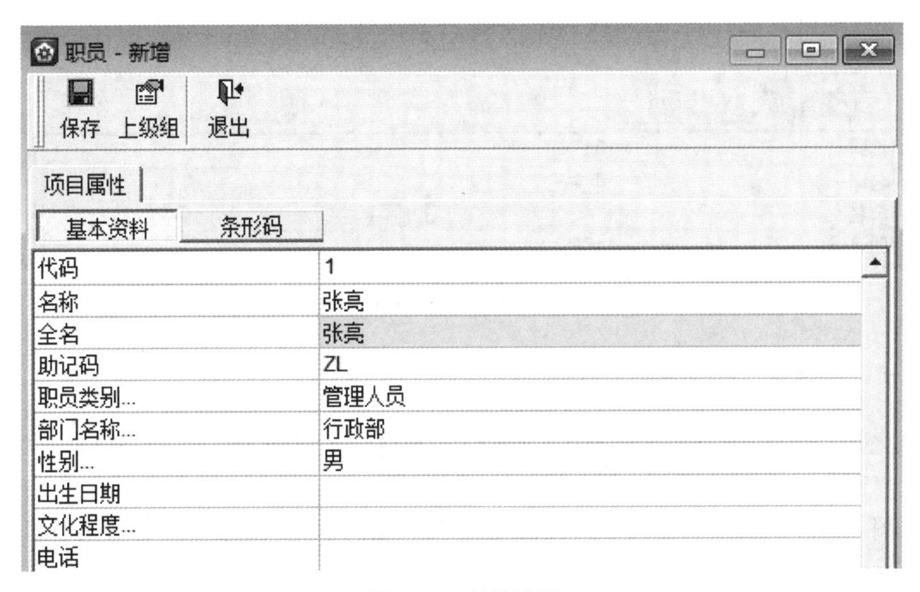

图 5-21　新增职员

5）新增核算项目类别

在“全部核算项目”选项卡中，单击“新增类别”按钮，进行核算项目类别的代码和名称的录入，如图 5-22 所示。

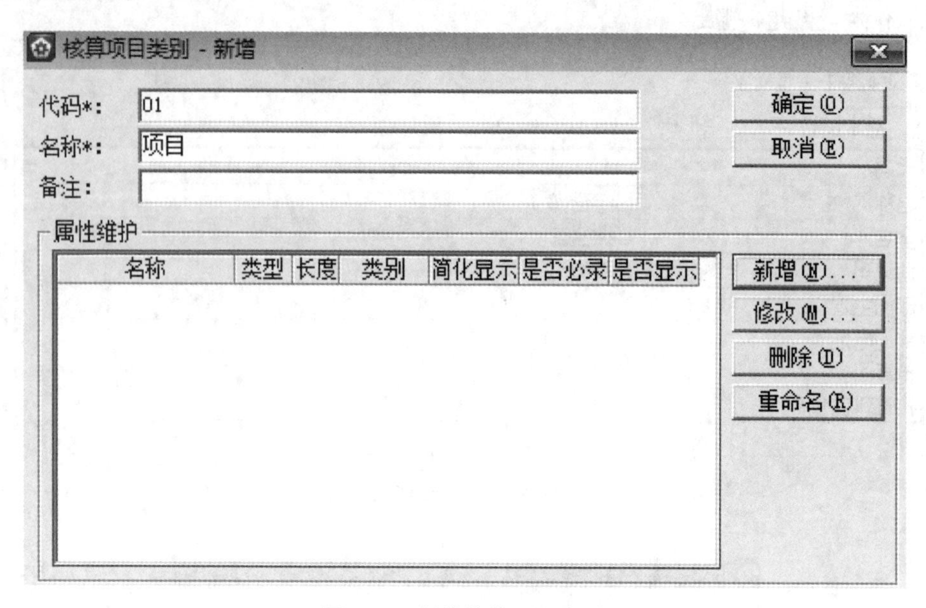

图 5-22　新增核算项目类别

在“全部核算项目”选项卡中，选中“项目”，单击“新增”按钮，进行项目代码和名称的录入，如图 5-23 所示。

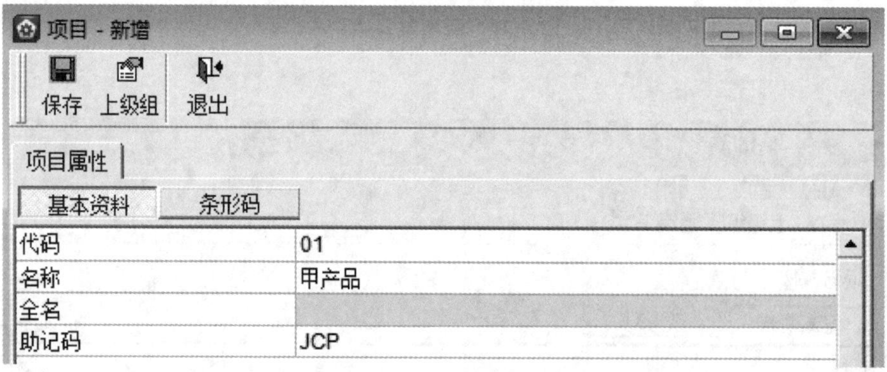

图 5-23　新增项目

5.2.7　引入会计科目

在金蝶 KIS 专业版软件的主控台中，选择“基础设置”→“财务资料”→“会计科目”，“会计科目”选项卡界面如图 5-24 所示。单击“文件”→“从模板中引入科目”选项，在弹出的“科目模板”对话框（见图 5-25）中选择“新会计准则科目”选项后，单击“引入”按钮，进入“引入科目”对话框，如图 5-26 所示。

单击“全选”按钮→“确定”按钮，出现“信息提示”对话框，显示“引入成功！”，如图 5-27 所示，完成会计科目的引入工作。

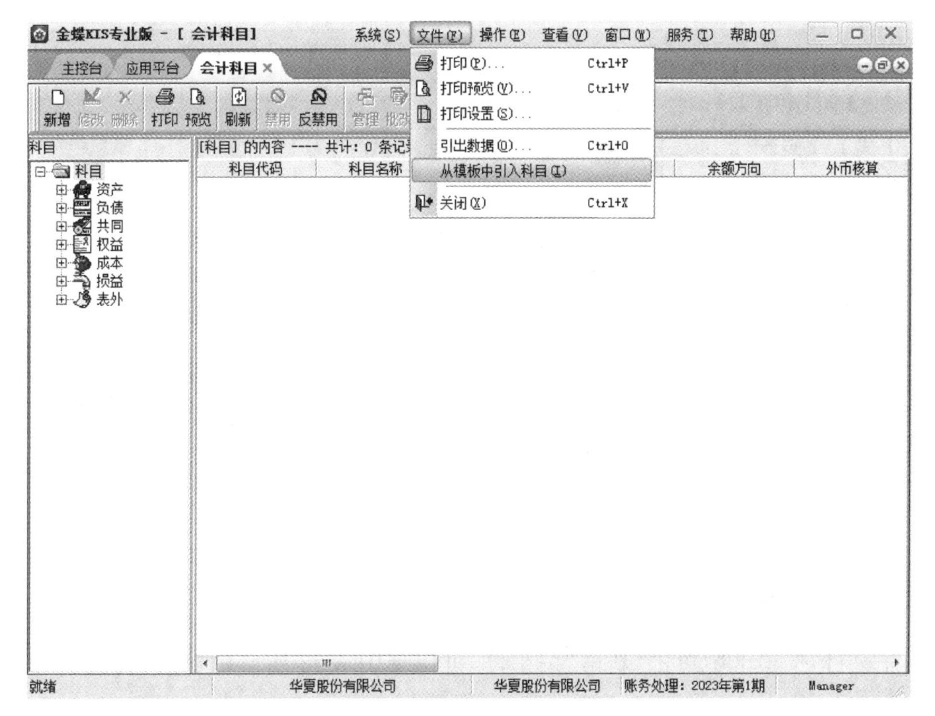

图 5-24 从模板中引入科目

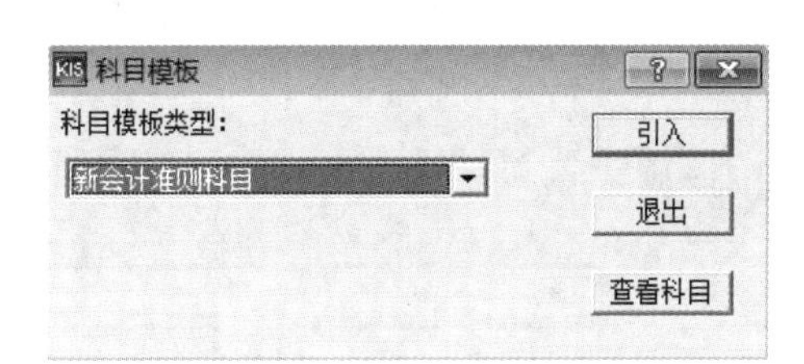

图 5-25 引入新会计准则科目

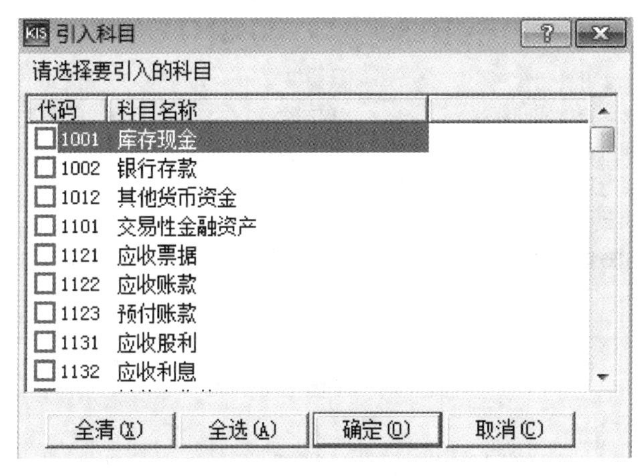

图 5-26 引入科目

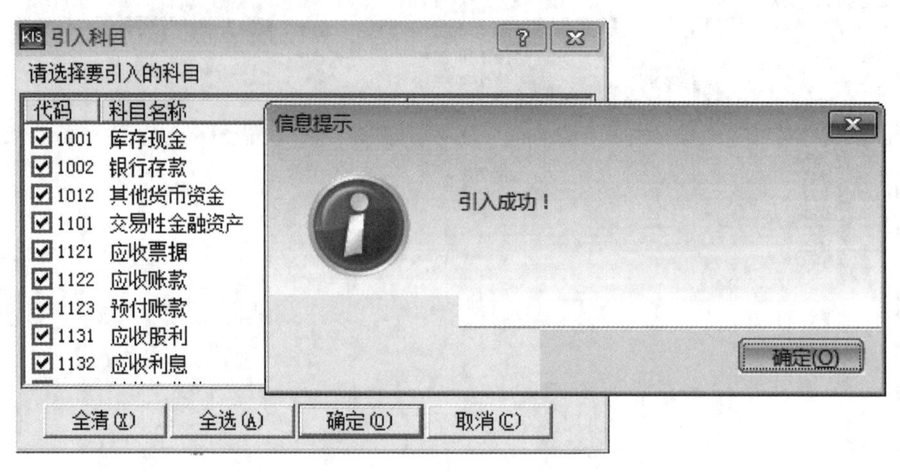

图 5-27 会计科目引入成功

5.2.8 新增会计科目

在“会计科目”选项卡中单击“新增”按钮，即可出现图 5-28 所示的窗口，可进行相应的科目设置。

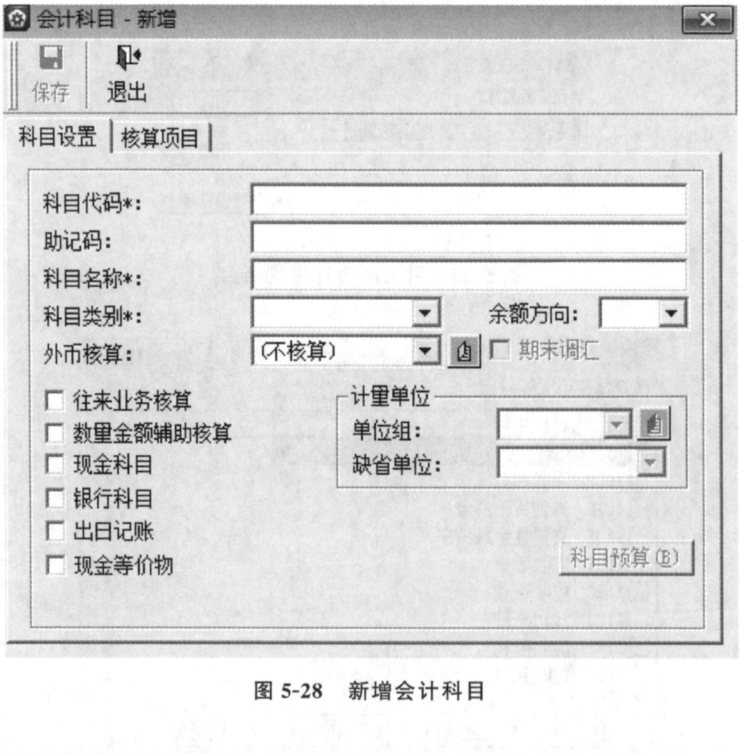

图 5-28 新增会计科目

新增会计科目应注意设置其属性，根据科目性质勾选相应的选项，如图 5-29 所示。

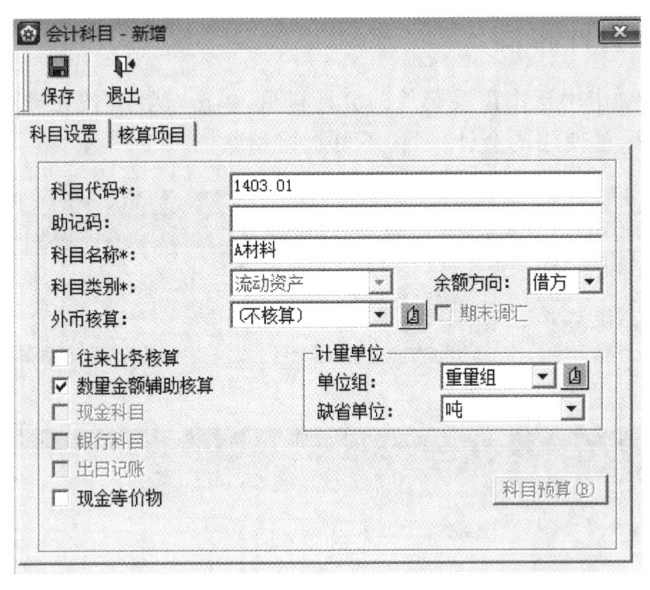

图 5-29　设置会计科目属性

5.2.9　修改会计科目

对于已经引入或新增的会计科目，在“会计科目”选项卡中选中需要修改的会计科目，单击“修改”按钮，在弹出的窗口中进行修改，如图 5-30 所示。

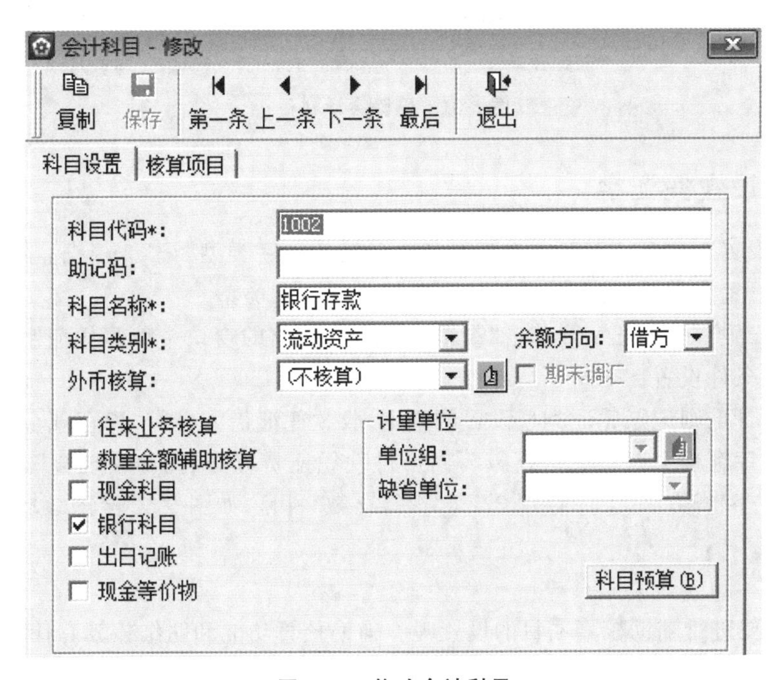

图 5-30　修改会计科目

【操作提示】未使用的会计科目可以随意修改其属性，但使用过的会计科目，部分科目属性是不可以修改的。

5.2.10 删除会计科目

在“会计科目”选项卡中选中需要删除的会计科目，单击“删除”按钮即会出现“信息提示”对话框，如图 5-31 所示。已使用的会计科目，不可直接删除。

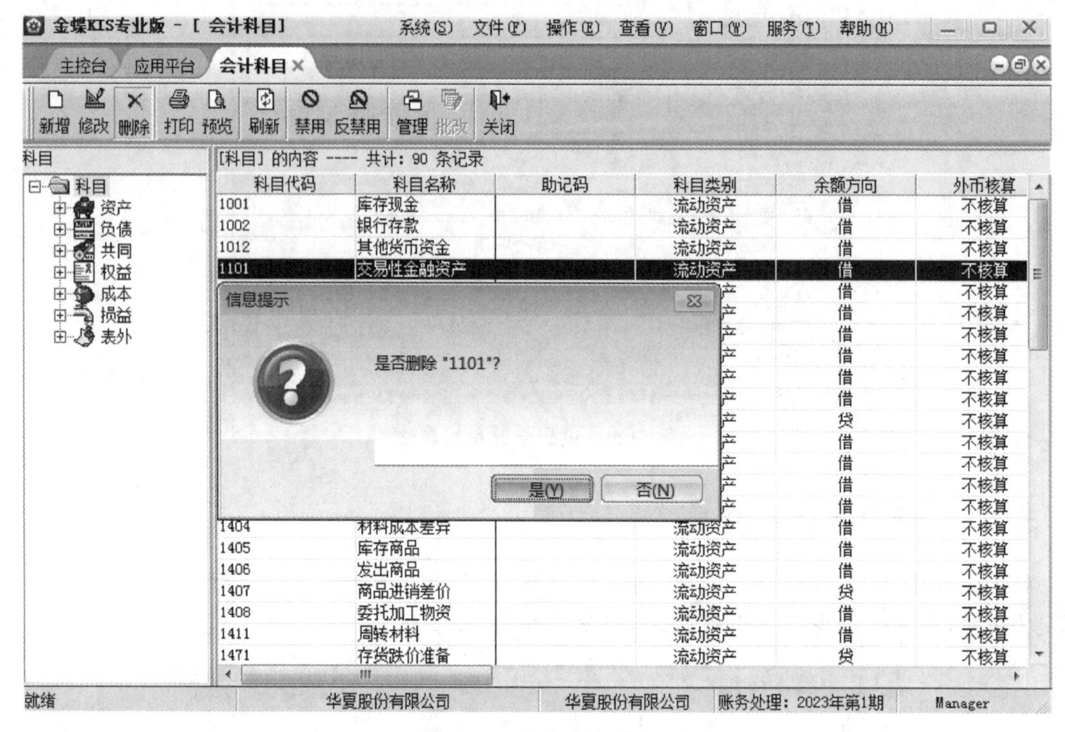

图 5-31 删除会计科目

5.2.11 设置凭证字

选择“基础设置”→“凭证字”，可看到系统默认的凭证字类型“记”。根据企业账务处理的需要，将记账凭证设置为收款凭证、付款凭证和转账凭证三种类型。

选择“基础设置”→“凭证字”，单击“新增”按钮，在弹出的窗口中填写凭证字信息，并进行借贷方科目的限制条件设置。

根据企业会计准则记账凭证类型设置的规则，收款凭证借方必有“库存现金”或“银行存款”科目，贷方必无“库存现金”和“银行存款”科目；付款凭证贷方必有“库存现金”或“银行存款”科目；转账凭证借方和贷方必无“库存现金”和“银行存款”科目，如图 5-32 至图 5-34 所示。

【思考题】

（1）为什么要进行辅助核算项目的设置呢？辅助核算功能和明细核算有什么异同呢？

（2）已使用过的会计科目，哪些属性是不能修改的呢？

（3）为什么收款凭证借方必须有“库存现金”或“银行存款”科目、贷方不能出现“库存现金”和“银行存款”科目，而付款凭证仅仅是贷方必须有“库存现金”或“银行存款”科目？请举例说明。

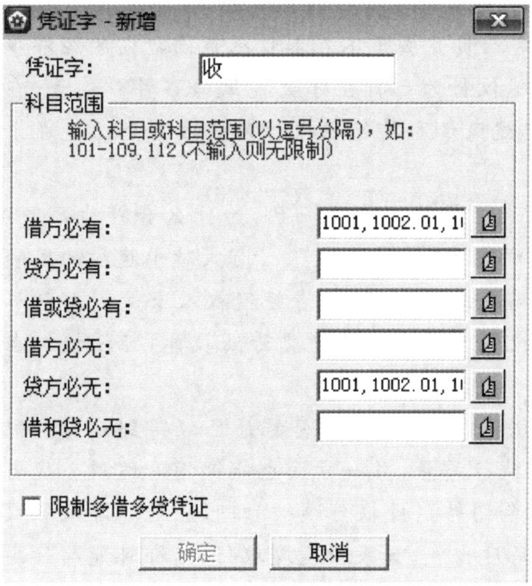

凭证字 - 新增
凭证字:
收
科目范围
输入科目或科目范围(以逗号分隔)，如:
101-109, 112 (不输入则无限制)
借方必有:
1001, 1002. 01, 1
贷方必有:
借或贷必有:
借方必无:
贷方必无:
1001, 1002. 01, 1
借和贷必无:
限制多借多贷凭证
确定
取消
图 5-32　新增凭证字(收)

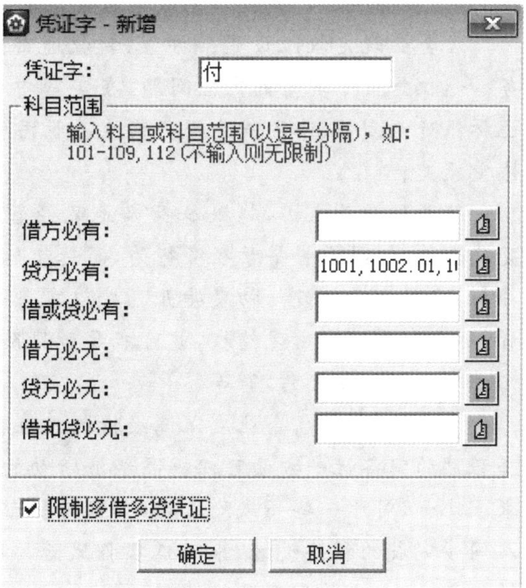

凭证字 - 新增
凭证字:
付
科目范围
输入科目或科目范围(以逗号分隔)，如:
101-109, 112 (不输入则无限制)
借方必有:
贷方必有:
1001, 1002. 01, 1
借或贷必有:
借方必无:
贷方必无:
借和贷必无:
限制多借多贷凭证
确定
取消
图 5-33　新增凭证字(付)

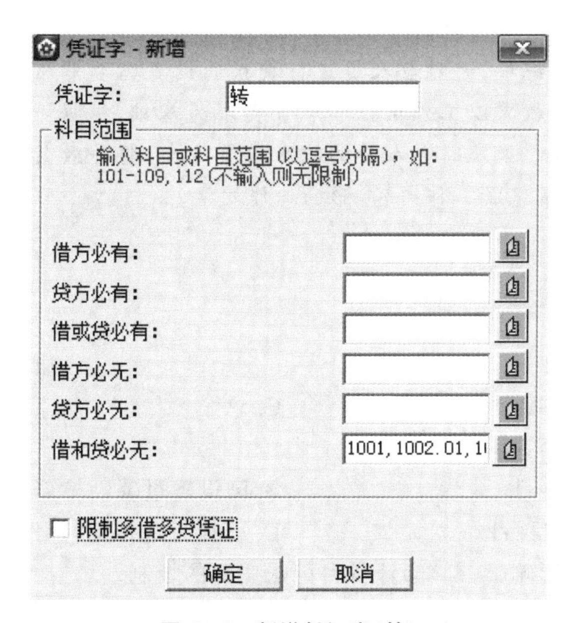

凭证字 - 新增
凭证字:
转
科目范围
输入科目或科目范围(以逗号分隔)，如:
101-109, 112 (不输入则无限制)
借方必有:
贷方必有:
借或贷必有:
借方必无:
贷方必无:
借和贷必无:
1001, 1002. 01, 1
限制多借多贷凭证
确定
取消
图 5-34　新增凭证字(转)

☆ 思政案例

企业内部控制“越权风险”解析

我国《企业内部控制基本规范》第三十条规定，授权审批控制要求企业根据常规授权和特别授权的规定，明确各岗位办理业务和事项的权限范围、审批程序和相应责任。因此，权限设置形成了企业内控体系的基础结构。对应具体权限事项，经授权人通常需要完成两类工作。①决策判断。例如，判断是否通过一项申请，判断是否放行一个产品，判断是否批准引入一个新的供应商等。②执行操作。例如,完成一份合同的用印盖章,完成一笔款项的支付等。

在企业既定权限设置条件下,越权通常是指特定人员完成了不在其权限范围之内的经济事务。越权是一个典型的内控问题,在实践中伴随着越权行为已产生了大量风险事件。例如,在巴林银行倒闭案、法国兴业银行衍生品巨亏案中,关键岗位人员的越权行为给涉事企业造成了惨重损失。

从某种意义上讲,越权本身只是某经营事项由未经授权人完成而已,为什么会产生风险?究其本质,权限设置早于经济行为,而越权体现了一种内控"设计落空"。因此,对于越权的风险分析,应围绕授权设计初衷展开。授权本身如果不满足质量要求,或者经授权人未做到勤勉尽责,那么即使没有出现越权,也可能导致风险,如经授权人并不具备所需专业技能,经授权人在工作中出现疏忽大意,等等。

在设计授权时,企业应保证经授权人在完成经济事务时,所需配套程序已经得到履行。配套程序的完备性一方面可以提高经济活动的决策和执行质量,另一方面也能够满足适用合规要求。比如,对于一些高风险活动(如银行柜台大额资金划转),授权会遵循"四眼原则",即采取双人同步完成的程序设计,来降低操作风险。从这个角度出发,如果出现越权行为,即可能导致决策失误风险、操作失误风险或合规风险。如某国有企业的资产归口管理部门,跳过必要内外部程序进行了重大国有资产处置,被认定为导致国有资产流失而被严厉追责。

(原文来源:知乎专栏。有删改。)

【总结】在会计信息系统中,对财会人员进行授权的设置需要非常慎重,属于企业内部控制非常重要的一个环节。授权需以工作岗位和职责要求为基础,根据不相容岗位相分离的原则,进行财会人员的权限设置。如果财会人员的权限设置过大,将导致其可能出现越权的行为;而权限设置过小,将无法正常完成工作内容,影响工作效率。

【章末习题】

一、单项选择题

1. 辅助核算要设置在(　　)会计科目上。

A. 一级　　B. 二级　　C. 总账　　D. 末级

2. 可以直接删除的会计科目为(　　)。

A. 已填制过凭证的科目　　B. 已设置过辅助核算的科目

C. 已录入期初余额的科目　　D. 已执行过指定科目的会计科目

3. 结算方式的录入影响(　　)会计科目记账凭证的填制。

A. 应收账款　　B. 应付账款　　C. 银行存款　　D. 预收账款

二、多项选择题

1. 对于会计科目建立顺序的说法不正确的有(　　)。

A. 先建立下级科目,再建立上级科目　　B. 先建立明细科目,再建立一级科目

C. 先建立上级科目,再建立下级科目　　D. 不分先后

2. 关于记账凭证的设置中,正确的有(　　)。

A. 填制人和审核人不能为同一人　　B. 凭证必须经由出纳复核

C. 会计主管不能直接修改凭证　　D. 凭证编号应进行序时控制

3. 使用财务软件时,可以将凭证类别设置为(　　)。

A. 记账凭证一种　　B. 收款凭证、付款凭证、转账凭证三种
C. 现收、银收、现付、银付、转账五种　　D. 自定义凭证

三、判断题

1. 科目一经使用,即已经出现余额后,不允许删除该科目。（　　）
2. 在金蝶 KIS 专业版软件中,凭证类型(凭证字)只能设置为收、付和转三种。（　　）
3. 凭证必须由出纳签字,否则凭证不能记账。（　　）
4. 设置的外币核算的科目,应该勾选“期末调汇”。（　　）
5. 操作人员的密码只能自己修改。（　　）

四、操作题

1. 增加操作人员,并设置操作人员权限。
学生姓名——账套主管:系统所有模块的全部权限。
学生姓名 1——出纳人员:基础资料和账务处理的查询权、出纳管理的全部权限。
学生姓名 2——会计人员:基础资料和账务处理的全部权限。
学生姓名 3——业务人员:销售系统、采购系统和应收应付系统的全部权限。
2. 设置外币信息。
币别代码:USD。
币别名称:美元。
记账汇率:固定汇率 6.8。
3. 设置计量单位。
计量单位组——数量组,代码——1,计量单位名称——包。
计量单位组——重量组,代码——2,计量单位名称——吨。
4. 设置结算方式。
结算方式代码——1,结算方式名称——现金支票。
结算方式代码——2,结算方式名称——转账支票。
5. 新增基础档案信息。
部门档案信息如表 5-1 所示。

表 5-1　部门档案表

部门代码	部门名称
1	综合部
1.01	行政部
1.02	财务部
2	销售部
2.01	销售一部
2.02	销售二部
3	供应部
4	生产部

职员类别信息如表 5-2 所示。

表 5-2　职员类别

类别代码	类别名称
1	管理人员
2	销售人员
3	车间人员

职员档案信息如表 5-3 所示。

表 5-3　职员档案表

职员代码	职员姓名	所属部门	职员类别
001	张亮	行政部	管理人员
002	学生姓名	财务部	管理人员
003	学生姓名 1	财务部	管理人员
004	学生姓名 2	财务部	管理人员
005	学生姓名 3	财务部	管理人员
006	李芳	销售一部	销售人员
007	王燕	销售二部	销售人员
008	赵智	供应部	管理人员
009	肖敏	生产部	车间人员

客户档案信息如表 5-4 所示。

表 5-4　客户档案表

客户代码	客户名称
01	武汉科信有限公司
02	武汉九州有限公司
03	武汉华纳有限公司
04	武汉世纪有限公司
05	武汉江河有限公司

供应商档案信息如表 5-5 所示。

表 5-5　供应商档案表

供应商代码	供应商名称
01	武汉外新有限公司
02	武汉联想有限公司
03	武汉美达有限公司
04	武汉华贸有限公司
05	武汉世联有限公司

项目档案信息如表 5-6 所示。

表 5-6 项目档案表

项目代码	项目名称
01	甲产品
02	乙产品

6. 设置会计科目及期初数据。

在金蝶 KIS 专业版软件中，会计科目代码的上下级要使用“.”来分割。例如，当需要增加“银行存款”科目(代码:1002)的二级科目时，其代码应该为 1002.01，其他的以此类推。在完成会计科目的全部设置后，即可在财务初始化界面增加科目初始数据，并试算平衡。会计科目及期初数据信息如表 5-7 所示。

表 5-7 会计科目及期初数据表 单位:元

科目代码	科目名称	核算项目	账页格式	余额方向	期初余额
1001	库存现金		金额式	借	8 000
1002	银行存款		金额式	借	
1002.01	工行存款		金额式	借	200 000
1002.02	建行存款	外币核算	金额式	借	68 000
1121	应收票据	客户	金额式	借	
1122	应收账款	客户	金额式	借	150 000
1123	预付账款	供应商	金额式	借	30 000
1221	其他应收款	职员	金额式	借	5 000
1231	坏账准备		金额式	贷	2 000
1402	在途物资		金额式	借	
1403	原材料		数量金额式	借	
1403.01	A 材料	数量核算(吨)	数量金额式	借	950 000(2 000 吨)
1403.02	B 材料	数量核算(吨)	数量金额式	借	650 000(2 000 吨)
1405	库存商品		数量金额式	借	
1405.01	甲产品	数量核算(包)	数量金额式	借	810 000(1 000 包)
1405.02	乙产品	数量核算(包)	数量金额式	借	780 000(1 000 包)
1601	固定资产		金额式	借	3 220 000
2001	短期借款		金额式	贷	200 000
2201	应付票据	供应商	金额式	贷	
2202	应付账款	供应商	金额式	贷	75 000
2203	预收账款	客户	金额式	贷	20 000

续表

科目代码	科目名称	核算项目	账页格式	余额方向	期初余额
2211	应付职工薪酬		金额式	贷	
2211.01	工资		金额式	贷	
2211.02	福利费		金额式	贷	
2221	应交税费		金额式	贷	
2221.01	应交增值税		金额式	贷	
2221.01.01	进项税额		金额式	贷	
2221.01.02	销项税额		金额式	贷	
2241	其他应付款		金额式	贷	
2501	长期借款		金额式	贷	1 000 000
4001	实收资本		金额式	贷	5 554 000
4104	利润分配		金额式	贷	20 000
5001	生产成本	项目	金额式	借	
5101	制造费用	部门	金额式	借	
5101.01	工资 1	部门	金额式	借	
5101.02	折旧 1	部门	金额式	借	
6001	主营业务收入	部门	金额式	贷	
6051	其他业务收入	部门	金额式	贷	
6601	销售费用	部门	金额式	借	
6601.01	工资 2	部门	金额式	借	
6601.02	折旧 2	部门	金额式	借	
6601.03	其他	部门	金额式	借	
6602	管理费用	部门	金额式	借	
6602.01	工资 3	部门	金额式	借	
6602.02	折旧 3	部门	金额式	借	
6603	财务费用	部门	金额式	借	

7. 设置凭证字。

凭证类别限制条件如表 5-8 所示。

表 5-8 凭证类别限制条件表

类型	限制类型	限制科目
收款凭证	借方必有	1001,1002.01,1002.02
	贷方必无	1001,1002.01,1002.02

续表

类型	限制类型	限制科目
付款凭证	贷方必有	1001,1002.01,1002.02
转账凭证	借和贷必无	1001,1002.01,1002.02

初始化的操作原理与基本流程

☆ 学习目标

通过本章的学习，理解初始化的内涵；掌握通用财务软件初始化的主要内容和实际操作应用。

☆ 课前思考

你已经学会引入会计科目了吗？已经学会对会计科目进行属性设置了吗？在引入会计科目时，你觉得需要注意什么呢？在进行会计科目属性设置时，你觉得哪些内容应该引起重视呢？请举例说明。

6.1 初始化概述

初始化通常是指录入初始余额，即手工处理和计算机处理的衔接点，一个企业使用财务软件进行会计处理时，需要把之前手工处理的各会计科目的发生额和余额输入系统，保证财务软件数据的完整性和正确性。在开始使用财务软件的账务处理系统时，应将手工账簿的发生额和余额整理好，录入软件，主要包括财务初始化（即会计科目的期初余额）、业务初始化（即销售、采购、存货等的期初余额）、出纳初始化（即库存现金、银行存款的期初余额）。

1）会计科目余额录入

根据建账日期的不同，初始余额的录入分年初与年中启用账套两种情况。年初启用账套的，只需要录入年初余额即可；年中某个月份启用账套的，还需要录入从年初到该月月初为止各会计科目的累计发生额。

【操作提示】录入初始余额的时间点以账套启用日期为准，应当把账套启用日期之前的各会计科目发生额与余额录入。

登录金蝶 KIS 专业版软件主控台，选择“初始化”→“科目初始数据”，进行会计科目期初余额的录入，如图 6-1 所示。

金蝶KIS专业版 - [科目初始数据]　系统(S)　文件(F)　查看(V)　窗口(W)　服务(T)　帮助(H)

主控台　应用平台　科目初始数据

保存　打印　预览　平衡　过滤　刷新　关闭

科目初始数据　币别：人民币　汇率：1 记账本位币　启用期间：2023年第1期

科目		期初	期初余额		核算
代码	名称	数量	方向	原币	项目
1001	库存现金		借		
1002	银行存款		借		
1002.01	工行存款		借		
1012	其他货币资金		借		
1101	交易性金融资产		借		
1121	应收票据		借		√
1122	应收账款		借		√
1123	预付账款		借		√
1131	应收股利		借		
1132	应收利息		借		
1221	其他应收款		借		√
1231	坏账准备		贷		
1321	代理业务资产		借		
1401	材料采购		借		
1402	在途物资		借		
1403	原材料		借		
1403.01	A材料		借		
1403.02	B材料		借		
1404	材料成本差异		借		
1405	库存商品		借		
1405.01	甲产品		借		
1405.02	乙产品		借		
1406	发出商品		借		
1407	商品进销差价		贷		
1408	委托加工物资		借		
1411	周转材料		借		
1471	存货跌价准备		贷		

图 6-1　科目初始数据录入表

科目余额录入的类型主要有以下五种。

①最末级明细科目，如“库存现金”科目，采取直接录入的方式。

②非末级明细科目，如“银行存款”科目，录入其各明细科目的期初余额，系统自动汇总为一级科目的期初余额。

③辅助核算科目，如“应收账款”“预收账款”科目等，双击核算项目中的“√”，在出现的窗口中按核算项目明细录入期初余额，系统自动汇总。

④外币科目，如“建行存款”科目，单击“币别”下拉菜单，选中外币币别，录入原币金额，系统自动根据已设置汇率折算为本位币期初余额。

⑤数量核算科目，如“原材料”“库存商品”科目等，同时录入期初数量和期初余额。

2）“固定资产”科目余额录入

“固定资产”科目余额录入通常的处理方式是在科目期初余额处直接录入总额，然后在单独的位置按照卡片明细录入固定资产卡片金额。登录金蝶 KIS 专业版软件主控台，选择“初始化”→“固定资产初始数据”，进行“固定资产”科目期初余额的录入。

在图 6-2 所示的“固定资产卡片及变动-新增”窗口中，根据企业已有的固定资产信息填写固定资产卡片。此操作共包括 3 个页面，如图 6-3 至图 6-5 所示。

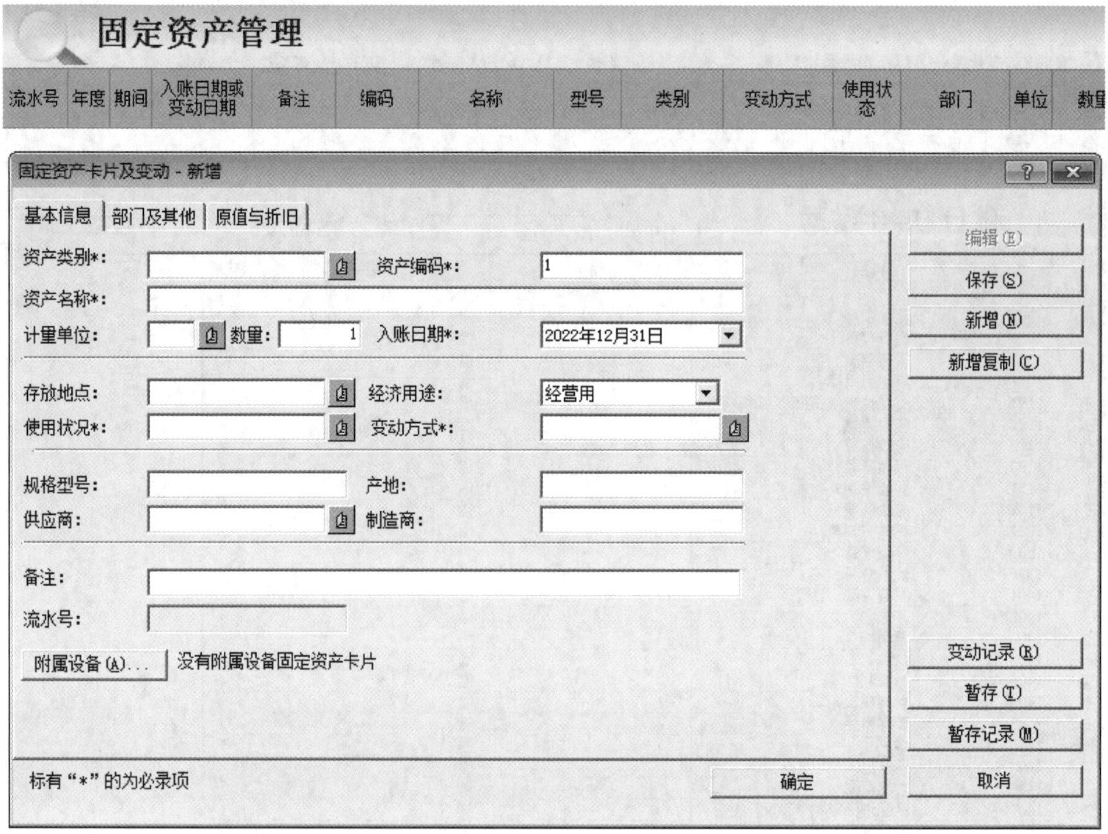

图 6-2 “固定资产卡片及变动-新增”窗口

在“固定资产卡片及变动-新增”窗口的“基本信息”选项卡中，单击“资产类别”选项框，按 F7 键，弹出“固定资产类别”窗口，单击“新增”按钮增加企业固定资产的代码和名称等信息。

在“固定资产类别-新增”窗口中，需要填写固定资产的代码、名称、使用年限、净残值率、计量单位、预设折旧方法、固定资产科目、累计折旧科目、减值准备科目和卡片编码规则等内容，且选择“由使用状态决定是否提折旧”“不管使用状态如何一定提折旧”或“不管使用状态如何一定不提折旧”，以确定期末计提折旧的情况。（见图 6-3）

在“固定资产卡片及变动-新增”窗口的“部门及其他”选项卡中，对“固定资产科目”“累计折旧科目”选项进行设置，填写使用部门，并设置“折旧费用分配”选项。涉及核算类别的，需选择具体的核算信息。（见图 6-4）

在“固定资产卡片及变动-新增”窗口的“原值与折旧”选项卡中，填写固定资产的原币金额、开始使用日期、预计使用期间数、预计净残值、减值准备等，并选择固定资产计提折旧的方法。应注意，预计使用期间数以月为计量单位。（见图 6-5）

3）应收应付科目期初余额录入

需要单独在应收应付模块中对应收应付科目（主要包括“应收账款”“预收账款”“应付账款”“预付账款”科目）的期初余额进行录入，并保持应收应付科目与总账科目一致。

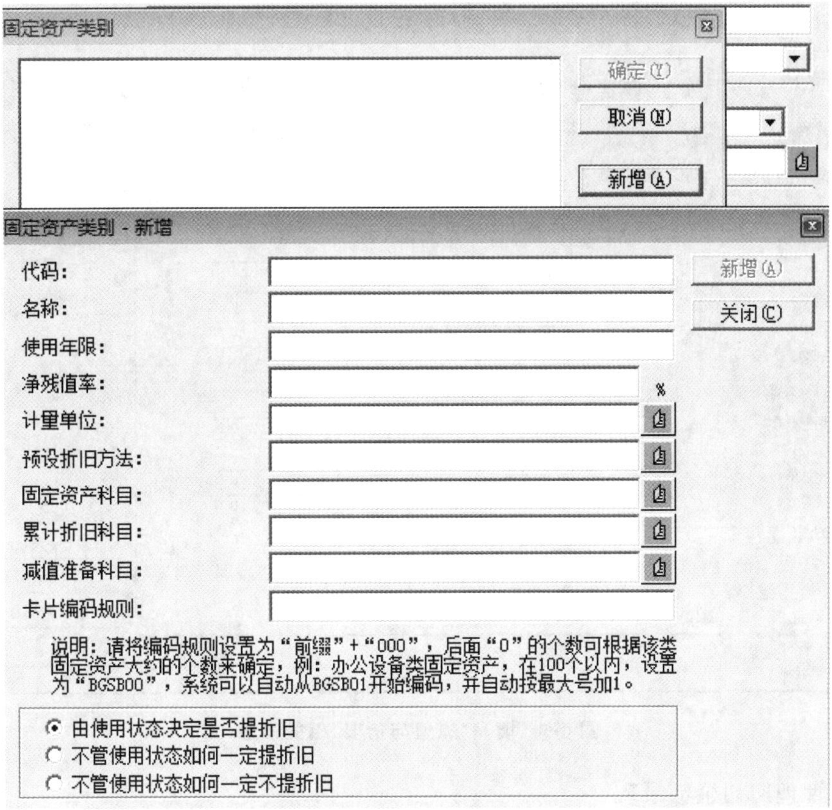

固定资产类别

确定(Y)
取消(N)
新增(A)

固定资产类别 - 新增

代码：
名称：
使用年限：
净残值率： %
计量单位：
预设折旧方法：
固定资产科目：
累计折旧科目：
减值准备科目：
卡片编码规则：

新增(A)
关闭(C)

说明：请将编码规则设置为“前缀”+“000”，后面“0”的个数可根据该类固定资产大约的个数来确定，例：办公设备类固定资产，在100个以内，设置为“BGSB00”，系统可以自动从BGSB01开始编码，并自动按最大号加1。

由使用状态决定是否提折旧
不管使用状态如何一定提折旧
不管使用状态如何一定不提折旧

图 6-3　新增固定资产类别信息

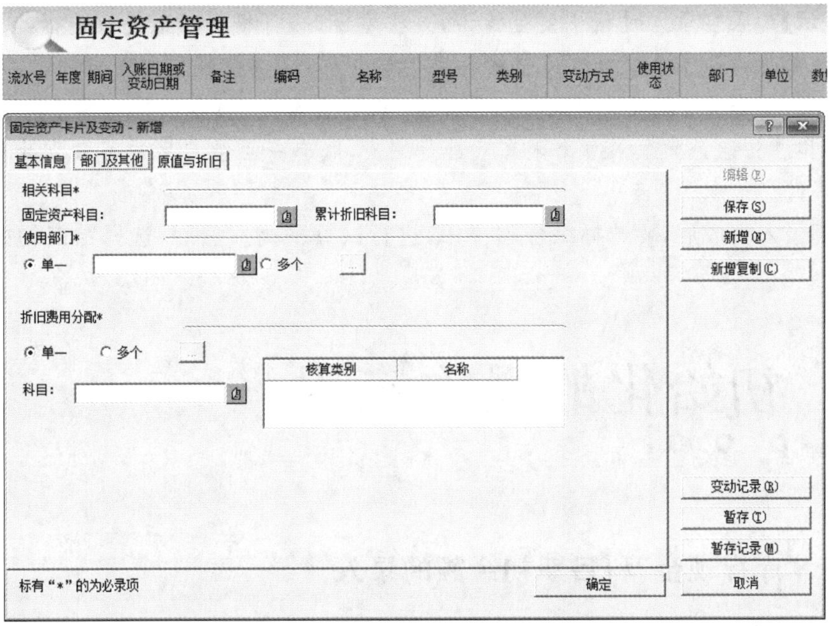

固定资产管理

流水号 年度 期间 入账日期或变动日期 备注 编码 名称 型号 类别 变动方式 使用状态 部门 单位 数

固定资产卡片及变动 - 新增

基本信息 部门及其他 原值与折旧

相关科目*
固定资产科目： 累计折旧科目：
使用部门*
单一 多个

折旧费用分配*
单一 多个
科目：
核算类别 名称

编辑(E)
保存(S)
新增(N)
新增复制(C)
变动记录(B)
暂存(T)
暂存记录(M)
确定
取消

标有“*”的为必录项

图 6-4　填写“部门及其他”相关信息

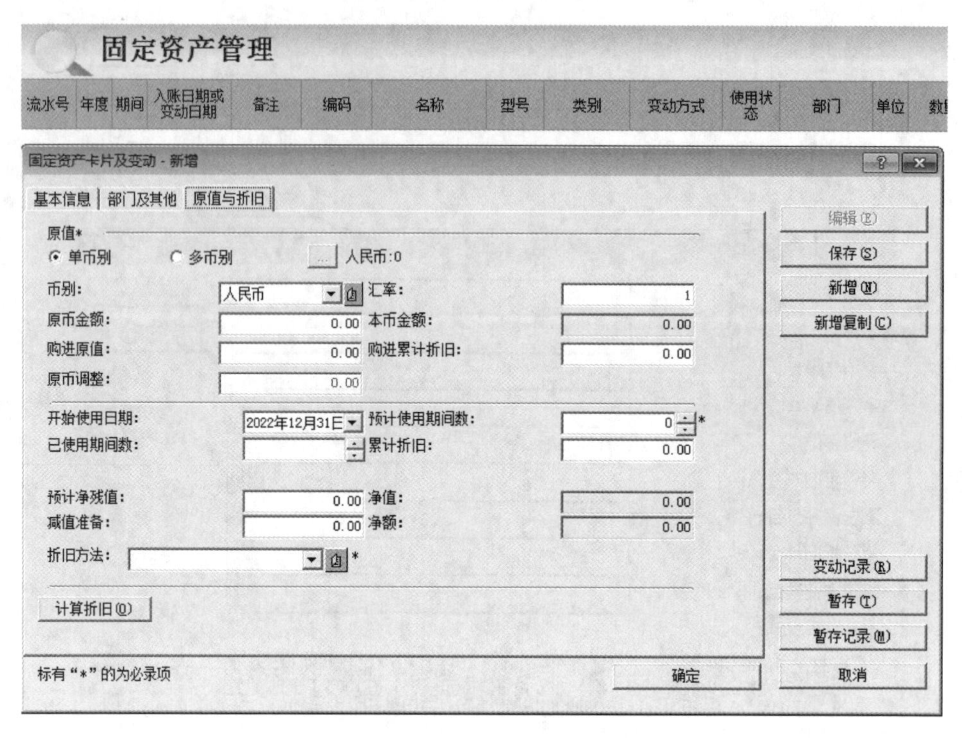

图 6-5 填写“原值与折旧”相关信息

4）出纳管理期初余额录入

在出纳管理的初始化中录入“库存现金”“银行存款”科目的期初余额，以及银行存款的期初未达账项。

【操作提示】如果在录入过程中发生错误，查找错误时，可根据以下关系进行：余额方向为借的科目年初余额总和等于余额方向为贷的科目年初余额总和、余额方向为借的科目当前余额总和等于余额方向为贷的科目当前余额总和、借方“累计发生额”栏各项的和等于贷方“累计发生额”栏各项的和。初始余额录入每个账套只进行一次，账套一旦被启用进行日常处理，一般初始余额不允许修改。

期初余额录入完成后，要选择综合本位币，进行试算平衡。然后，选择结束初始化，进入日常业务处理。

6.2 初始化的操作应用

6.2.1 “库存现金”科目期初余额的录入

在“科目初始数据”选项卡中，在“币别”下拉菜单中，选择“人民币”，在“库存现金”后的“原币”框中进行会计科目期初余额的录入，如图 6-6 所示。

科目初始数据　币别：人民币　汇率：1 记账本位币

科目		期初余额		核算
代码	名称	方向	原币	项目
1001	库存现金	借	8,000.00	
1002	银行存款	借		
1002.01	工行存款	借		
1012	其他货币资金	借		
1101	交易性金融资产	借		
1121	应收票据	借		√
1122	应收账款	借		√
1123	预付账款	借		√

图 6-6　“库存现金”科目期初余额的录入

6.2.2　“银行存款”科目期初余额的录入

在“科目初始数据”选项卡中，在“币别”下拉菜单中，选择“人民币”，在“工行存款”后的“原币”框中进行会计科目期初余额的录入，如图 6-7 所示。

科目初始数据　币别：人民币　汇率：1 记账本位币

科目		期初余额		核算
代码	名称	方向	原币	项目
1001	库存现金	借	8,000.00	
1002	银行存款	借	200,000.00	
1002.01	工行存款	借	200,000.00	
1012	其他货币资金	借		
1101	交易性金融资产	借		
1121	应收票据	借		√
1122	应收账款	借		√
1123	预付账款	借		√

图 6-7　“银行存款”科目人民币账户期初余额的录入

在“科目初始数据”选项卡中，在“币别”下拉菜单中，选择外币币别“美元”，在“建行存款”后的“原币”框中录入原币的金额，系统将自动根据基础设置时已设置的汇率计算本位币的金额，如图 6-8 所示。

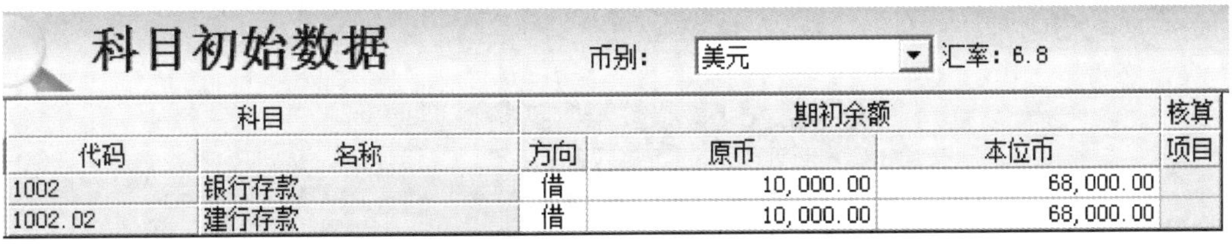

科目初始数据　币别：美元　汇率：6.8

科目		期初余额			核算
代码	名称	方向	原币	本位币	项目
1002	银行存款	借	10,000.00	68,000.00	
1002.02	建行存款	借	10,000.00	68,000.00	

图 6-8　“银行存款”科目外币账户期初余额的录入

6.2.3 "应收账款"科目期初余额的录入

在"科目初始数据"选项卡中，单击"应收账款"后核算项目中的"√"，弹出图 6-9 所示的窗口，根据期初企业实际的应收账款情况，在窗口中单击"插入"按钮，录入"应收账款"科目的详细信息，如图 6-10 所示。

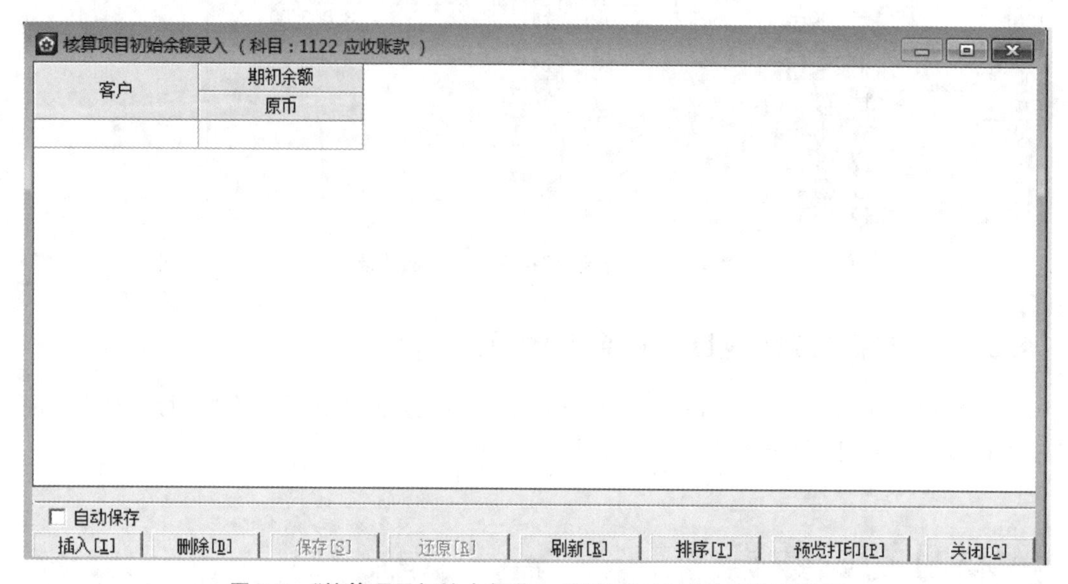

图 6-9 "核算项目初始余额录入(科目:1122 应收账款)"窗口

核算项目初始余额录入（科目：1122 应收账款）

客户	期初余额
	原币
01-武汉科信有限公司	10,000.00
02-武汉九州有限公司	58,000.00
03-武汉华纳有限公司	12,000.00
04-武汉世纪有限公司	70,000.00

图 6-10 "应收账款"科目的客户和期初余额信息录入

6.2.4 "应付账款"科目期初余额的录入

在"科目初始数据"选项卡中，单击"应付账款"后核算项目中的"√"，根据期初企业实际的应付账款情况，在弹出的窗口中单击"插入"按钮，录入"应付账款"科目的详细信息，如图 6-11 所示。

核算项目初始余额录入（科目：2202 应付账款）

供应商	期初余额
	原币
02-武汉联想有限公司	40,000.00
03-武汉美达有限公司	35,000.00

图 6-11 "应付账款"科目的供应商和期初余额信息录入

【操作提示】“预收账款”“预付账款”“其他应收款”等进行过核算项目设置的会计科目，其期初余额的录入同“应收账款”“应付账款”科目，均需单击核算项目中的“√”，根据企业期初实际情况填写具体信息。

☆ 思政园地

财会人员的全局意识

你在录入“应收账款”“应收票据”科目的期初余额时，核算项目中是否有“√”呢？如果没有，你觉得是哪里出错了？

“应收账款”“应收票据”科目需要先设置科目的核算项目，在科目初始余额录入时核算项目中才会显示“√”，才能通过单击“√”录入科目的详细初始数据。

这体现了财务软件在研发和设计时的专业性和全局观。研发人员需从专业的角度对财务软件进行系统设计，并熟悉会计法律法规，以保证财务软件的适用性和先进性。财会人员在进行会计处理时也应保持良好的专业性和全局意识，做好数据的收集、整理与录入工作，以确保后续账务处理的顺利进行。

6.2.5 “固定资产”科目期初余额的录入

登录金蝶 KIS 专业版软件主控台，选择“初始化”→“固定资产初始数据”，进行固定资产基本信息的录入，如图 6-12 所示。

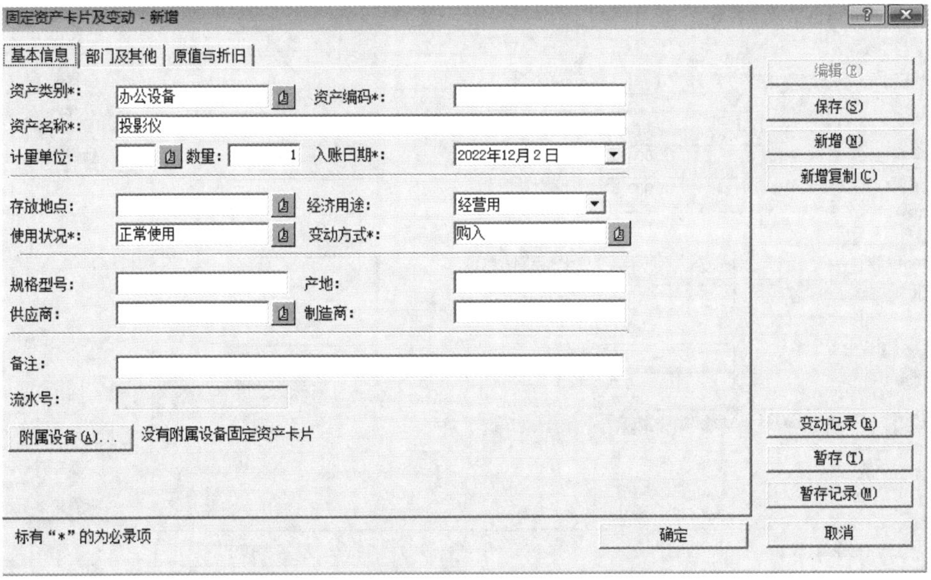

图 6-12 “固定资产”科目基本信息录入

选择“初始化”→“固定资产初始数据”，进行固定资产部门及其他信息的录入，如图 6-13 所示。

选择“初始化”→“固定资产初始数据”，进行固定资产原值与折旧信息的录入，如图 6-14 所示。

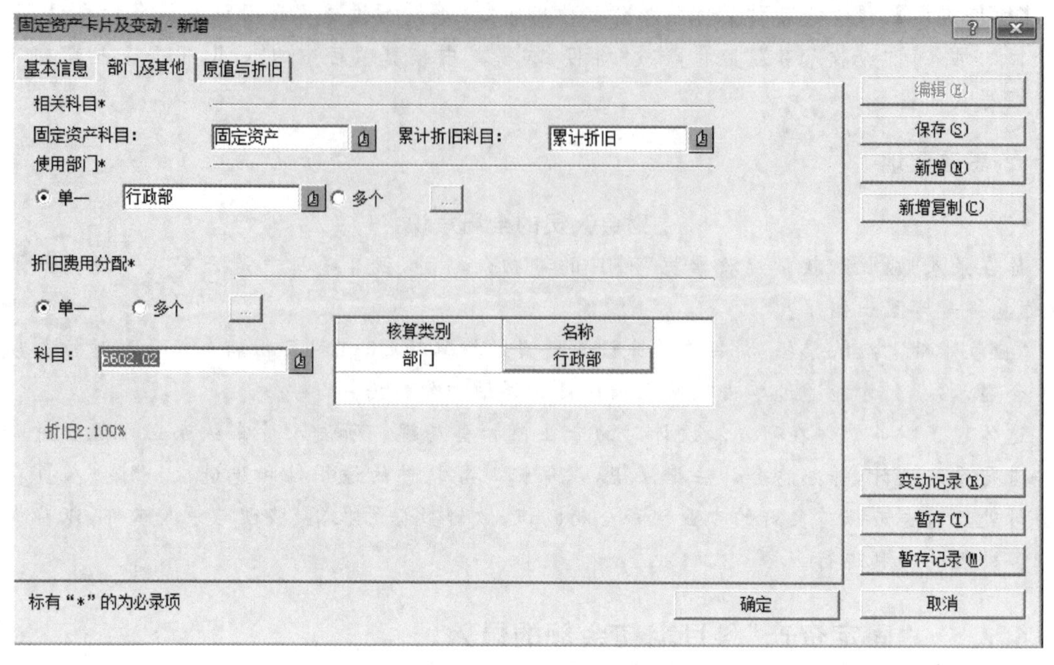

图 6-13　固定资产部门及其他信息录入

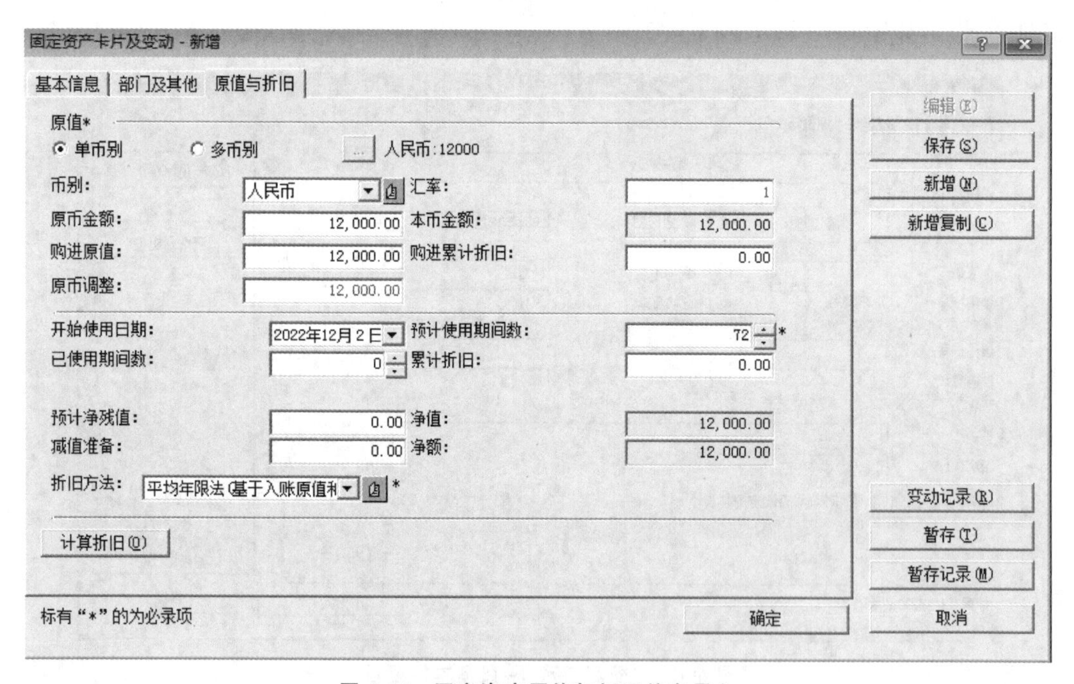

图 6-14　固定资产原值与折旧信息录入

☆ 思政园地

软件研发的系统观念

在科目初始数据表中,“固定资产”“累计折旧”科目的金额是直接录入的,还是根据“固定资产”科目初始数据引入的呢？你觉得如何设置更合理呢？

在科目初始数据表中，“固定资产”“累计折旧”科目的金额是直接录入的。如果财务软件在研发时关联了“固定资产”科目初始数据和科目初始数据中的“固定资产”“累计折旧”科目，则“固定资产”“累计折旧”科目的期初余额将可以被直接引入，这样设置更合理些。

科学把握和运用系统观念，能在财务软件的研发过程中起到很好的作用。在大数据背景下，财务软件处理的信息量越来越大。根据不同人员对会计信息的需求，做好软件研发的顶层设计和整体谋划，将能使财务软件更好地帮助财会人员完成工作任务。

6.2.6 期初余额试算平衡

录入完全部会计科目的期初余额后，在“币别”下拉菜单中，选择“综合本位币”，如图 6-15 所示。单击“平衡”按钮，进行试算平衡，结果如图 6-16 所示。当借方合计数等于贷方合计数时，系统将提示试算结果平衡，反之，则需要检查存在的错误，以确保试算平衡。试算平衡是启用财务系统的前提条件。

科目初始数据　币别：(综合本位币)　汇率：1

科目		期初余额		核算
代码	名称	方向	本位币	项目
1001	库存现金	借	8,000.00	
1002	银行存款	借	268,000.00	
1002.01	工行存款	借	200,000.00	
1002.02	建行存款	借	68,000.00	
1012	其他货币资金	借		
1101	交易性金融资产	借		
1121	应收票据	借		√
1122	应收账款	借	150,000.00	√
1123	预付账款	借	30,000.00	√
1131	应收股利	借		
1132	应收利息	借		
1221	其他应收款	借	5,000.00	√
1231	坏账准备	贷	2,000.00	
1321	代理业务资产	借		
1401	材料采购	借		
1402	在途物资	借		
1403	原材料	借	1,600,000.00	
1403.01	A材料	借	950,000.00	
1403.02	B材料	借	650,000.00	
1404	材料成本差异	借		
1405	库存商品	借	1,590,000.00	
1405.01	甲产品	借	810,000.00	
1405.02	乙产品	借	780,000.00	
1406	发出商品	借		
1407	商品进销差价	贷		
1408	委托加工物资	借		
1411	周转材料	借		
1471	存货跌价准备	贷		

图 6-15　科目初始数据

试算借贷平衡

试算项	借方	贷方	差额
期初余额(原币)			
期初余额(本位币)	6,871,000.00	6,871,000.00	0.00
本年累计(原币)			
本年累计(本位币)			

试算结果平衡。 关闭

图 6-16 试算结果平衡

6.2.7 启用财务系统

选择“初始化”→“启用财务系统”,出现图 6-17 所示界面。单击“开始”按钮,弹出“信息提示”对话框,显示“启用财务系统成功!”,如图 6-18 所示。启用财务系统成功后,初始化的工作就结束了,后续可以进行正常的日常账务处理了。

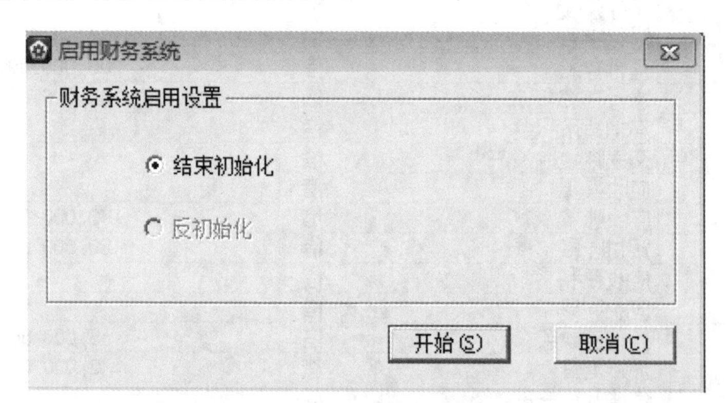

图 6-17 启用财务系统

图 6-18 启用财务系统成功

【思考题】

(1) 你觉得会计科目期初余额试算不平衡的原因有哪些呢?

(2) 会计科目期初余额录入的方式有哪些呢?

☆ 思政案例

央行:人民币对一篮子货币稳中有升

中国人民银行货币政策司司长邹澜2023年9月20日表示,人民币对美元汇率非常重要,但并不是人民币汇率的全部,人民币对一篮子货币汇率能更全面地反映货币价值的变化。7月中旬以来,得益于国内经济稳步回升向好,人民币对一篮子货币稳中有升,对非美元货币保持相对强势。

邹澜在当天举行的国务院政策例行吹风会上介绍,汇率浮动主要是调节实体经济中的贸易和投资,贸易和投资是多边的,涉及多个国家、多种货币,因此人民币对一篮子货币变动可以更全面地体现汇率对贸易投资以及国际收支的影响。9月15日,人民币汇率指数报98.51,较6月末上涨1.8%,其中人民币对欧元升值2.5%,对日元升值4.1%。

"人民币对非美货币总体升值,在优先支持国内发展的同时,保持了对外币值稳定。"邹澜表示,7月中旬以来,受美元指数走强影响,人民币对美元双边汇率有所走贬。但得益于国内经济稳步回升向好,人民币对一篮子货币汇率稳中有升,对非美元货币保持了相对强势。

近期,各项稳经济政策陆续落地,宏观经济运行出现更多积极变化。邹澜认为,随着我国经济持续回稳向好,人民币汇率在合理均衡水平上保持基本稳定具有坚实基础。在应对多轮外部冲击的过程中,中国人民银行、外汇局也积累了丰富的应对经验,具有充足的政策工具储备,有能力、有信心、有条件维护外汇市场平稳运行。

邹澜表示,下一阶段,中国人民银行、外汇局将以保持人民币汇率在合理均衡水平上基本稳定为目标,立足长远、发轫当前、综合施策、校正背离、稳定预期,坚决对单边、顺周期行为予以纠偏,坚决对扰乱市场秩序行为进行处置,坚决防范汇率超调风险。

(原文来源:中国政府网。有删改。)

【总结】货币现象的背后其实是经济问题,人民币升值意味着可以用同样金额的人民币买到更多的其他国家的产品。对于进口企业来说,人民币升值,可以提升人民币的购买力。但是,对于出口企业来说,人民币升值,意味着以人民币计价的产品成本或者价格提高,国际竞争力降低,对出口不利。如果人民币贬值,对于普通老百姓来说意味着购买力的下降,同样的钱能够买到的东西将更少;过快贬值同时也是通货膨胀的表现,对于习惯储蓄的国人来说较为不利。因此,对于人民币升值或贬值的利弊,不能一概而论。

【章末习题】

一、单项选择题

1. 账务处理系统中所指的期初余额,是指用户启用财务软件当月各科目的(　　)。

A. 年末余额　　B. 月初余额　　C. 月末余额　　D. 年初余额

2. 辅助核算要设置在(　　)会计科目上。

A. 一级　　B. 二级　　C. 总账　　D. 末级

3. 计量单位的设置影响(　　)会计科目期初余额的录入。

A. 银行存款　　B. 原材料　　C. 生产成本　　D. 制造费用

二、多项选择题

1. 关于期初余额的描述中,正确的有(　　)。

A. 所有科目都必须录入期初余额

B. 红字余额应输入负号

C. 期初余额试算不平衡,不能记账

D. 如果已经记账,则还可以修改期初余额

2. 会计科目期初余额试算不平衡的原因有(　　)。

A. 数据录入不完整　　B. 借贷方设置有误

C. 未在"综合本位币"界面　　D. 金额录入错误

3. 会计科目期初余额录入的方法有(　　)。

A. 直接录入明细科目金额

B. 单击核算项目中的"√",录入详细数据信息

C. 无明细科目的情况下,直接录入一级科目金额

D. 外币科目需录入原币金额

三、判断题

1. 会计科目的期初余额一经录入则不得修改。(　　)

2. 设置了核算项目的会计科目的期初余额不能通过直接录入的形式进行录入。(　　)

3. "应收账款""应付账款"科目不应该设置辅助核算项目。(　　)

4. 期初余额的录入方法是从末级科目开始的。(　　)

5. 会计科目的期初余额录入完毕后,应在"币别"下拉菜单中选择"综合本位币",然后进行试算平衡。(　　)

四、操作题

在完成会计科目的全部设置后,即可根据表5-7的会计科目及期初数据表进行会计科目期初余额的录入。涉及核算项目期初余额的录入,应注意录入其详细信息。

(1) 客户期初数据如下。

应收账款——武汉科信有限公司,2024年12月01日,销售款10 000元;

应收账款——武汉九州有限公司,2024年12月05日,销售款58 000元;

应收账款——武汉华纳有限公司,2024年12月15日,销售款12 000元;

应收账款——武汉世纪有限公司,2024年12月22日,销售款70 000元;

预收账款——武汉江河有限公司,2024年12月22日,销售款20 000元。

(2) 供应商期初数据如下。

应付账款——武汉联想有限公司,2024年12月14日,销售款40 000元;

应付账款——武汉美达有限公司,2024年12月15日,销售款35 000元;

预付账款——武汉外新有限公司,2024年12月22日,销售款20 000元;

预付账款——武汉华贸有限公司,2024年12月28日,销售款10 000元。

(3) 个人往来期初数据如下。

其他应收款——供应部赵智,2024年12月28日,借支差旅费3 000元;

其他应收款——销售一部李芳，2024 年 12 月 29 日，借支差旅费 2 000 元。

（4）“固定资产”科目期初数据如表 6-1 所示。

表 6-1 “固定资产”科目期初数据表

类别名称	资产名称	代码	购入日期	原值/万元	使用时间	残值	折旧方法	使用部门	变动方式
办公设备	投影仪	001	2024 年 12 月 02 日	1.2	6 年	0	年限平均法	行政部	购入
办公设备	电脑	002	2024 年 12 月 05 日	0.8	6 年	0	年限平均法	财务部	购入
生产设备	机床	003	2024 年 12 月 10 日	20	10 000 工时	0	工作量法	生产部	购入
房屋建筑物	写字楼	004	2024 年 12 月 02 日	300	50 年	0	年限平均法	行政部	购入

第7章 账务处理的操作原理与基本流程

☆ **学习目标**

通过本章的学习，理解通用财务软件账务处理系统的主要功能；掌握对企业不同经济业务进行记账凭证的录入、审核、过账、修改、删除和查询等功能的应用；掌握期末处理包含的业务内容，尤其是自动转账功能的具体应用，以及期末调汇和结转损益的操作；理解账簿查询功能的作用，并能利用该功能进行相关账簿的查询。

☆ **课前思考**

在“科目初始数据”选项卡中，当“币别”设置为“综合本位币”时，你录入的期初余额试算平衡了吗？在启用财务系统前，你觉得是否有必要进行账套备份呢？为什么？当启用财务系统后，你觉得会计人员可以根据企业发生的经济业务填写记账凭证吗？你应该以什么身份进入账务处理系统呢？

7.1 账务处理系统概述

账务处理系统，也称总账系统，顾名思义是用来处理企事业单位的账务核算业务的，从功能上看，账务处理系统的主要任务就是制单和记账。只要是能够完成凭证处理和记账功能的系统都可以称为账务处理系统。

账务处理系统中的制单是指对会计凭证的相关操作，包括对凭证的输入、修改及审核；记账是指将审核后的会计凭证登记到相应的明细账、日记账和总账等相关账簿。此外，会计核算时，期末必然存在结转、计提等业务，此类业务具有一定的规律性，可以利用凭证模板定义的方式实现自动结转，因此，期末处理也是账务处理系统中必不可少的一项功能。可见，账务处理系统必须具备凭证处理、登记账簿、期末处理三项功能，这也是会计制度所要求的。

7.1.1 凭证处理

凭证处理是账务处理系统的起点,是会计数据进入财务软件等待加工处理与输出的入口。账务处理系统日常工作首先从填制凭证开始,依次完成凭证审核、记账和结账等工作。

在凭证处理模块中,凭证填制、凭证审核、凭证记账是核心,凭证查询与打印是辅助功能。凭证处理的严格顺序是填制完凭证后须经过审核才能记账。除此以外,各个财务软件提供给用户的辅助功能不同,凭证处理模块还会包括凭证汇总、常用凭证(或模式凭证)等。

1) 凭证填制

记账凭证是会计人员根据审核后的原始凭证进行归类、整理,利用复式记账法确定会计分录而填制的,是登记账簿、编制报表的主要依据。在手工记账环境下,会计人员利用原始凭证手工填写记账凭证。在计算机环境下,凭证填制可以采用以下三种方式:手工填制记账凭证并录入计算机,这种方法适用于手工账与计算机账并存的单位;根据原始凭证直接在计算机财务软件中填制记账凭证,这种方法适用于已经取消手工账的单位;由账务处理系统以外的其他业务系统(如采购管理系统、销售管理系统、固定资产系统等)生成记账凭证传递过来,这种方法适用于已经采用了财务业务一体化系统或者部分一体化系统的单位。本部分讲述的账务处理系统里的凭证填制主要采用录入的方式,其他系统(包括固定资产、工资管理、应收款管理、应付款管理等系统)的相关业务凭证多数是计算机自动生成的机制凭证。

根据凭证所含会计科目的属性不同,可以将填制凭证分为以下几种情况。

一般凭证的录入。一般凭证是指所含会计科目没有特殊属性的凭证。这类凭证在录入时,需要录入以下信息。

①凭证类型,采用分类凭证的单位要录入凭证类型,要求凭证类型的选择与凭证内容相符合,凭证类型一经选定,保存后不能修改。

②凭证日期,一般表示经济业务的发生时间,随着凭证号的增加而增加,只允许输入未结账月份的记账凭证。

③附件数,输入填制该凭证所依据的原始单据数,并不是每张凭证都需要输入附件数。

④凭证号,一般按不同凭证类别按月进行顺序编号,不允许重号或者漏号。

⑤摘要、会计科目、金额。

外币凭证的录入。外币凭证是指包含外币核算会计科目的凭证。这类凭证在录入时,要转换为外币凭证录入界面,对外币核算会计科目录入外币金额,其他内容的录入同一般凭证。

数量金额凭证的录入。数量金额凭证是指包含数量金额核算会计科目的凭证。这类凭证在录入时,要转换为数量金额凭证录入界面,对数量金额核算会计科目录入数量、单价,其他内容的录入同一般凭证。

银行存款凭证的录入。银行存款凭证是指包含“银行存款”会计科目的凭证。这类凭证在录入时,选中“银行存款”会计科目,同时录入结算方式与结算号,其他内容的录入同一般凭证。

辅助核算凭证的录入。辅助核算凭证是指包含辅助核算属性会计科目的凭证。这类凭证在录入时,录入完辅助核算属性会计科目后,根据提示选择录入该核算项目的项目明细,比如部门信息、客户信息、供应商信息、职员信息等,其他内容的录入同一般凭证。

【操作提示】摘要可以由手工输入或者利用由软件提供的常用摘要功能或其他快捷功能录入。输入的会计科目要存在并且为最明细科目。输入的会计科目与凭证类型要相符。按照“有

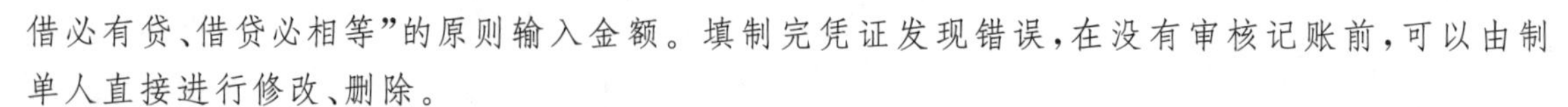

借必有贷、借贷必相等”的原则输入金额。填制完凭证发现错误，在没有审核记账前，可以由制单人直接进行修改、删除。

2）凭证审核

为了确保登记入账的凭证数据正确、全面，需要在记账前由专门审核人员对填制的记账凭证进行检查核对，即凭证审核。

由于在填制凭证时系统已经能够自动识别一些错误并加以提示，因此凭证审核的主要内容有：

①记账凭证是否与原始凭证相符；

②会计科目是否串户，即业务发生涉及的会计科目是否是制单人选择的会计科目；

③金额是否同增减，即业务发生的金额在录入时是否同时增加或减少了。

通用财务软件中的凭证审核模块具有两个功能：审核凭证和取消审核。审核凭证又可分为单张审核与成批审核。具有审核权限的人员应该按照会计制度或准则的要求，对制单人填制的记账凭证进行审核与取消审核。

【操作提示】审核人与制单人不能是同一个人。具有审核权限的人才能进行审核工作。审核过程中发现错误的凭证，应交由制单人进行修改。凭证一经审核，不允许修改或者删除，如发现错误需要修改的，需由审核人取消审核，再交由制单人修改。

有些财务软件提供了主管签字或者出纳签字的功能，即会计凭证须主管签字才有效、出纳凭证须出纳签字才有效的模式，对凭证数据的正确性进行控制。凭证审核可以分次或一次进行，即录入部分凭证进行审核或者全部录入完毕后进行审核。

3）凭证记账

在手工记账环境下，会计人员根据已经审核的记账凭证及原始凭证进行明细账的登记，按照不同的账务处理程序登记总账。主要的账务处理程序有记账凭证账务处理程序、汇总记账凭证账务处理程序、科目汇总表账务处理程序、日记总账账务处理程序及多栏式日记账账务处理程序。各种账务处理程序的主要区别在于登记总账的依据和程序不同。

在计算机环境下，记账工作由财务软件自动完成，一般采用向导模式，由具有记账权限的会计人员按照财务软件的提示完成记账工作，大大减少了会计人员的工作量，并且不容易出现账簿数据人为登记错误。

【操作提示】只对已经审核的凭证进行记账。凭证记账后不允许修改、删除，如需要进行修改，现有财务软件一般提供了两种方式：填制补充凭证或者红字冲销凭证进行更正。利用财务软件提供的取消记账功能，取消记账，然后再取消审核，由制单人进行修改，但是一般会计人员没有此项操作权限。

记账可以分次或一次进行，即审核完毕的部分凭证可以立即记账，也可以全部审核完毕后一次性记账。

4）凭证删除

当保存的记账凭证因为记录错误或是记录重复等原因需要从系统中删除时，就要使用凭证删除功能。

【操作提示】只有未审核的凭证才可以直接删除。删除凭证引起的断号，不同的通用财务软件会提供相应的方法进行调整。金蝶 KIS 专业版软件提供了凭证整理功能来对凭证断号进行处理。

5）凭证查询

用户可以根据实际业务的需要查询已经输入的凭证，一般凭证查询有两个步骤：输入查询条件，查询条件包括类型、日期、附件、科目、金额、人员、是否审核记账、辅助核算等；输出查询结果。

6）凭证处理的其他功能

①凭证汇总。凭证汇总是把记账凭证按照一定的时间、金额、科目等范围和条件进行汇总，生成凭证汇总表。在财务软件里，这项功能提供凭证汇总的参考信息，是辅助功能模块。

②常用凭证(模式凭证)。在日常处理过程中会出现大量内容相同或几乎相同的凭证，将这些凭证储存起来作为模板，在填制该类凭证时调用模板，对不相同的部分可以进行修改，大大提高工作效率，因此很多财务软件提供了该操作功能。

7.1.2 期末处理

每个会计期间都有许多业务是相对固定的，周而复始地发生，具有很强的规律性。实现软件处理后，为了减少会计人员的凭证输入工作量及减少输入差错，各个财务软件都设置了会计凭证自动生成功能，通过该功能能够自动生成这些有规律的经济业务凭证数据。期末会计凭证自动生成功能主要有自动转账、期末调汇、结转损益等。

1）自动转账

在每月的会计业务中，有一些业务具有规律性，如无形资产的摊销，每月涉及的凭证摘要、会计科目基本不变，金额来源或计算方法相对固定，以无形资产的原值作为基数按照既定的摊销年限进行分摊，对于这一类业务，我们需要把此类凭证的摘要、借贷方科目、金额的计算方法预先制成模板存入系统，每期期末使用该模板生成相应的会计凭证。

自动转账一般适用于以下业务内容：

①费用分配与结转，如工资费用分配、无形资产摊销等；

②税金计提，如房产税等税金的计提等；

③具有配比关系科目的对应结转，如销售成本结转、期末损益结转等。

在进行自动转账设置时，有关项目定义规则如下：

①摘要，输入该业务的摘要，生成凭证后将会出现在所生成的记账凭证的每一行“摘要”栏中；

②科目与项目，该业务的科目与项目指凭证借贷双方的会计科目与辅助核算项目；

③公式，即在日后由系统调用模板生成凭证时，凭证中金额的来源公式。

设置自动结转公式时，可以按以下步骤进行：首先，了解自动结转业务的会计分录；其次，判断每个科目金额来源的取数公式中的取数科目、取数类型；最后，根据不同财务软件提供的取数向导或函数设置取数公式。

【操作提示】设定好以上模板，在每期调用后，使用生成凭证功能即可生成该业务凭证，不需要手工录入。生成凭证前，所有已经录入的凭证都要审核记账。生成的凭证与手工输入的凭证一样，还需要经过审核、记账的操作。

2）期末调汇

期末调汇是指有外币核算业务的单位，对外币业务编制记账凭证后，在期末进行的汇率调整和结汇工作。每期期末由汇率的变动引起本期收益的增加或减少，会计制度上要求必须进行调汇工作，由汇率增加或者降低引起的损益的变化，除个别情况外，一般增加或者冲减“财务费用”科目。

期末调汇用于定义自动计算外币账户的汇兑损益，并在期末自动生成汇兑损益结转凭证。一般处理步骤为：

①通过系统的汇率管理功能输入本月各种外币的月末汇率；

②选择输入汇兑损益应记入的会计科目，会计准则中规定除个别情况外，一般记入“财务费用”科目；

③设定摘要、凭证类型等参数；

④每期期末自动生成汇兑损益结转凭证。

【操作提示】调汇时要求之前输入的凭证都已经审核、记账，新生成的凭证仍然需要审核、记账。注意凭证类型的选择要根据汇率的增减确定。

3）结转损益

结转损益是指在一个会计期间终了时对损益类科目发生额所进行的结转。通常，将所有损益类科目的发生额都转入“本年利润”科目，并自动生成凭证。使用结转损益功能的主要步骤如下：

①输入凭证摘要和凭证类型。这两项必须输入或者选择用自动生成的该凭证的摘要和类型，如果采用了分类凭证，凭证类型为“转”字。

②选定各个损益类科目的对应结转科目，即“本年利润”科目。

③结转损益，自动生成该凭证。

【操作提示】结转损益前要求之前输入的凭证都已经审核、记账。结转生成的凭证，仍需要审核、记账。

4）期末对账与结账

期末对账是对账簿数据进行核对，以检验记账是否正确以及账目是否平衡的方法。一般而言，利用财务软件进行业务处理，总账、日记账、明细账等数据都来源于已经记账的会计凭证，由于财务软件的记账工作由系统自动执行，只要会计凭证数据录入无误，财务软件自动生成的各种账簿数据应该都是正确和平衡的，但仍然存在由于非法操作或者系统紊乱等原因造成的数据不准确，从而引起账账、账证不符的情况，因此为了保证各种账簿数据的正确与平衡，现有财务软件基本都提供了对账功能，用户可以使用该功能进行对账。对账工作一般在结账前进行，每月至少一次。

期末结账是指本期工作结束后、下期工作开始之前需要进行的工作。期末结账主要包括如下几项工作：

①停止并检查本期各科目的各项数据处理工作；

②计算各科目的本期发生额和累计发生额；

③计算本期各科目的期末余额并将余额结转至下期期初。

【操作提示】结账前应将本期所有记账凭证登记入账。结账后，不能再输入这一会计期间的记账凭证或其他数据资料，也不能再进行记账。结账必须按月连续进行，且每月只能结账一次。年终结账时，必须先进行数据备份或打印输出，以备操作出错时恢复至结账前状态。

年终结账后，计算机会自动将年末余额结转到下一年作为下一年的年初余额。

7.2 账务处理系统的操作应用

以会计人员的身份登录金蝶 KIS 专业版软件主控台，选择“账务处理”→“凭证录入”，进入凭证填制的界面，如图 7-1 所示。

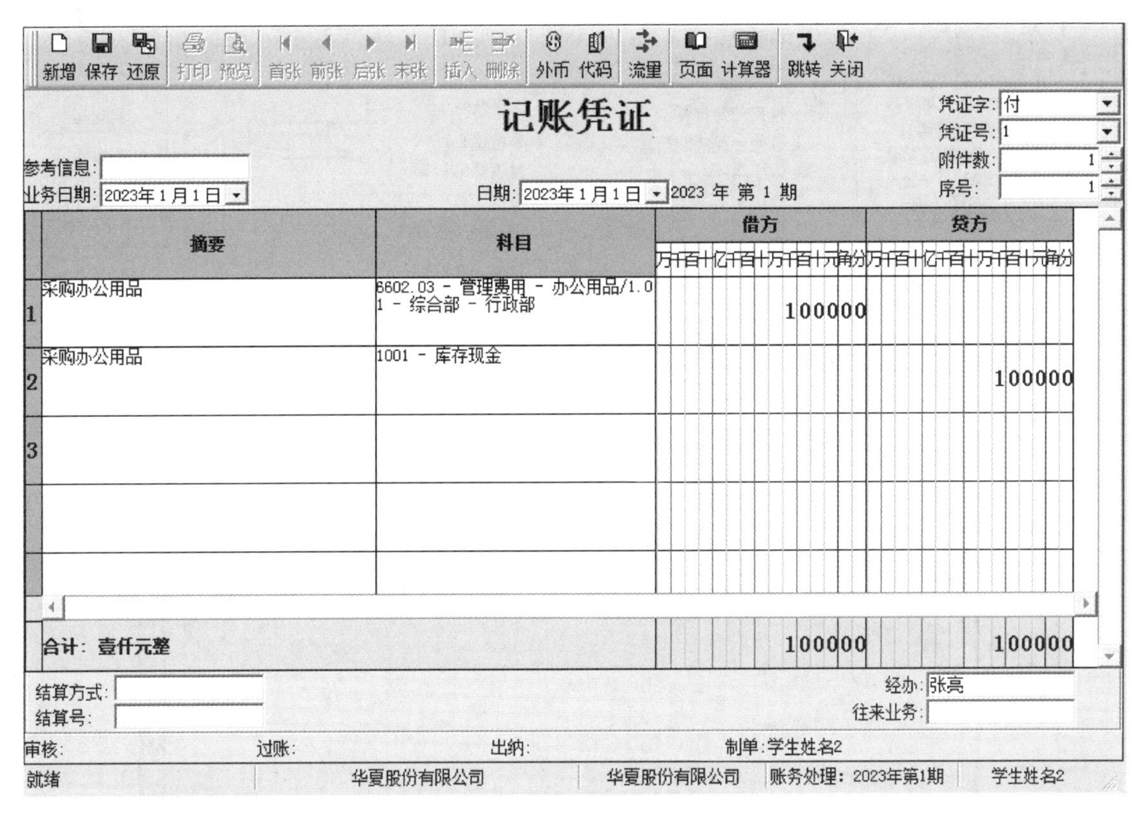

图 7-1 一般记账凭证的填制

7.2.1 记账凭证的填制

1）一般记账凭证的填制

在选择会计科目时，如经济事项涉及尚未设置的明细科目，则在“会计科目”窗口中单击“新增”按钮，录入科目代码和名称，并进行属性设置，涉及核算项目的会计科目必须在“核算项目”选项卡中选择相应的核算项目类别，如图 7-2 和图 7-3 所示。

设置完会计科目后，再来填制正确的记账凭证。在填写的过程中，应注意凭证字、日期、摘要、科目、金额等的填写。

【操作提示】在录入凭证的最后一条记录时，可以按下 Ctrl＋F7 快捷键，系统可以自取凭证的平衡数。

凭证保存完，系统默认的是仍显示当前保存的凭证，如果希望系统在保存完毕后能自动产

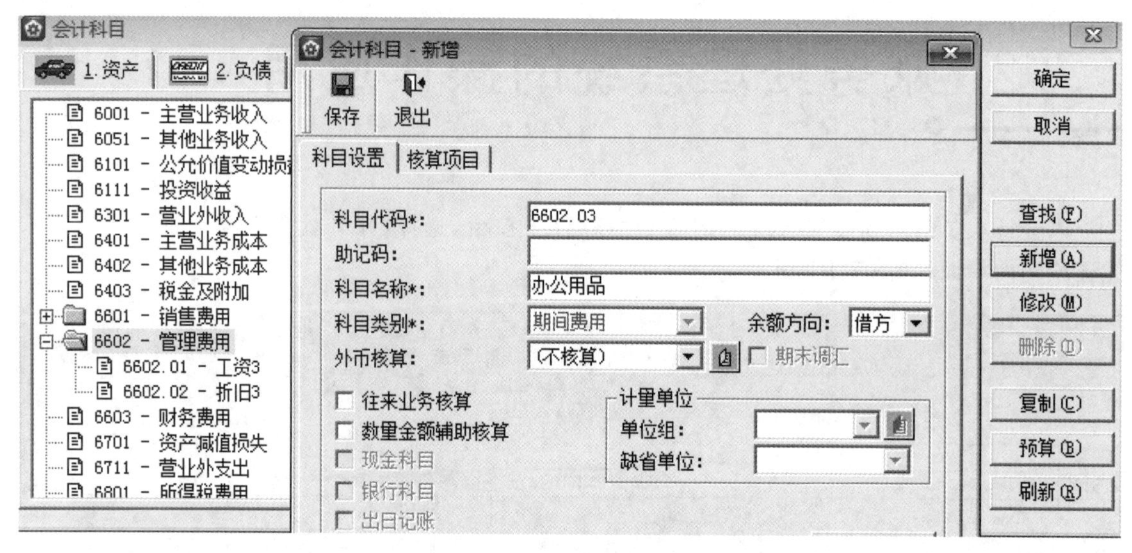

图 7-2 新增明细科目

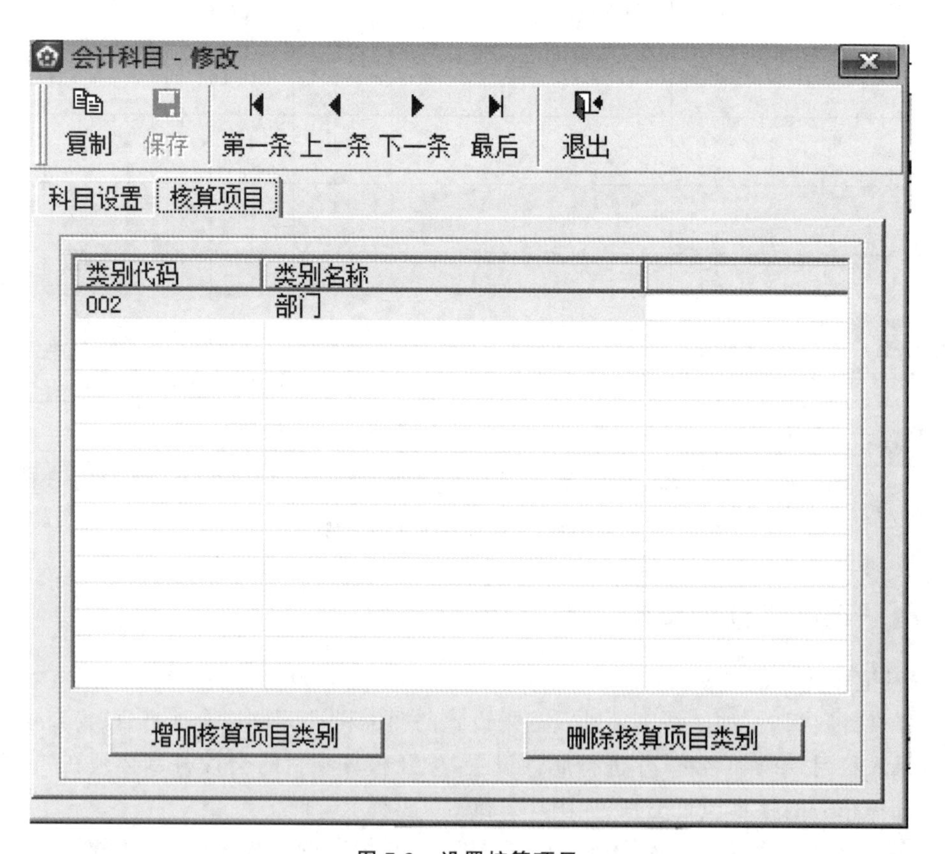

图 7-3 设置核算项目

生一张空白的凭证，那么可以在凭证录入前进行设置。

2）涉及"银行存款"科目记账凭证的填制

如果填制的记账凭证的会计科目是"银行存款"科目，则需要在记账凭证填制界面中选择

“银行存款”科目，在左下方输入银行存款交易的结算方式和结算号，如图 7-4 所示。如果系统不允许输入，则说明用户没有在科目设置时将“银行存款”勾选为银行科目。

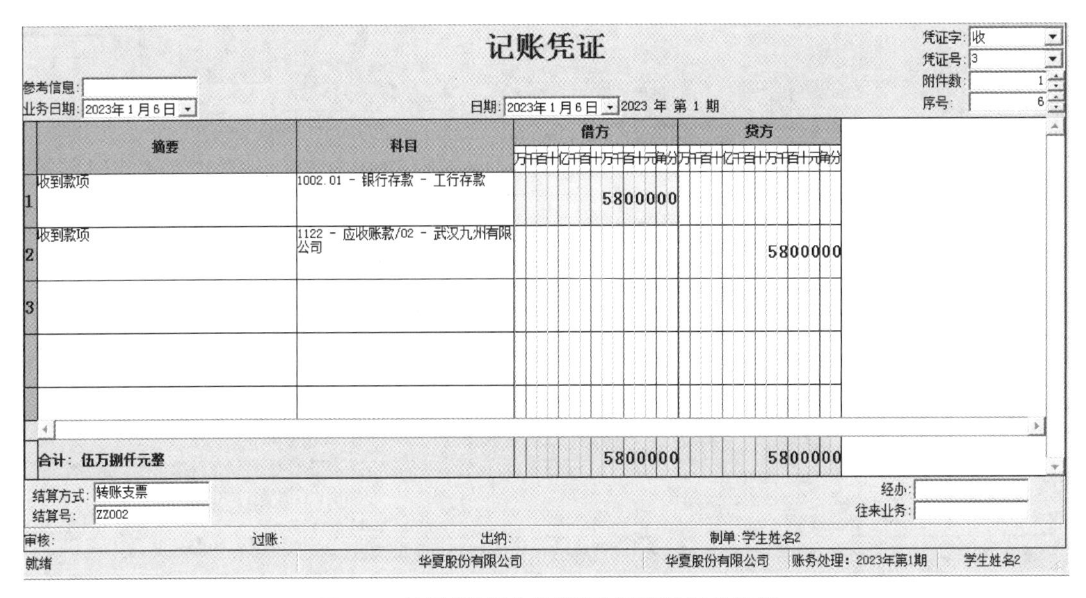

图 7-4　涉及“银行存款”科目记账凭证的填制

3）涉及外币核算科目记账凭证的填制

如果填制的记账凭证的会计科目是外币核算科目，则记账凭证填制界面自动变为外币输入界面，输入原币金额，借贷方金额由系统自动换算为本位币金额，如图 7-5 所示。

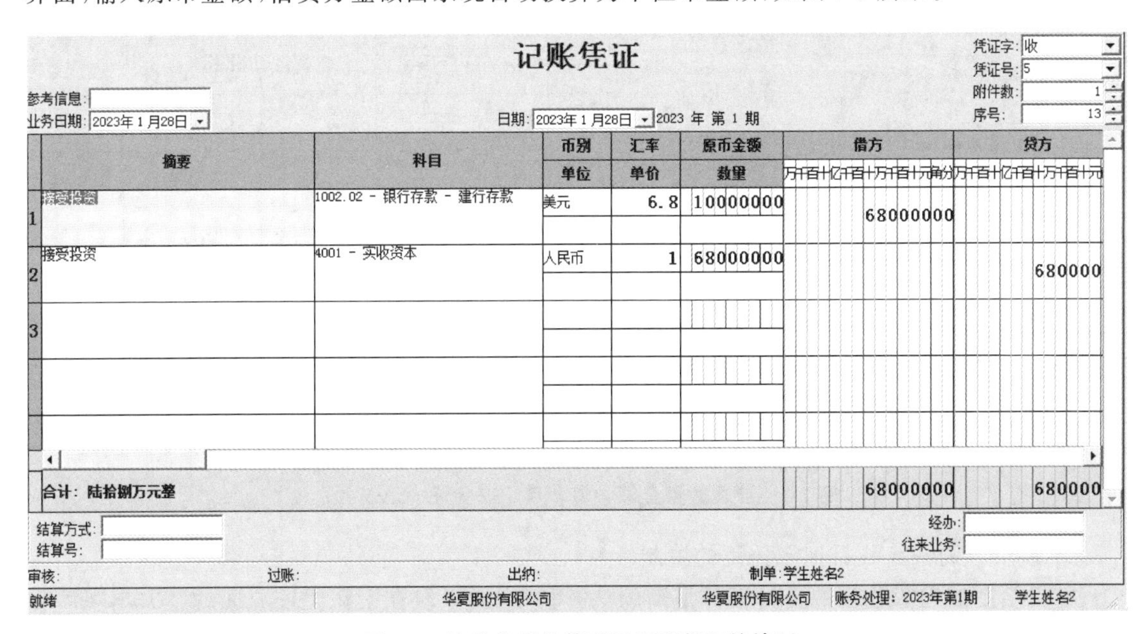

图 7-5　涉及外币核算科目记账凭证的填制

4）涉及数量金额核算科目记账凭证的填制

如果填制的记账凭证的会计科目是数量金额核算科目，则选择数量金额核算科目后，系统自动转换为数量金额式凭证填写界面，要求输入相应的单价、数量，如图 7-6 和图 7-7 所示。

记账凭证

凭证字：转
凭证号：2
附件数：1
序号：10
参考信息：
业务日期：2023年1月21日
日期：2023年1月21日 2023 年 第 1 期

	科目	币别 / 单位	汇率 / 单价	原币金额 / 数量	借方	贷方
1	5001 - 生产成本/01 - 甲产品	人民币	1	15600000	15600000	
2	1403.01 - 原材料 - A材料	人民币	1	9200000		9200000
		吨	460	200		
3	1403.02 - 原材料 - B材料	人民币	1	6400000		6400000
		吨	320	200		
4						000
					15600000	15600000

结算方式：
结算号：
经办：
往来业务：
审核： 过账： 出纳： 制单：学生姓名2
就绪 华夏股份有限公司 华夏股份有限公司 账务处理：2023年第1期 学生姓名2

图 7-6 涉及数量金额核算科目记账凭证的填制(1)

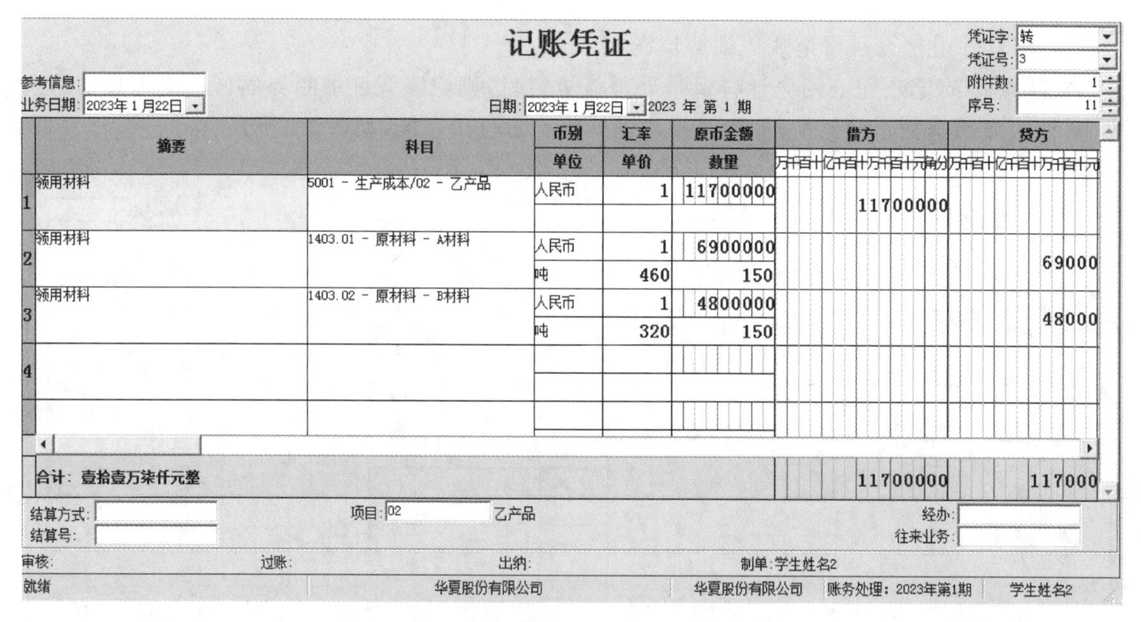

记账凭证

凭证字：转
凭证号：3
附件数：1
序号：11
参考信息：
业务日期：2023年1月22日
日期：2023年1月22日 2023 年 第 1 期

	摘要	科目	币别 / 单位	汇率 / 单价	原币金额 / 数量	借方	贷方
1	领用材料	5001 - 生产成本/02 - 乙产品	人民币	1	11700000	11700000	
2	领用材料	1403.01 - 原材料 - A材料	人民币	1	6900000		69000
			吨	460	150		
3	领用材料	1403.02 - 原材料 - B材料	人民币	1	4800000		48000
			吨	320	150		
4							
	合计：壹拾壹万柒仟元整					11700000	117000

结算方式：
结算号：
项目：02 乙产品
经办：
往来业务：
审核： 过账： 出纳： 制单：学生姓名2
就绪 华夏股份有限公司 华夏股份有限公司 账务处理：2023年第1期 学生姓名2

图 7-7 涉及数量金额核算科目记账凭证的填制(2)

5）涉及辅助核算科目记账凭证的填制

如果填制的记账凭证的会计科目是辅助核算科目，则系统在记账凭证界面的下方出现填写辅助核算科目的空白框，单击空白框，按 F7 键，在弹出的列表中选择相应的辅助核算科目明细，如图 7-8 所示。

6）涉及“应交税费”科目记账凭证的填制

如果涉及销售或采购业务，则填制记账凭证时应注意税费的处理，要做好明细科目的设置

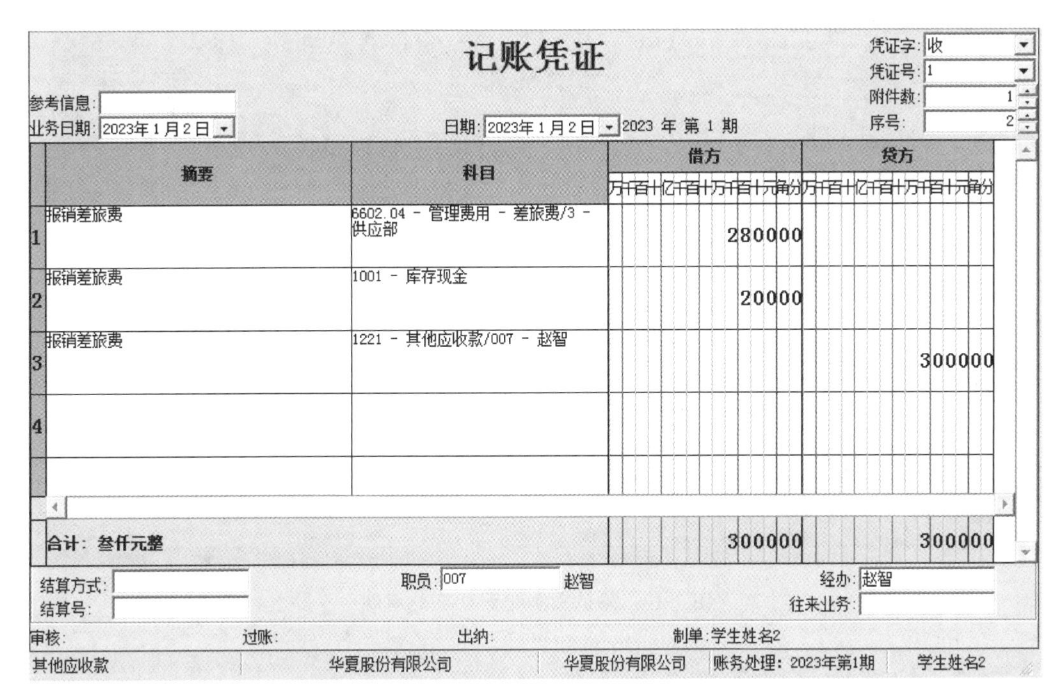
记账凭证

凭证字：收
凭证号：1
附件数：1
序号：2
参考信息：
业务日期：2023年1月2日
日期：2023年1月2日 2023 年 第 1 期

	摘要	科目	借方	贷方
1	报销差旅费	6602.04 - 管理费用 - 差旅费/3 - 供应部	280000	
2	报销差旅费	1001 - 库存现金	20000	
3	报销差旅费	1221 - 其他应收款/007 - 赵智		300000
4				
	合计：叁仟元整		300000	300000

结算方式：
结算号：
职员：007 赵智
经办：赵智
往来业务：
审核： 过账： 出纳： 制单：学生姓名2
其他应收款 华夏股份有限公司 华夏股份有限公司 账务处理：2023年第1期 学生姓名2

图 7-8 涉及辅助核算科目记账凭证的填制

与选择，如图 7-9 和图 7-10 所示。

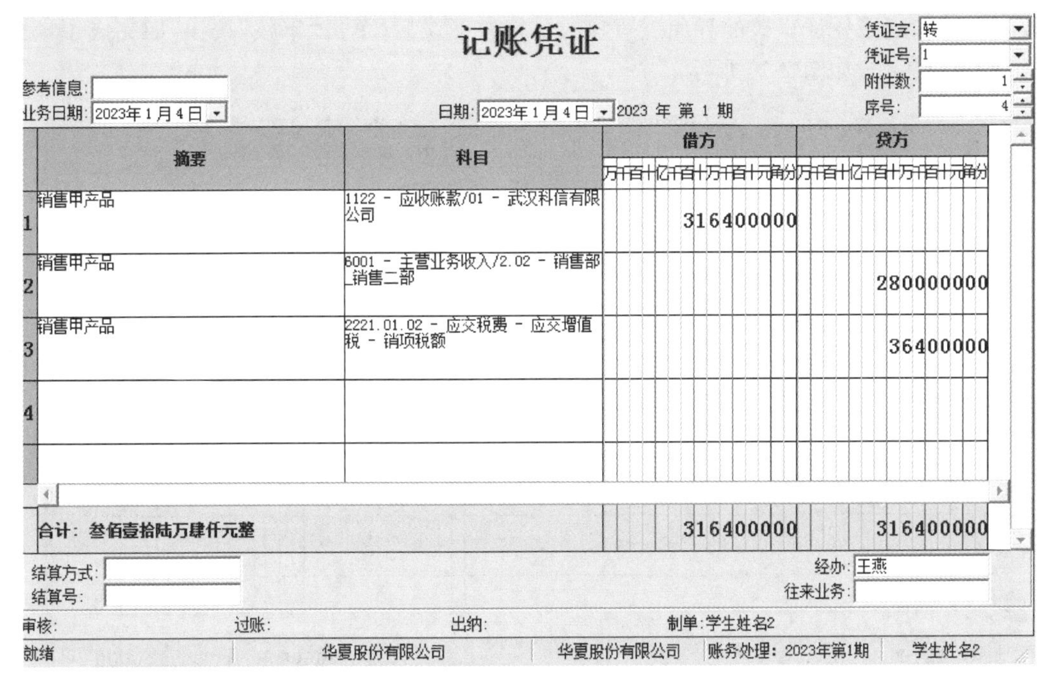
记账凭证

凭证字：转
凭证号：1
附件数：1
序号：4
参考信息：
业务日期：2023年1月4日
日期：2023年1月4日 2023 年 第 1 期

	摘要	科目	借方	贷方
1	销售甲产品	1122 - 应收账款/01 - 武汉科信有限公司	316400000	
2	销售甲产品	6001 - 主营业务收入/2.02 - 销售部_销售二部		280000000
3	销售甲产品	2221.01.02 - 应交税费 - 应交增值税 - 销项税额		36400000
4				
	合计：叁佰壹拾陆万肆仟元整		316400000	316400000

结算方式：
结算号：
经办：王燕
往来业务：
审核： 过账： 出纳： 制单：学生姓名2
就绪 华夏股份有限公司 华夏股份有限公司 账务处理：2023年第1期 学生姓名2

图 7-9 销售业务记账凭证的填制

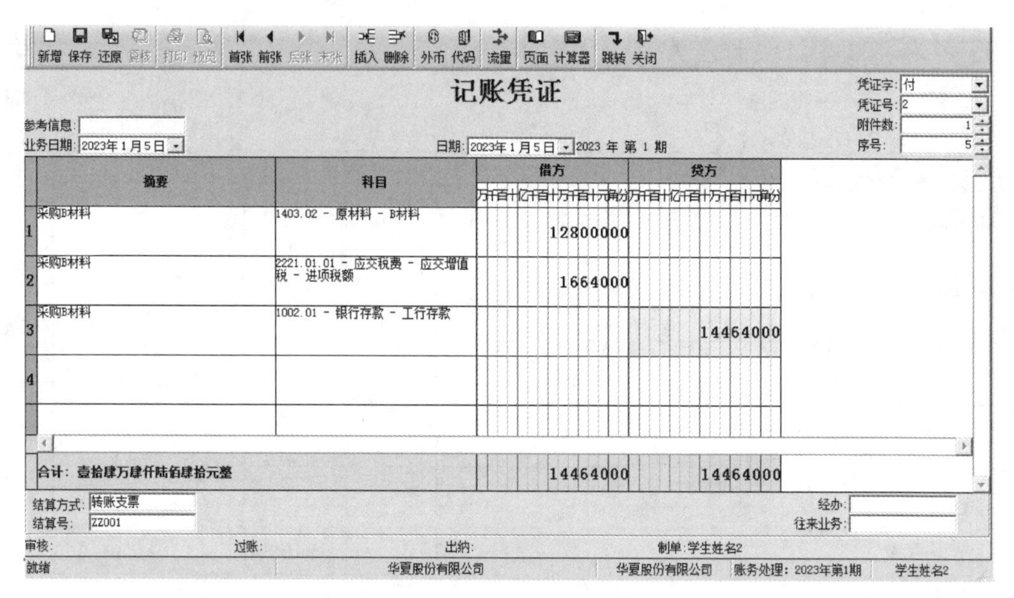

图 7-10 采购业务记账凭证的填制

7.2.2 记账凭证的审核与反审核

以账套主管的身份进入账务处理系统，单击“凭证管理”按钮，在“过滤界面”窗口中将条件设置为“全部”，单击“确定”按钮，进入“会计分录序时簿”界面，选中要审核的记账凭证，单击“审核”按钮即进入记账凭证审核的界面。审核人员审核无误后，单击“审核”按钮，即完成了该张记账凭证的审核工作，如图 7-11 所示。

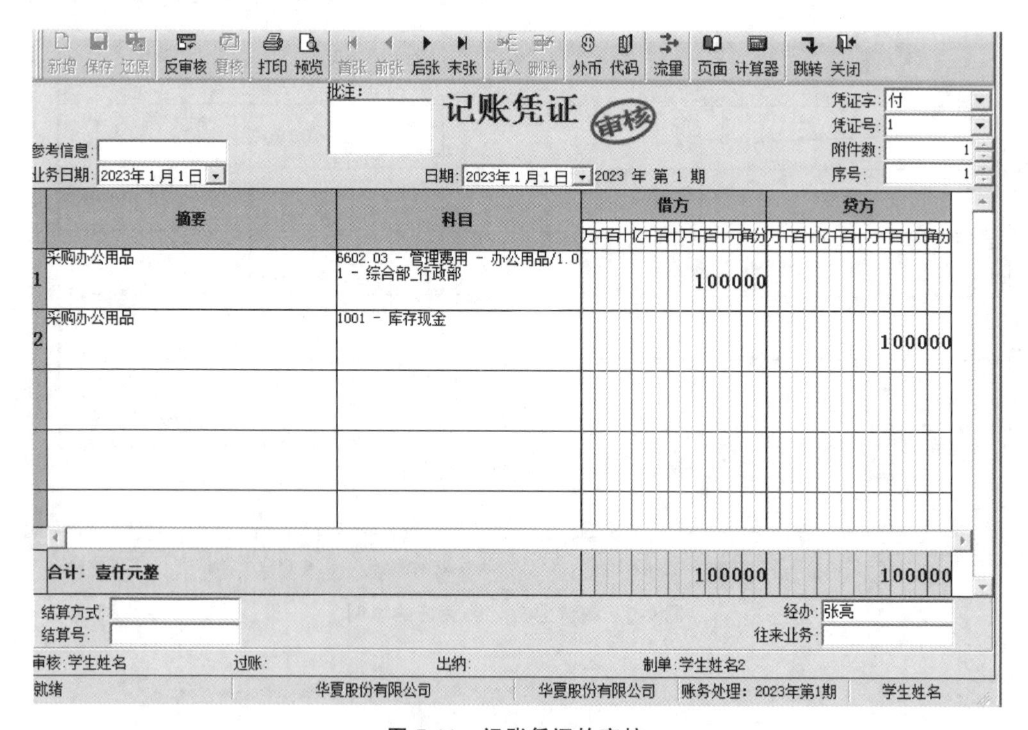

图 7-11 记账凭证的审核

对于审核发现错误的记账凭证，审核人员不具有直接修改的权限，而是应该由记账凭证的填制人员进行修改，修改完毕后再由审核人员进行审核。

如果记账凭证的审核人员在审核完毕后，发现记账凭证存在错误，可以进行反审核。在“会计分录序时簿”界面中，选中审核后发现错误的记账凭证，如图 7-12 所示，单击“反审核”按钮即进入记账凭证反审核的界面，记账凭证上的审核印章被取消。记账凭证的填制人员将能对记账凭证进行修改等处理。

新增 复制 修改 删除 停止 引出 打印 预览 凭证 反审核 复核 查找 过滤 刷新 明细账 单据 流量 关闭

会计分录序时簿

审核	复核	过账	日期	会计期间	凭证字号	摘要	科目代码	科目名称	币别
√			2023/01/01	2023.1	付 - 1	采购办公用品	6602.03	管理费用 - 办公用品/[1.01	人民币
						采购办公用品	1001	库存现金	人民币
			2023/01/02	2023.1	收 - 1	报销差旅费	6602.04	管理费用 - 差旅费/[3]供应	人民币
						报销差旅费	1001	库存现金	人民币
						报销差旅费	1221	其他应收款/[007]赵智	人民币
			2023/01/03	2023.1	收 - 2	报销差旅费	6601.03	销售费用 - 差旅费1/[2.01]	人民币
						报销差旅费	1221	其他应收款/[005]李芳	人民币
						报销差旅费	1001	库存现金	人民币
			2023/01/04	2023.1	转 - 1	销售甲产品	1122	应收账款/[01]武汉科信有限	人民币
						销售甲产品	6001	主营业务收入/[2.02]销售部	人民币
						销售甲产品	2221.01.02	应交税费 - 应交增值税 - 银	人民币
			2023/01/05	2023.1	付 - 2	采购B材料	1403.02	原材料 - B材料	人民币
						采购B材料	2221.01.01	应交税费 - 应交增值税 - 进	人民币
						采购B材料	1002.01	银行存款 - 工行存款	人民币
			2023/01/06	2023.1	收 - 3	收到款项	1002.01	银行存款 - 工行存款	人民币
						收到款项	1122	应收账款/[02]武汉九州有限	人民币
			2023/01/07	2023.1	付 - 3	支付业务招待费	6602.05	管理费用 - 业务招待费/[1.	人民币
						支付业务招待费	1002.01	银行存款 - 工行存款	人民币
			2023/01/10	2023.1	付 - 4	借支差旅费	1221	其他应收款/[006]王燕	人民币
						借支差旅费	1001	库存现金	人民币
			2023/01/20	2023.1	收 - 4	报销差旅费	6601.03	销售费用 - 差旅费1/[2.02]	人民币
						报销差旅费	1001	库存现金	人民币
						报销差旅费	1221	其他应收款/[006]王燕	人民币
			2023/01/21	2023.1	转 - 2	领用材料	5001	生产成本/[01]甲产品	人民币
						领用材料	1403.01	原材料 - A材料	人民币

1 / 16　华夏股份有限公司　华夏股份有限公司　账务处理：2023年第1期　学生姓名

图 7-12　会计分录序时簿

7.2.3　记账凭证的修改

1）未审核凭证的修改

以会计人员的身份进入账务处理系统，单击“凭证管理”按钮，在“过滤界面”窗口中将条件设置为“全部”，单击“确定”按钮，进入“会计分录序时簿”界面，选中需要修改的记账凭证，如图 7-13 所示，单击“修改”按钮，即进入记账凭证修改的界面，如图 7-14 所示。记账凭证尚未审核时，填制凭证的人员具有随时修改凭证的权限。

2）已审核凭证的修改

对于已审核的凭证，如果发现存在错误需要进行修改，则应由记账凭证的审核人员进行反审核，反审核后，记账凭证的填制人员才能进行修改。

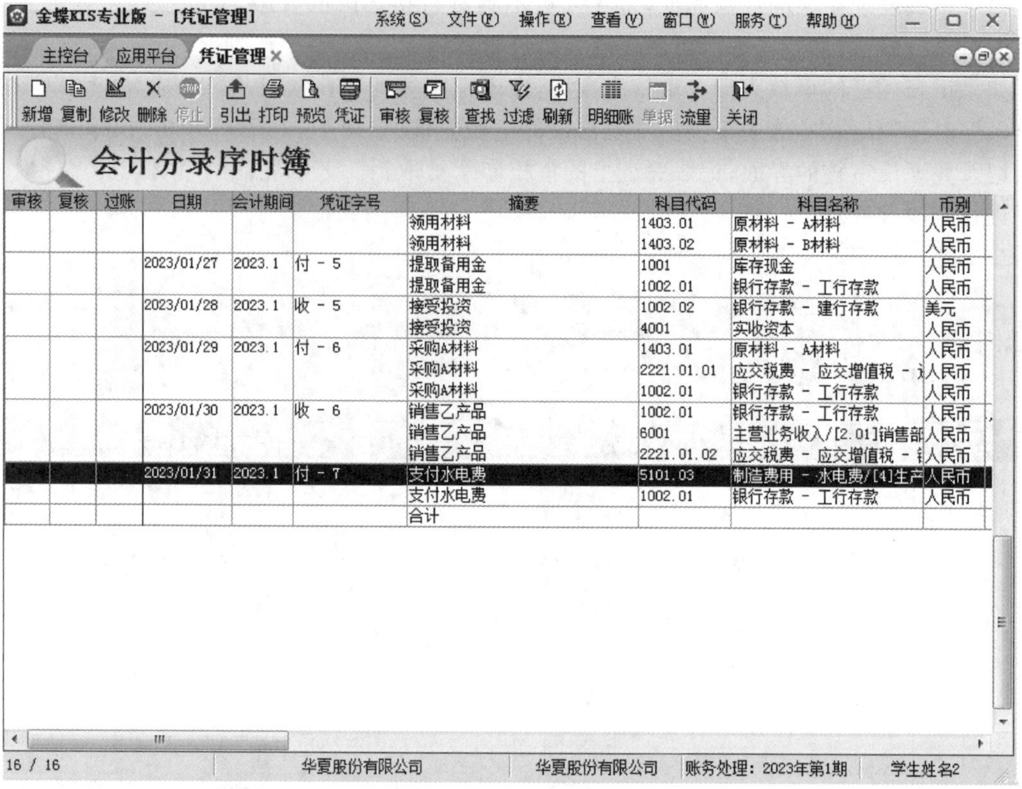

金蝶KIS专业版 - [凭证管理]　系统(S)　文件(F)　操作(E)　查看(V)　窗口(W)　服务(T)　帮助(H)

主控台　应用平台　凭证管理

新增　复制　修改　删除　停止　引出　打印　预览　凭证　审核　复核　查找　过滤　刷新　明细账　单据　流量　关闭

会计分录序时簿

审核	复核	过账	日期	会计期间	凭证字号	摘要	科目代码	科目名称	币别
						领用材料	1403.01	原材料 - A材料	人民币
						领用材料	1403.02	原材料 - B材料	人民币
			2023/01/27	2023.1	付 - 5	提取备用金	1001	库存现金	人民币
						提取备用金	1002.01	银行存款 - 工行存款	人民币
			2023/01/28	2023.1	收 - 5	接受投资	1002.02	银行存款 - 建行存款	美元
						接受投资	4001	实收资本	人民币
			2023/01/29	2023.1	付 - 6	采购A材料	1403.01	原材料 - A材料	人民币
						采购A材料	2221.01.01	应交税费 - 应交增值税 - 进	人民币
						采购A材料	1002.01	银行存款 - 工行存款	人民币
			2023/01/30	2023.1	收 - 6	销售乙产品	1002.01	银行存款 - 工行存款	人民币
						销售乙产品	6001	主营业务收入/[2.01]销售部	人民币
						销售乙产品	2221.01.02	应交税费 - 应交增值税 - 销	人民币
			2023/01/31	2023.1	付 - 7	支付水电费	5101.03	制造费用 - 水电费/[4]生产	人民币
						支付水电费	1002.01	银行存款 - 工行存款	人民币
						合计			

16 / 16　华夏股份有限公司　华夏股份有限公司　账务处理：2023年第1期　学生姓名2

图 7-13　选择需要修改的记账凭证

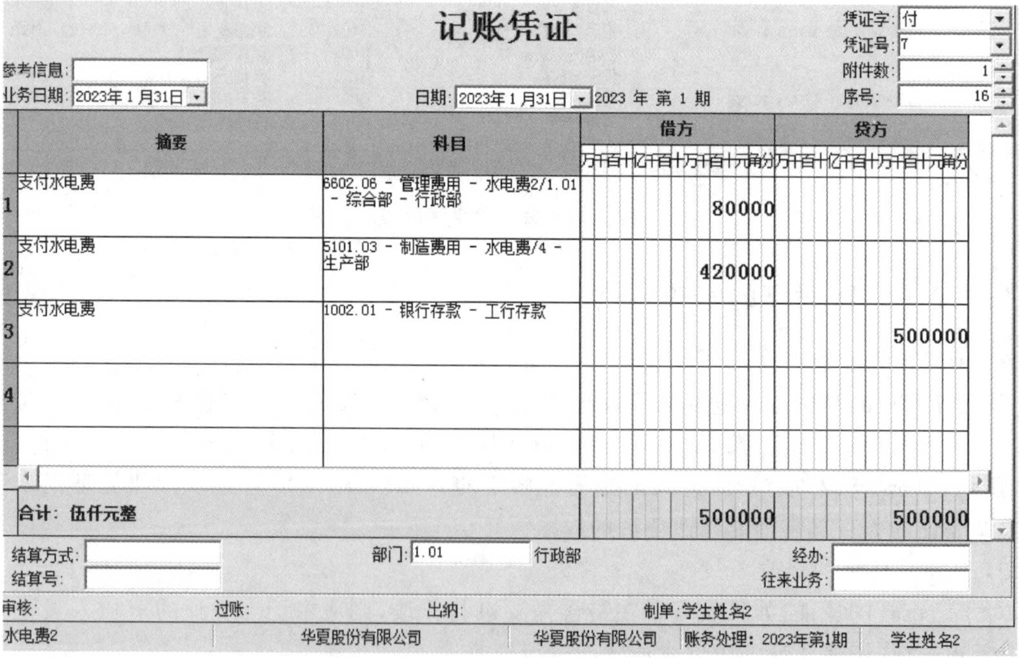

记账凭证

凭证字：付　凭证号：7　附件数：1　序号：16

参考信息：　业务日期：2023年1月31日　日期：2023年1月31日　2023年 第1期

	摘要	科目	借方	贷方
1	支付水电费	6602.06 - 管理费用 - 水电费2/1.01 - 综合部 - 行政部	80000	
2	支付水电费	5101.03 - 制造费用 - 水电费/4 - 生产部	420000	
3	支付水电费	1002.01 - 银行存款 - 工行存款		500000
4				
	合计：伍仟元整		500000	500000

结算方式：　部门：1.01　行政部　经办：

结算号：　往来业务：

审核：　过账：　出纳：　制单：学生姓名2

水电费2　华夏股份有限公司　华夏股份有限公司　账务处理：2023年第1期　学生姓名2

图 7-14　未审核记账凭证的修改

7.2.4 记账凭证的删除

在“会计分录序时簿”界面中，选中要删除的凭证，单击“删除”按钮，或者选择“操作”菜单→“成批删除选中凭证”命令，实现记账凭证的删除。

需注意的是，只有未审核的凭证才可以直接删除，且只有填制凭证的人员才具有删除凭证的权限。

7.2.5 记账凭证的查询

进入账务处理系统，单击“凭证管理”按钮，在弹出的“过滤界面”窗口中，单击“过滤条件”选项卡，并进行条件设置，即可查询符合条件的记账凭证。

假设查询金额大于2 000元的库存现金支出，则在“过滤条件”选项卡第一行“字段”栏中选择“会计科目”，“比较”栏选择“＝”，“比较值”栏录入“1001”（“库存现金”科目的代码）；在第二行“字段”栏中选择“分录借贷方向”，“比较”栏选择“＝”，“比较值”栏录入“贷方”；在第三行“字段”栏中选择“分录本位币金额”，“比较”栏选择“＞”，“比较值”栏录入金额“2000”，如图7-15所示。

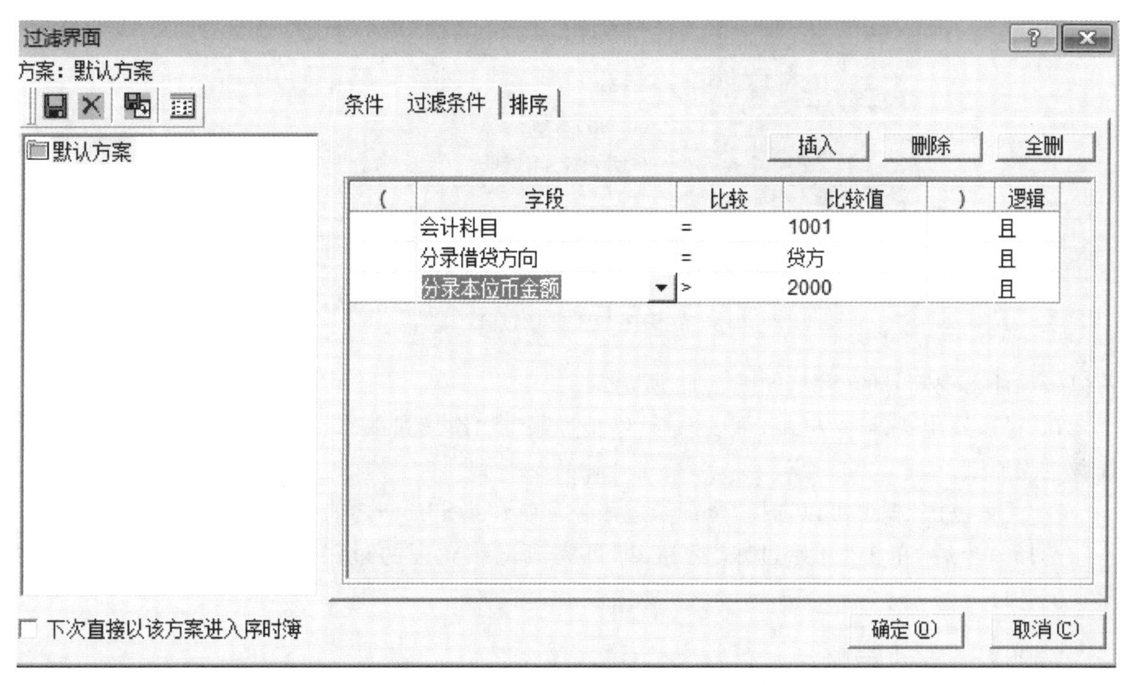

图7-15 设置过滤条件

单击“确定”按钮后，即可看到满足条件的记账凭证，实现记账凭证的查询功能，如图7-16所示。

7.2.6 记账凭证的过账

具有记账凭证过账权限的人员，可以选择“账务处理”→“凭证过账”，进行记账凭证的过账，如图7-17所示。

在“凭证号不连续时”框中，可以选择“停止过账”或“继续过账”，可单击“断号检查”按钮，查

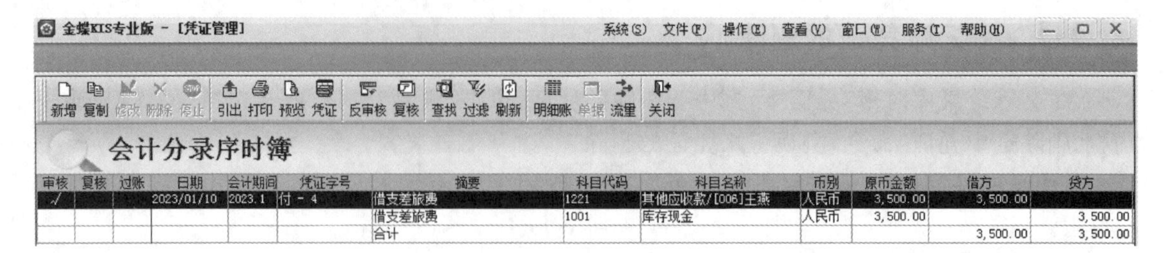

图 7-16　记账凭证的查询

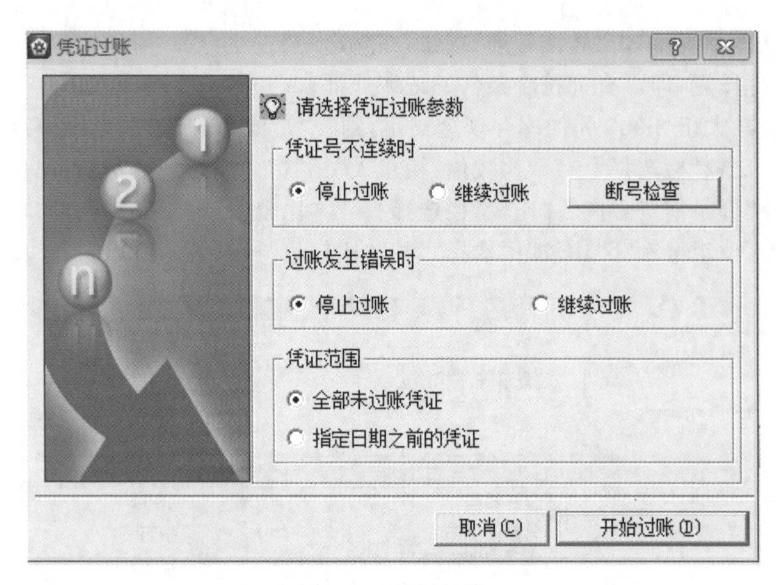

图 7-17　凭证过账

看记账凭证出现断号的情况，如图 7-18 所示。

在“过账发生错误时”框中，可以选择“停止过账”或“继续过账”，一般应选择“停止过账”，并查看错误原因。

在“凭证范围”框中可以选择“全部未过账凭证”或“指定日期之前的凭证”。

选择完毕后，单击“开始过账”按钮，即可完成记账凭证的过账工作，过账结果如图 7-19 所示。

7.2.7　自动转账

以会计人员的身份进入账务处理系统，单击“自动转账”按钮进入图 7-20 所示的界面。单击“新增”按钮，弹出“自动转账凭证-新增”窗口，在该窗口中录入名称、机制凭证、转账期间和凭证字信息，并在表格中依次进行凭证摘要、科目、币别、方向、转账方式、转账比例、核算项目、包含本期未过账凭证、公式方法、公式定义、不参与多栏账汇总的设置。

以制造费用分配为例，企业支付了生产部门 4 200 元水电费，记入“制造费用——水电费”明细科目的借方。假定该企业发生的制造费用按照 2∶3 的比例分配甲产品和乙产品的生产成本，则进行如下设置。

在“自动转账凭证-新增”窗口中，在“名称”栏输入“制造费用分配”，“机制凭证”栏选择“自动

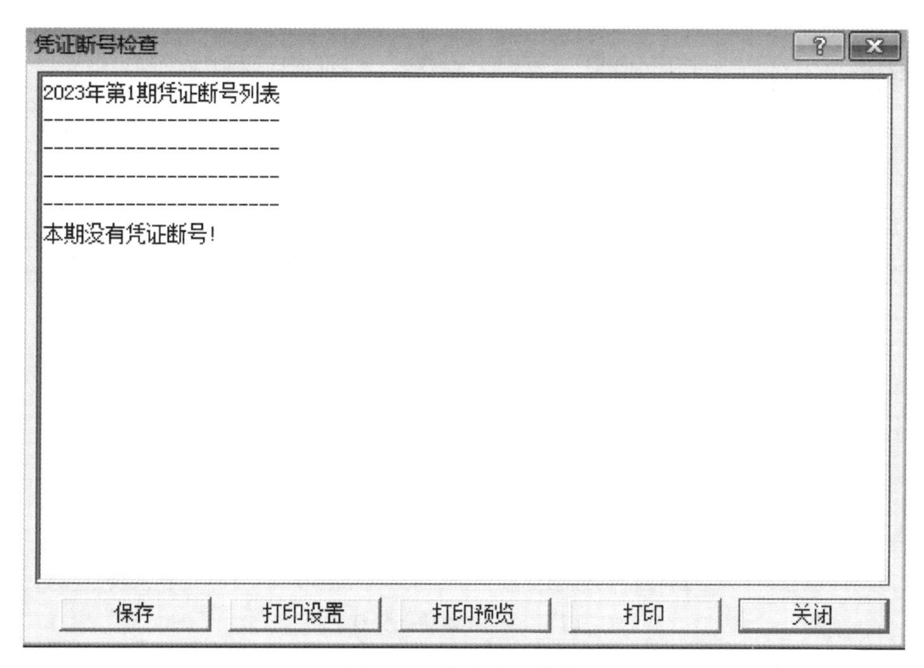

图 7-18 凭证断号检查

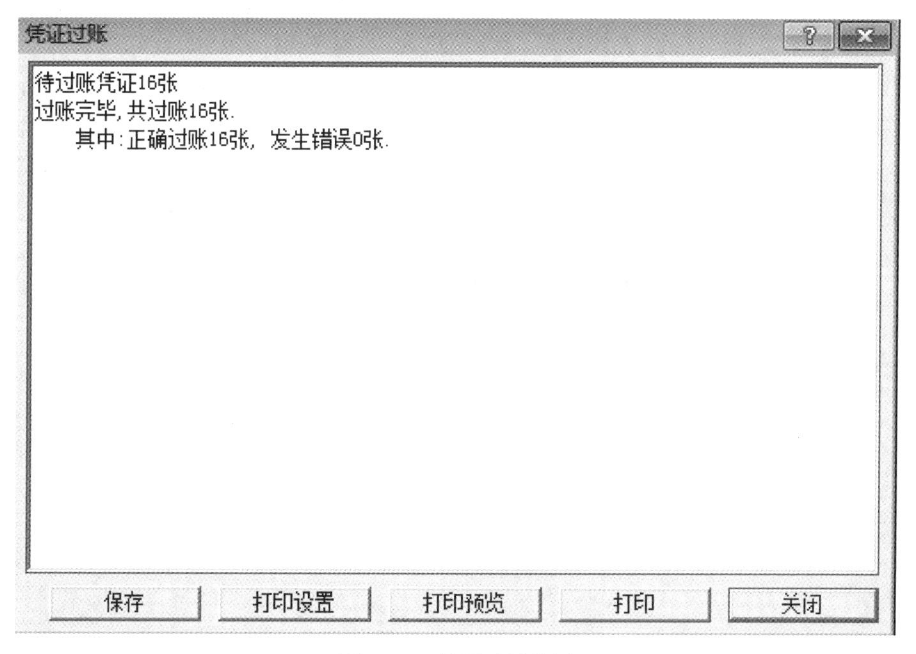

图 7-19 凭证过账结果

转账”,“转账期间”栏选择“1”,“凭证字”栏选择“转”。表格中第一行的“凭证摘要”栏可写为“制造费用分配”,“科目”栏为“5001-生产成本”,“币别”栏为“人民币”,“方向”栏为“自动判定”,“转账方式”栏为“转入”,“转账比例”栏为“40”,在对应的“核算项目”栏单击“下设”下拉菜单选择“甲产品”即可。

单击“新增行”按钮,在第二行中进行同样的凭证摘要、科目、币别、方向和转账方式的设置,

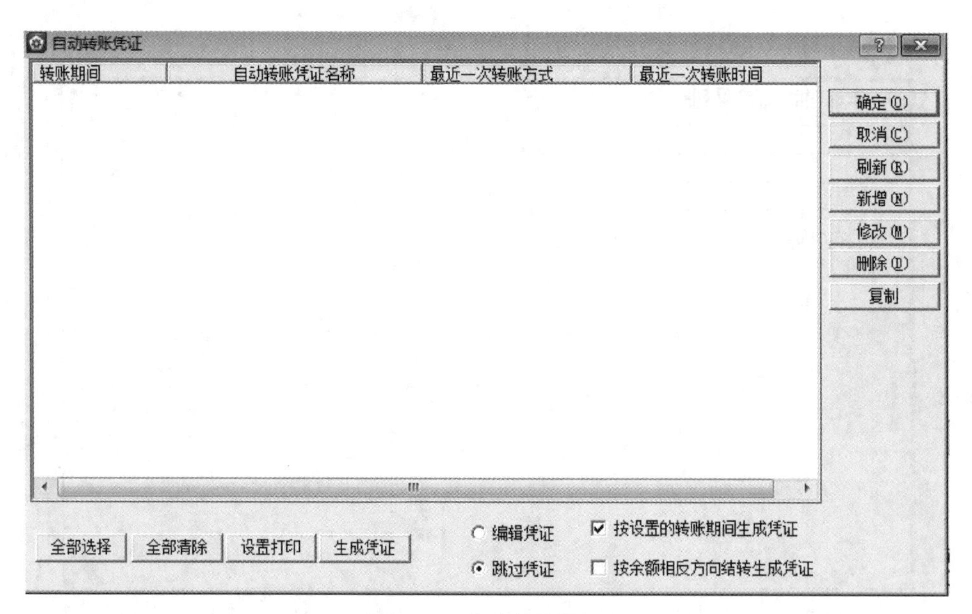

图 7-20　自动转账凭证

但“转账比例”栏设置为“60”，在对应的“核算项目”栏单击“下设”下拉菜单选择“乙产品”。

单击“新增行”按钮，在第三行中，“凭证摘要”栏可输入为“制造费用分配”，“科目”栏为“5101.03-水电费”，“币别”栏为“人民币”，“方向”栏为“自动判定”，“转账方式”栏为“按比例转出余额”，“转账比例”栏为“100”，对应的“核算项目”栏选择“生产部”，即完成设置，单击“保存”按钮即可，如图 7-21 所示。如果存在记账凭证未过账的情况，应勾选“包含本期未过账凭证”。

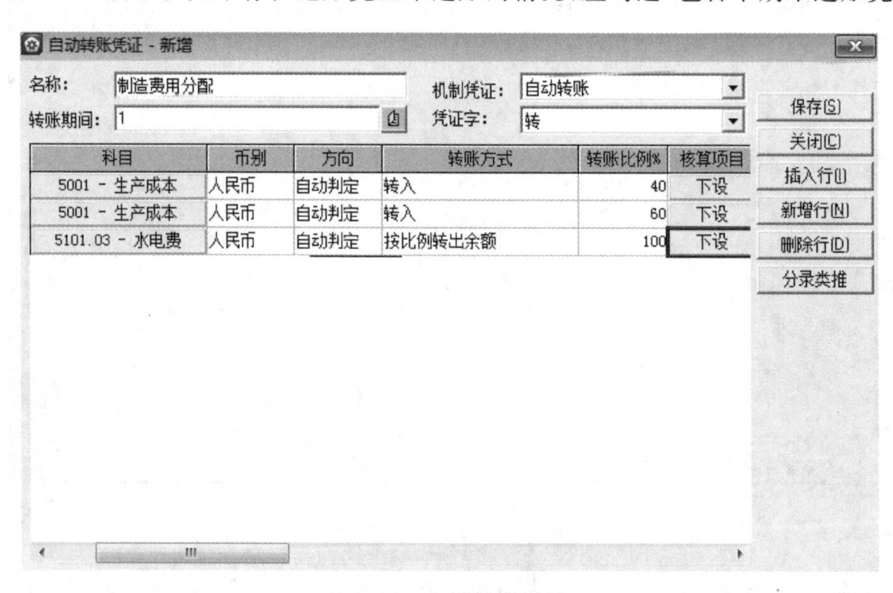

图 7-21　自动转账设置

对于已保存的自动转账信息，勾选“转账期间”栏中的方框，单击“生成凭证”按钮，如图 7-22 所示，系统将自动生成制造费用分配的记账凭证。

如若设置无误，将弹出对话框显示生成凭证的情况。若设置有误，将提示未生成凭证，则需

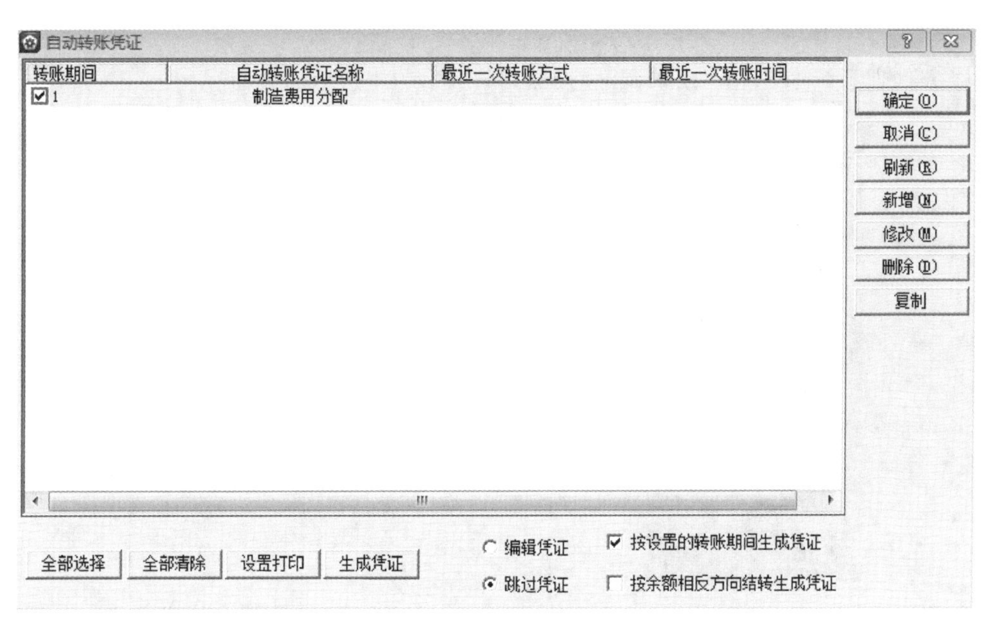

图 7-22　制造费用分配

检查并修改自动转账设置的信息。

可以单击“凭证管理”按钮，在“会计分录序时簿”界面中查看生成的转账凭证，如图 7-23 所示。

金蝶KIS专业版 - [凭证管理]　系统(S)　文件(F)　操作(E)　查看(V)　窗口(W)　服务(I)　帮助(H)

主控台　应用平台　凭证管理

新增 复制 修改 删除 停止 引出 打印 预览 凭证 审核 复核 查找 过滤 刷新 明细账 单据 流量 关闭

会计分录序时簿

审核	复核	过账	日期	会计期间	凭证字号	摘要	科目代码	科目名称	币别	原币金额	借方	贷方
						报销差旅费	1221	其他应收款/[006]王燕	人民币	3,500.00		3,500.
√		√	2023/01/21	2023.1	转 - 2	领用材料	5001	生产成本/[01]甲产品	人民币	156,000.00	156,000.00	
						领用材料	1403.01	原材料 - A材料	人民币	92,000.00		92,000.
						领用材料	1403.02	原材料 - B材料	人民币	64,000.00		64,000.
√		√	2023/01/22	2023.1	转 - 3	领用材料	5001	生产成本/[02]乙产品	人民币	117,000.00	117,000.00	
						领用材料	1403.01	原材料 - A材料	人民币	69,000.00		69,000.
						领用材料	1403.02	原材料 - B材料	人民币	48,000.00		48,000.
√		√	2023/01/27	2023.1	付 - 5	提取备用金	1001	库存现金	人民币	6,000.00	6,000.00	
						提取备用金	1002.01	银行存款 - 工行存款	人民币	6,000.00		6,000.
√		√	2023/01/28	2023.1	收 - 5	接受投资	1002.02	银行存款 - 建行存款	美元	100,000.00	680,000.00	
						接受投资	4001	实收资本	人民币	680,000.00		680,000.
√		√	2023/01/29	2023.1	付 - 6	采购A材料	1403.01	原材料 - A材料	人民币	230,000.00	230,000.00	
						采购A材料	2221.01.01	应交税费 - 应交增值税 - i	人民币	69,000.00	69,000.00	
						采购A材料	1002.01	银行存款 - 工行存款	人民币	299,000.00		299,000.
√		√	2023/01/30	2023.1	收 - 6	销售乙产品	1002.01	银行存款 - 工行存款	人民币	,073,500.00	1,073,500.00	
						销售乙产品	6001	主营业务收入/[2.01]销售部	人民币	950,000.00		950,000.
						销售乙产品	2221.01.02	应交税费 - 应交增值税 - 金	人民币	123,500.00		123,500.
√		√	2023/01/31	2023.1	付 - 7	支付水电费	6602.06	管理费用 - 水电费2/[1.01]	人民币	800.00	800.00	
						支付水电费	5101.03	制造费用 - 水电费/[4]生产	人民币	4,200.00	4,200.00	
						支付水电费	1002.01	银行存款 - 工行存款	人民币	5,000.00		5,000.
			2023/01/31	2023.1	转 - 4	制造费用分配	5001	生产成本/[01]甲产品	人民币	1,680.00	1,680.00	
						制造费用分配	5001	生产成本/[02]乙产品	人民币	2,520.00	2,520.00	
						制造费用分配	5101.03	制造费用 - 水电费/[4]生产	人民币	4,200.00		4,200.
						合计					3,687,540.00	3,687,540.

17 / 17　华夏股份有限公司　华夏股份有限公司　账务处理：2023年第1期　学生姓名2

图 7-23　凭证生成与查看

7.2.8 期末调汇

在账务处理系统中，单击“期末调汇”按钮，弹出图 7-24 所示的界面。

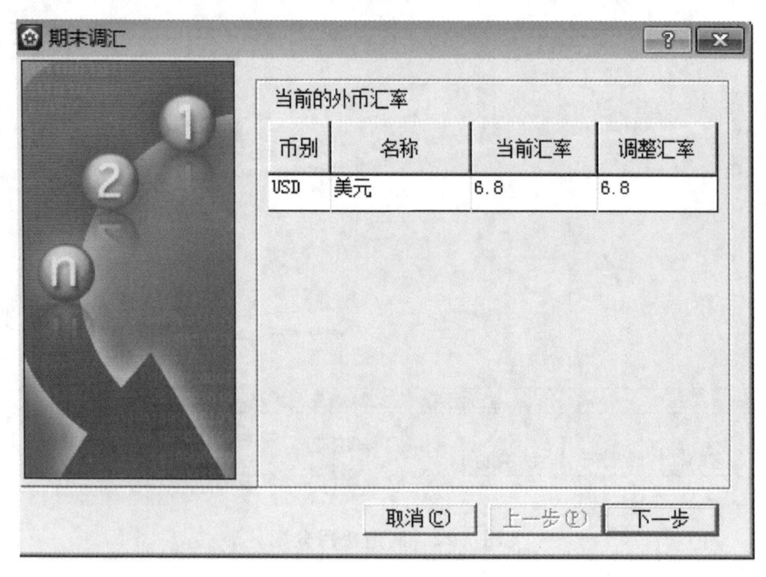

图 7-24 期末调汇

根据期末的汇率情况，假定将调整汇率修改为 7.0，单击“下一步”，出现“期末调汇”窗口。“汇兑损益科目”应设置为“6603”，“凭证字”根据期末汇率与固定汇率比较选择“收”或“付”，“凭证摘要”为“结转汇兑损益”，如图 7-25 所示。

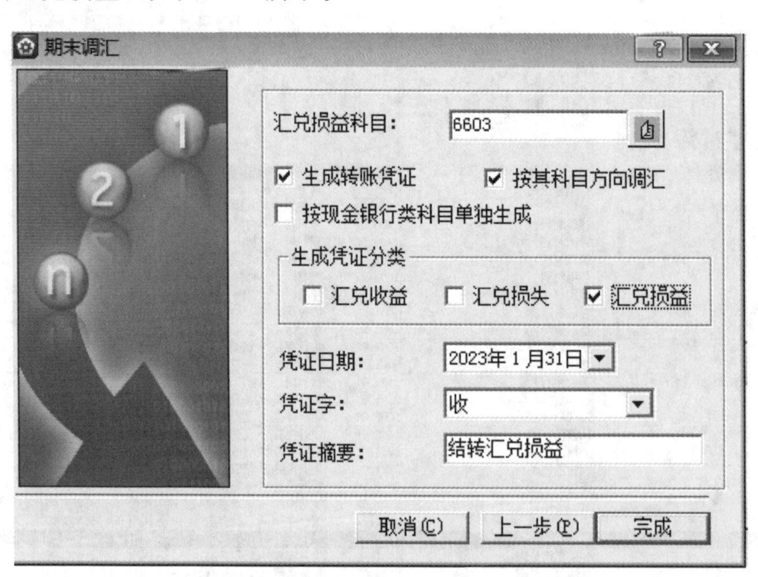

图 7-25 期末调汇设置

单击“完成”按钮，出现“信息提示”对话框，显示“已经生成转账凭证！”，如图 7-26 所示。

也可以单击“凭证管理”按钮，在“会计分录序时簿”界面中查看生成的转账凭证，如图 7-27 所示。

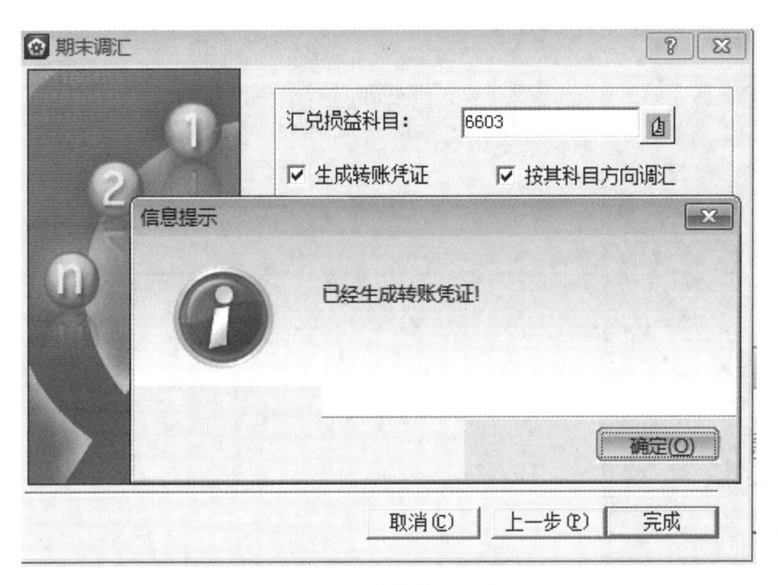

图 7-26　生成期末调汇凭证

金蝶KIS专业版 - [凭证管理]

会计分录序时簿

审核	复核	过账	日期	会计期间	凭证字号	摘要	科目代码	科目名称	币别	原币金额	借方	贷方
						领用材料	1403.01	原材料 - A材料	人民币	92,000.00		92,000.
						领用材料	1403.02	原材料 - B材料	人民币	64,000.00		64,000.
√		√	2023/01/22	2023.1	转 - 3	领用材料	5001	生产成本/[02]乙产品	人民币	117,000.00	117,000.00	
						领用材料	1403.01	原材料 - A材料	人民币	69,000.00		69,000.
						领用材料	1403.02	原材料 - B材料	人民币	48,000.00		48,000.
√		√	2023/01/27	2023.1	付 - 5	提取备用金	1001	库存现金	人民币	6,000.00	6,000.00	
						提取备用金	1002.01	银行存款 - 工行存款	人民币	6,000.00		6,000.
√		√	2023/01/28	2023.1	收 - 5	接受投资	1002.02	银行存款 - 建行存款	美元	100,000.00	680,000.00	
						接受投资	4001	实收资本	人民币	680,000.00		680,000.
√		√	2023/01/29	2023.1	付 - 6	采购A材料	1403.01	原材料 - A材料	人民币	230,000.00	230,000.00	
						采购A材料	2221.01.01	应交税费 - 应交增值税 - i	人民币	69,000.00	69,000.00	
						采购A材料	1002.01	银行存款 - 工行存款	人民币	299,000.00		299,000.
√		√	2023/01/30	2023.1	收 - 6	销售乙产品	1002.01	银行存款 - 工行存款	人民币	,073,500.00	1,073,500.00	
						销售乙产品	6001	主营业务收入/[2.01]销售部	人民币	950,000.00		950,000.
						销售乙产品	2221.01.02	应交税费 - 应交增值税 - 钅	人民币	123,500.00		123,500.
√		√	2023/01/31	2023.1	付 - 7	支付水电费	6602.06	管理费用 - 水电费2/[1.01]	人民币	800.00	800.00	
						支付水电费	5101.03	制造费用 - 水电费/[4]生产	人民币	4,200.00	4,200.00	
						支付水电费	1002.01	银行存款 - 工行存款	人民币	5,000.00		5,000.
			2023/01/31	2023.1	转 - 4	制造费用分配	5001	生产成本/[01]甲产品	人民币	1,680.00	1,680.00	
						制造费用分配	5001	生产成本/[02]乙产品	人民币	2,520.00	2,520.00	
						制造费用分配	5101.03	制造费用 - 水电费/[4]生产	人民币	4,200.00		4,200.
			2023/01/31	2023.1	收 - 7	结转汇兑损益	6603	财务费用	人民币	-22,000.00	-22,000.00	
							1002.02	银行存款 - 建行存款	美元		22,000.00	
						合计					3,687,540.00	3,687,540.

18 / 18　华夏股份有限公司　华夏股份有限公司　账务处理：2023年第1期　学生姓名2

图 7-27　查看期末调汇凭证

7.2.9　结转损益

在月度终了时，应单击“结转损益”按钮，进入凭证生成向导，如图 7-28 所示。单击“下一步”按钮，查看需要结转的损益类科目，如图 7-29 所示。单击“下一步”按钮，检查凭证日期、凭证字、凭证摘要和凭证类型等，无误即单击“完成”按钮，生成结转损益的记账凭证。

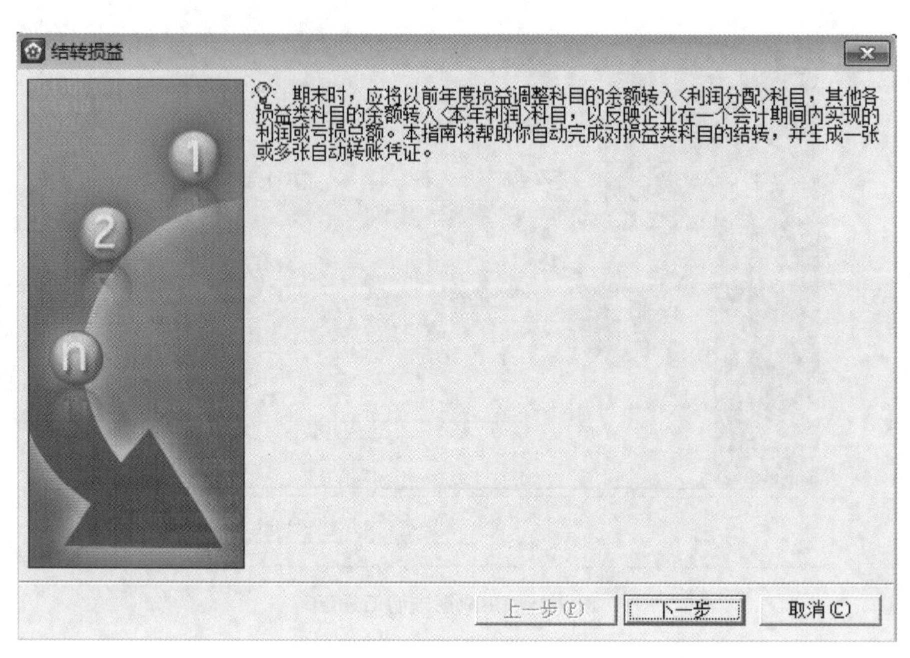

图 7-28　结转损益凭证生成向导

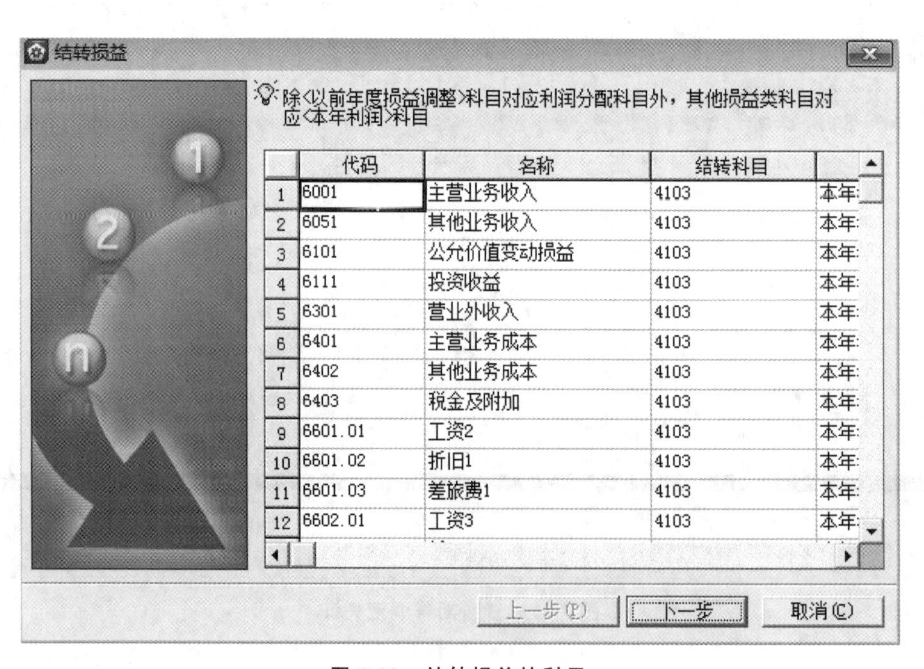

	代码	名称	结转科目	
1	6001	主营业务收入	4103	本年:
2	6051	其他业务收入	4103	本年:
3	6101	公允价值变动损益	4103	本年:
4	6111	投资收益	4103	本年:
5	6301	营业外收入	4103	本年:
6	6401	主营业务成本	4103	本年:
7	6402	其他业务成本	4103	本年:
8	6403	税金及附加	4103	本年:
9	6601.01	工资2	4103	本年:
10	6601.02	折旧1	4103	本年:
11	6601.03	差旅费1	4103	本年:
12	6602.01	工资3	4103	本年:

图 7-29　结转损益的科目

【操作提示】进行结转损益操作前，必须在系统参数中设置“本年利润”和“利润分配”科目。

进行结转损益操作前，应将已保存的所有凭证都审核、记账。同时，结转损益生成的凭证也需审核、记账。结转损益的凭证设置如图 7-30 所示。

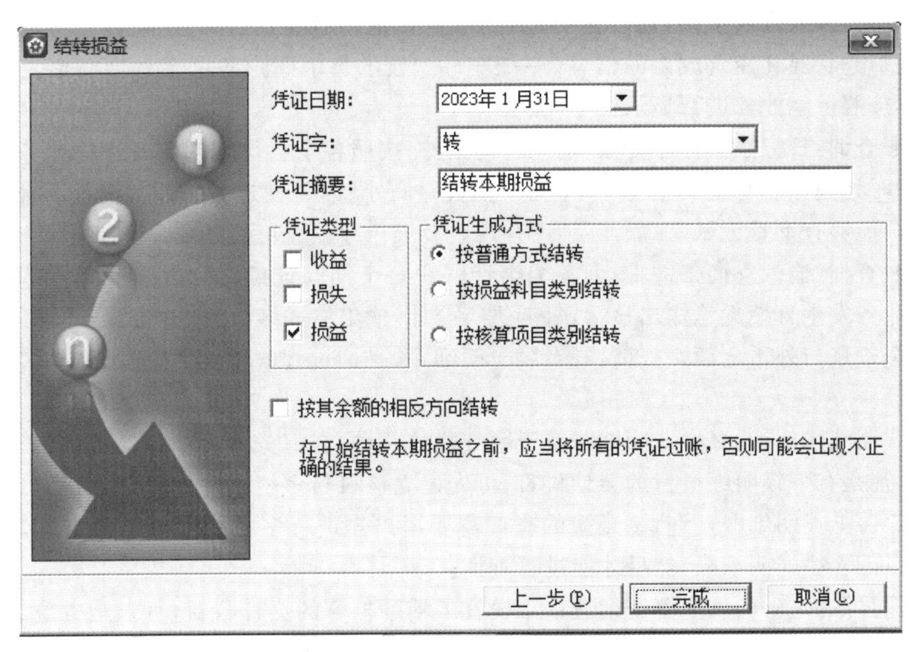

图 7-30 结转损益的凭证设置

☆ 思政园地

财会人员的专业素养

《中华人民共和国会计法》对财会人员做出了相关要求。

会计人员应当具备从事会计工作所需要的专业能力。

担任单位会计机构负责人(会计主管人员)的,应当具备会计师以上专业技术职务资格或者从事会计工作三年以上经历。

会计人员应当遵守职业道德,提高业务素质,严格遵守国家有关保密规定。对会计人员的教育和培训工作应当加强。

因有提供虚假财务会计报告,做假账,隐匿或者故意销毁会计凭证、会计账簿、财务会计报告,贪污,挪用公款,职务侵占等与会计职务有关的违法行为被依法追究刑事责任的人员,不得再从事会计工作。

7.2.10 账簿查询

账簿查询是对已经形成的正式或非正式账簿数据进行输出显示的操作。

1）按照查询的方式分类

账簿查询按照查询的方式可分为屏幕查询和打印查询。屏幕查询是用户输入查询条件,在计算机屏幕上输出查询结果信息的方式;打印查询是用户输入查询条件,把查询结果以纸质的形式打印出来的一种方式。在实际工作中,既要节约成本,又有保存会计档案的要求,二者一般结合使用。

2）按照查询的内容分类

账簿查询按照查询内容的不同可以分为以下几类。

总账查询:输入查询条件,查询各项资产、负债、所有者权益、费用、成本、收入等账户的增减变化,反映财务状况和经营成果的信息。一般来讲,显示每个账户各个会计期间借贷方发生数和余额,不按照每笔业务进行显示。

日记账查询:日记账又称序时账,输入查询条件,按照各个会计期间每日经济业务发生的先后顺序,序时地输出各种会计信息,一般每日需要进行小计,每期进行总计。设置了日记账属性的会计账户能够查询日记账,一般涉及"库存现金""银行存款"科目。

明细账查询:输入查询条件,查询各个会计账户每个期间连续、详细记录的经济业务信息,一般按照业务发生日期逐笔输出显示,每期进行合计,输出格式多数为三栏式。

数量金额账与外币金额账查询:二者属于明细账,查询过程同明细账,显示结果多出了数量与外币金额。

多栏式明细账查询:多栏式明细账属于明细账的一种,在财务软件中,该账适用于有明细科目的科目,凡是有下级明细科目的会计科目,可先建立该科目多栏式明细账,然后输出建立好的明细账。比照上述明细账查询,该账簿的查询需要用户先进行多栏式明细账的定义,建立符合条件的科目的多栏式明细账,然后才能进行查询。

辅助核算账簿查询:该账簿查询适用于设置了辅助核算的会计科目,可以全方位、多角度查询输出企业会计信息,如查询项目账、部门账、往来单位账、职员账等。

其他账簿查询:如科目余额表、凭证汇总表、试算平衡表等,查询过程与上述基本相同,可在具体软件操作中加以体会。

7.2.11 期末结账

期末结账是本期经济业务全部处理完毕后,将本期的期末数据转为下一期的期初数据的工作。一般是完成了出纳管理系统、工资管理系统、固定资产系统、应收应付系统等的操作后,才进行期末结账。

【思考题】

(1) 为什么记账凭证的填制人员和审核人员不能为同一人呢?

(2) 你觉得期末处理需要完成的内容有哪些呢?

(3) 你觉得系统是否应该设置反审核、反过账和反结账的功能呢?

☆ 思政案例

你觉得财务软件应设置反结账的功能吗?

为什么会计人员愿意用反结账功能呢? 会计人员结账后,发现出错了,想不留痕迹地修改正确,那就必须使用反结账功能。

正常情况下,会计人员把账做错了,做错之后如果按照标准做法,应在当期先做红字冲销,然后再做一笔正确的会计分录。很多企业对调账有约束性规定,会计人员如果做了一笔错账又要红字冲销,一般需要上报财务领导审批。

如果当月发现错误,把分录直接改过来就行。如果跨月了才发现,在错误分录不影响会计报表时,在财务软件中反结账,仍可把分录直接改过来。只有当错误分录影响到会计报表时,反结账才行不通,必须做调整分录,先用红字做一遍原分录,然后再做正确的分录。

如此看来,反结账不光掩盖了做账的旧错误,还可能助长后期弄虚作假的新错误。用惯了反结账功能,会形成一种依赖,总想着账万一错了也没有关系,久而久之会降低会计人员做账时应有的谨慎程度。财务软件设计反结账功能,在方便会计人员的同时,也可能误导了会计人员。

(原文来源:知乎专栏。有删改。)

【总结】反审核、反过账和反结账的功能一样,让财会人员的账务处理错误有了便捷的修改途径。但这也消减了财会人员在进行账务处理时必要的耐心和细心,以及应有的职业谨慎,不利于财会人员专业能力的提升。滥用反审核、反过账和反结账功能,即便不出现舞弊现象,也将大大增加会计信息系统的风险。

企业应从辩证的角度思考反审核、反过账和反结账功能的有利和不利因素,制定严格的财务软件操作规程,谨慎使用这三项功能,做到会用、慎用,充分发挥财务软件在会计信息化建设中的重要作用。

【章末习题】

一、单项选择题

1. 在账务处理系统中,对于已审核的凭证,若发现有误,通常采用的更正方法不包括(　　)。

A. 红字冲销法　　B. 补充登记法　　C. 划线更正法　　D. 取消审核后修改

2. 在账务处理系统中,以下关于记账操作的说法,错误的是(　　)。

A. 记账可以多次进行

B. 第一次记账时,若期初余额试算不平衡,不能记账

C. 未审核的凭证可以记账

D. 记账过程中,不应人为终止记账

3. 下列账簿中,需要先进行定义,然后查询的是(　　)。

A. 总分类账　　B. 日记账　　C. 数量金额式明细账　　D. 多栏式明细账

二、多项选择题

1. 输入计算机的未审核记账凭证可以(　　)。

A. 修改　　B. 删除　　C. 直接记账　　D. 不能修改

2. 在填制凭证时,必须输入的项目有(　　)。

A. 凭证日期　　B. 会计科目　　C. 凭证字　　D. 金额

3. 账证联查一般包括(　　)。

A. 在记账凭证中查看凭证其他信息　　B. 在查询科目汇总表时联查专项明细账

C. 在查询日记账时联查凭证和总账　　D. 在查询总账时联查明细账

三、判断题

1. 凭证必须由出纳签字,否则凭证不能记账。(　　)

2. 自动转账生成的凭证,不需要审核和记账操作。(　　)

3. 凭证审核时,发现凭证错误,可以由审核人员直接修改。(　　)

4. 期末结转损益生成的凭证不需要审核、记账。(　　)

5. 涉及外币核算的科目,必须要进行期末调汇。(　　)

四、操作题

1. 以会计人员的身份进入系统，完成记账凭证的填制、修改、删除和查询等操作；涉及现金流量的业务需要设置现金流量项目。

2024 年 1 月份的经济业务如下：

①1 日，行政部的张亮采购了一批办公用品，用现金支付 1 000 元。（提示：在“管理费用”科目下设“办公用品”明细科目，并设置为“部门核算”。）

②2 日，供应部赵智出差回来，报销差旅费 2 800 元，交回现金 200 元。（提示：在“管理费用”科目下设“差旅费”明细科目，并设置为“部门核算”。）

③3 日，销售一部李芳出差回来，报销差旅费 1 000 元，交回现金 1 000 元。

④4 日，销售二部王燕与武汉科信有限公司签订甲产品的销售协议，销售单价为每包 1 000 元，数量为 1 000 包，增值税税率为 13%，货款和税款均未付。

⑤5 日，供应部从武汉美达有限公司采购 B 材料 400 吨，每吨 320 元，增值税税率为 13%，材料直接入库，货款通过银行转账支付，转账支票号为 ZZ001。

⑥6 日，收到武汉九州有限公司的转账支票，金额为 58 000 元，用以偿还前欠款项，转账支票号为 ZZ002。

⑦7 日，行政部支付业务招待费 1 200 元，转账支票号为 ZZ003。（提示：在“管理费用”科目下设“业务招待费”明细科目，并设置为“部门核算”。）

⑧10 日，销售二部王燕出差，借支差旅费 3 500 元现金。

⑨20 日，销售二部王燕出差回来，报销差旅费 2 800 元，交回现金 700 元。

⑩21 日，生产部领用 A 材料 200 吨（单价 460 元/吨），B 材料 200 吨（单价 320 元/吨），用于生产甲产品。

⑪22 日，生产部领用 A 材料 150 吨（单价 460 元/吨），B 材料 150 吨（单价 320 元/吨），用于生产乙产品。

⑫27 日，出纳人员从工行提取现金 6 000 元，作为备用金。

⑬28 日，收到投资款项 10 000 美元存入建行。

⑭29 日，销售一部李芳与武汉华纳有限公司签订乙产品的销售协议，销售单价为每包 950 元，数量为 900 包，增值税税率为 13%，货款和税款已收到，并存入工商银行。

⑮31 日，供应部从武汉联想有限公司采购 A 材料 500 吨，每吨 460 元，增值税税率为 13%，材料直接入库，货款通过银行存款支付，转账支票号为 ZZ004。

⑯31 日，生产部支付水电费 5 000 元，用银行存款支付。（提示：在“制造费用”科目下设“水电费”明细科目，并设置为“部门核算”。）

2. 修改记账凭证：业务⑯中，水电费 5 000 元，其中生产部 4 200 元，行政部 800 元。（提示：在“管理费用”科目下设“水电费 2”明细科目，并设置为“部门核算”。）

3. 账套主管对记账凭证进行审核、过账。

4. 记账后修改凭证：业务①中是财务部账套主管采购办公用品，请用红字冲销法进行冲销，并填制正确的记账凭证，进行审核、过账。

5. 本期发生的制造费用按照 1∶2 的比例分配甲产品和乙产品的生产成本，通过期末自动转账设置生成凭证，并进行审核、过账。

6. 1 月 31 日美元对人民币的汇率为 6.9，需要进行期末调汇，请利用期末调汇功能自动生成凭证，并进行审核、过账。

7. 利用结转损益功能，把本期损益类账户发生额结转至“本年利润”账户。

8. 假设不存在调整事项，企业所得税税率为25%，计算企业所得税税额，并填制记账凭证，审核、过账。

9. 以账套主管的身份进行账簿查询。

①查询1月份“原材料——A材料”科目的数量金额式明细账；

②查询1月份“管理费用——办公用品”科目的多栏式明细账；

③查询1月份“生产成本”科目的三栏式总账。

第8章 出纳管理的操作原理与基本流程

☆ **学习目标**

通过本章的学习，理解出纳初始化的内涵和基本操作流程；掌握现金对账和银行对账的基本原理和操作应用。

☆ **课前思考**

你知道出纳的工作职责有哪些吗？你认为出纳管理系统中关于库存现金和银行存款的数据需要出纳人员进行录入吗？出纳管理系统和账务处理系统之间有什么联系呢？

8.1 出纳管理概述

出纳人员每天需要进行各种货币资金的收付结算、现金及银行存款日记账的登记、各种票据的管理及盘点核对货币资金等重要工作，出纳管理系统是财务软件为出纳人员进行出纳工作提供的一套管理功能，负责核算与管理企业经营活动中的资金，实现出纳工作的电算化。

为了加强现金和银行存款的管理与控制，随时掌握现金及银行存款的收付动态和余额结存情况，保证货币资金的安全，企业必须设置现金与银行存款日记账。财务软件下日记账的登记通过记账功能自动完成。利用出纳管理系统可以及时了解现金收支记录和银行存款收支情况，并做到日清日结，随时查询有关出纳报表，进行银行对账。出纳管理的目标主要有以下五个方面。

①及时、准确、全面地查询现金日记账和银行存款日记账，输出企业的现金与银行存款的收支情况。

②实现现金账账核对、账实核对的要求。

③实现银行存款的账账核对、账实核对的要求，银行存款的账实核对即银行对账。

④实现对支票的购置、领用及报销的规范管理。

⑤及时、准确地输出各种资金账表，如资金日报表、资金月报表等。

出纳管理系统与账务处理系统相互联系，主要实现现金日记账查询、银行存款日记账查询、现金对账、银行对账、支票管理及账表查询的功能。

8.1.1 现金对账概述

现金对账是进行现金账账核对、现金账实核对的模块。

一般来讲，现金账账核对数应当相等，账实核对数可能相等，也可能不相等，如果不相等，则可能存在现金盘盈或盘亏，需要及时进行业务处理。

8.1.2 银行对账概述

企业对银行存款的管理也需要进行账账核对、账实核对，由于财务软件的账簿登记功能是自动实现的，因此，如果不出现数据被破坏等特殊情况，账账数据来源唯一，应当是相等的；银行存款的账实核对主要是进行银行存款日记账与银行传递来的对账单的核对，在多数财务会计教程中称之为银行存款清查。

由于结算凭证在企业和银行间传递需要一定的时间，会计工作需要分期进行，因而在各个会计期间都可能会产生银行存款日记账余额与银行对账单余额不相符的现象。除去出现企业或银行对银行存款记错账及资金被非法使用等特殊的情况外，当不相符的事实出现后，会产生未达账项。未达账项是指由于企业与银行取得相关凭证的时间不同而发生的一方已经取得凭证入账，而另一方由于未取得凭证尚未入账的事项。一般来讲，未达账项有以下四种情况：银行已收企业未收；银行已付企业未付；企业已收银行未收；企业已付银行未付。

企业应当由专门人员定期对本企业银行存款进行核对，找出未达账项。银行对账就是定期将银行存款日记账的记录和银行传来的对账单进行逐笔核对，发现其中未达账项，编制银行存款余额调节表，将银行存款日记账余额与对账单余额调节一致的过程。

需要注意的是，银行存款余额调节表不是作为调节银行存款账面余额的原始凭证，它仅仅是为了调节未达账项因素的影响而编制的分析表。

1）录入银行对账初始余额

在财务软件中第一次使用银行对账功能时，系统要求用户进行两项重要的工作：确定银行对账的启用会计期间；录入该期间企业银行存款日记账和银行对账单期初余额以及之前产生的未达账项。

①确定银行对账启用会计期间。该期间决定启用对账模块期初的各项未达账数据，许多用户在启用账务处理系统后可能并不使用银行对账模块，因此一般银行对账的启用月份应当晚于建账日期或者与建账日期一致。

【操作提示】目前，各类财务软件对银行存款日记账余额的录入方式一般分为两种：一种是系统自动调用总账期初余额数据，不需要用户输入；另一种是要求用户输入，但是输入的金额一定与总账金额相等。对账单余额一般需要根据期初对账单余额填写，由于可能存在未达账项，因此该余额与银行存款日记账余额可能不相等。

②录入银行对账初始余额，各个银行账户只在启用时进行一次。在实际工作中，按照启用会计期间期初手工对账形成银行存款余额调节表。

③录入未达账项。在存在未达账项的情况下，企业银行存款日记账和对账单余额一般是不相等的，这时候需要站在企业和银行的角度，录入未达账项，分别对银行存款日记账和银行对账单余额进行调节，调节后的余额应相等。

2）录入银行存款日记账

在进行银行对账前，用户需要将企业记录的银行存款日记账信息录入出纳管理系统。通常财务软件会提供两种方式实现银行存款日记账信息的录入：一是手工录入，即用户根据企业的银行存款日记账业务一一在出纳管理系统中录入；二是直接引入，即用户通过系统提供的引入功能直接将账务处理系统中的银行存款日记账信息从凭证中引入。

【操作提示】有的财务软件在总账系统完成记账操作后，会直接将账务处理系统中的银行存款日记账信息从凭证中引入出纳管理系统，比如用友 T3-用友通标准版。

3）录入银行对账单

使用银行对账模块进行对账时，必须在对账前将银行开出的银行对账单输入计算机财务软件。现有财务软件采集对账单数据的方式有两种。一种是直接通过录入界面由用户根据银行送来的纸质对账单录入，录入时需要注意的是一般银行对账单中的借贷方向与账簿中的借贷方向正好相反，因此要考虑不同财务软件对对账条件设定的要求，如果财务软件的对账条件之一是方向相反、金额相等，要按照对账单实际方向录入；如果对账条件之一是方向相同、金额相等，则要把对账单中的借贷方向反向录入财务软件中。另一种是通过银行传来的电子版对账单数据，利用财务软件开发的对账单导入功能实现数据自动连接。各个财务软件对导入的数据格式有不同的要求。

【操作提示】录入银行对账单时，一般要求各项业务如果有单据编号的应当录入，便于自动对账。一般财务软件在录入银行对账单记录时，可以每笔结出余额，也可以最后一笔结出余额。

4）自动对账和手工对账

银行对账是将企业银行存款日记账与银行提供的对账单逐笔核对的过程，一般财务软件提供的对账方法主要有两种：自动对账和手工对账。

自动对账是根据用户设定的对账条件，计算机对银行存款日记账和对账单记录自动进行核对勾销的过程。对于已经核对上的业务，系统会自动在银行存款日记账和对账单双方做出两清的标志，表示这些为已达账项，没有已达账项标志的，视为未达账项。

【操作提示】一般财务软件要求设定的对账项目主要有：日期、结算方式与单据号、借贷方向及借贷金额。各个财务软件的开发思路不同，主要的自动对账条件有：第一，单据号相同，借贷方向相同、金额相等；第二，单据号相同、借贷方向相反、金额相等；第三，在以上两种情况下，缺少“单据号相同”条件，系统一般在自动核对中会出现提示框，要求用户确认是否为同一业务。

手工对账是对自动对账的一种补充，使用完自动对账功能后，可能还有一些特殊的已达账项没有勾选出来，包括一对多、多对一、多对多的情况，需要手工对账进行核销。

【操作提示】银行对账模块一般设置取消银行对账功能，适用于在对账过程中出现问题需要重新对账的情况。

5）输出银行存款余额调节表

银行存款余额调节表是在对账完毕后由系统自动生成的，对账完毕后财务软件自动整理本次对账的未达账项和已达账项，生成余额调节表，供企业和银行查询使用。

8.1.3 票据管理

财务软件的出纳管理系统通常会提供支票管理的功能，包括支票购置、支票领用和支票报销几个方面的具体操作。

1）支票购置

支票购置就是将企业从银行新购置的空白支票在财务软件的出纳管理系统中进行登记的操作，即新增支票。

2）支票领用

企业相关人员在领用支票时需要将领用的支票相关情况在出纳管理系统中进行相应的登记，包括支票的用途等。

3）支票报销

对已领用的支票，在支付业务处理完毕后，进行报销处理时要在出纳管理系统中进行支票的报销处理，即填入待报销支票的相关信息，包括支票号、结算方式、付款金额等。

☆ 思政园地

会计人员的职业道德

会计人员职业道德包括爱岗敬业、诚实守信、廉洁自律、客观公正、坚持准则、提高技能、强化服务。

1. 爱岗敬业

①正确认识会计职业，树立职业荣誉感。

②热爱会计工作，敬重会计职业。

③安心工作，任劳任怨。

④严肃认真，一丝不苟。

⑤忠于职守，尽职尽责。

2. 诚实守信

①做老实人，说老实话，办老实事，不搞虚假。

②保密守信，不为利益所诱惑。

③执业谨慎，信誉至上。

3. 廉洁自律

①树立正确的人生观和价值观。

②公私分明、不贪不占。

③遵纪守法，一身正气。

4. 客观公正

①端正态度，依法办事。

②实事求是，不偏不倚。

③如实反映，保持应有的独立性。

5. 坚持准则

①熟悉国家法律、法规和国家统一的会计制度，始终坚持按法律、法规和国家统一的会计制度的要求进行会计核算，实施会计监督。

②在实际工作中,应当以准则作为自己的行动指南,在发生道德冲突时,应坚持准则,维护国家利益、社会公众利益和正常的经济秩序。

6. 提高技能

①具有不断提高会计专业技能的意识和愿望。

②具有勤学苦练的精神和科学的学习方法,刻苦钻研,不断进取,提高业务水平。

7. 强化服务

树立服务意识,提高服务质量,努力维护和提升会计职业的良好社会形象。

8.2 出纳初始化

以出纳人员的身份登录金蝶 KIS 专业版软件主控台,选择“初始化”→“出纳初始数据”,进入图 8-1 所示界面。“科目类别”栏设置为“现金”,单击“引入”按钮,弹出“从总账引入科目”对话框,如图 8-2 所示。

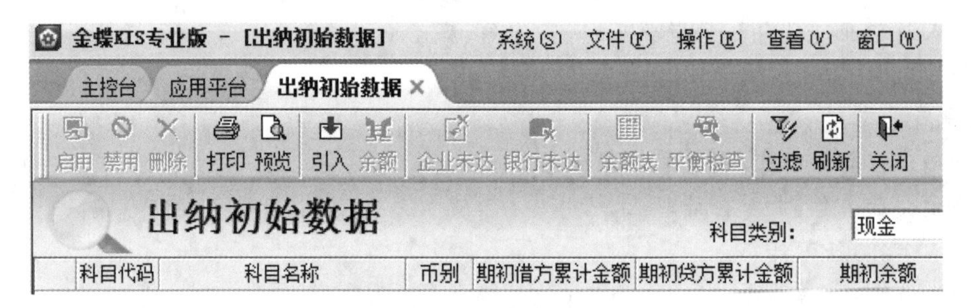

图 8-1 出纳初始数据

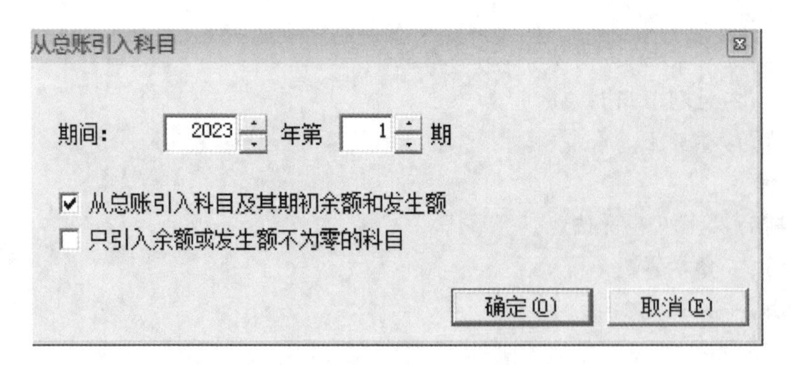

图 8-2 从总账引入科目

单击“确定”按钮,库存现金的期初数据即被引入出纳系统,如图 8-3 所示。“科目类别”栏设置为“银行存款”,单击“引入”按钮,弹出“从总账引入科目”对话框,单击“确定”按钮,出现图 8-4 所示的界面。

在引入银行存款期初余额后,应填写银行账号,并根据企业期初存在的企业未达和银行未达的信息,单击“企业未达”和“银行未达”按钮进行数据的录入,如图 8-5 和图 8-6 所示。

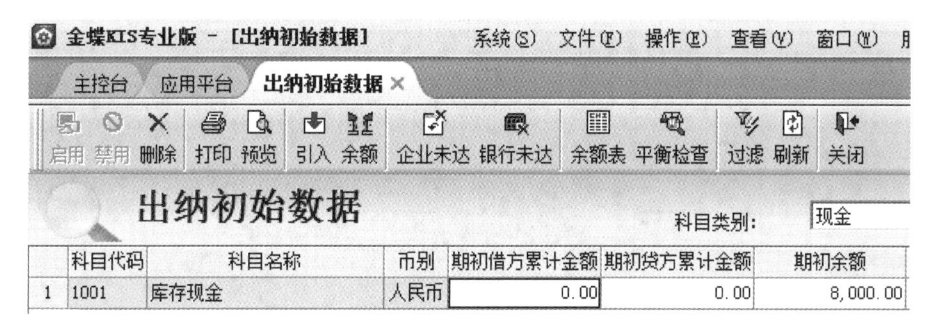

	科目代码	科目名称	币别	期初借方累计金额	期初贷方累计金额	期初余额
1	1001	库存现金	人民币	0.00	0.00	8,000.00

图 8-3　库存现金初始数据引入完成

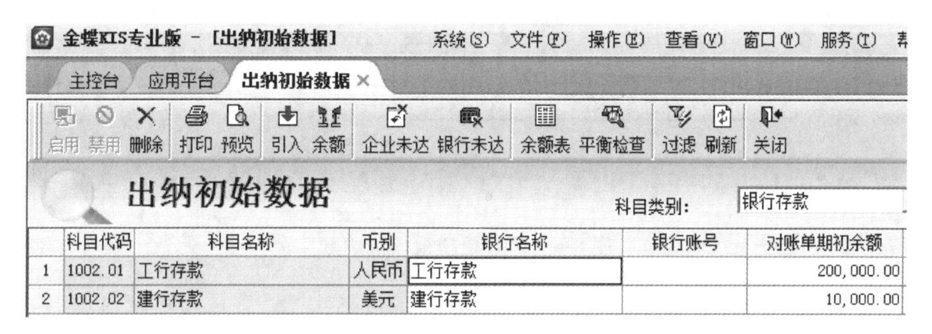

	科目代码	科目名称	币别	银行名称	银行账号	对账单期初余额
1	1002.01	工行存款	人民币	工行存款		200,000.00
2	1002.02	建行存款	美元	建行存款		10,000.00

图 8-4　银行存款初始数据的引入

企业未达账 - 新增

科　目: 1002.01 工行存款
币　别: 人民币
日　期: 2022/12/3
摘　要: 销售款
结算方式:　　结 算 号:
借方金额:　　贷方金额: 13,000.00
备　注:
保存(S)　关闭(C)　计算器(F11)

图 8-5　录入期初企业未达账

银行存款初始数据录入完成，如图 8-7 所示，单击“平衡检查”按钮，即出现“信息提示”对话框，显示“所有银行存款科目的余额调节表都平衡！”，如图 8-8 所示。

单击“启用”按钮，在图 8-9 所示的界面中，单击“开始”按钮，系统弹出“结束初始化后，将不能再输入科目的初始数据！继续吗?”的提示，如图 8-10 所示。

单击“确定”按钮，系统提示“启用出纳系统成功！”，如图 8-11 所示。

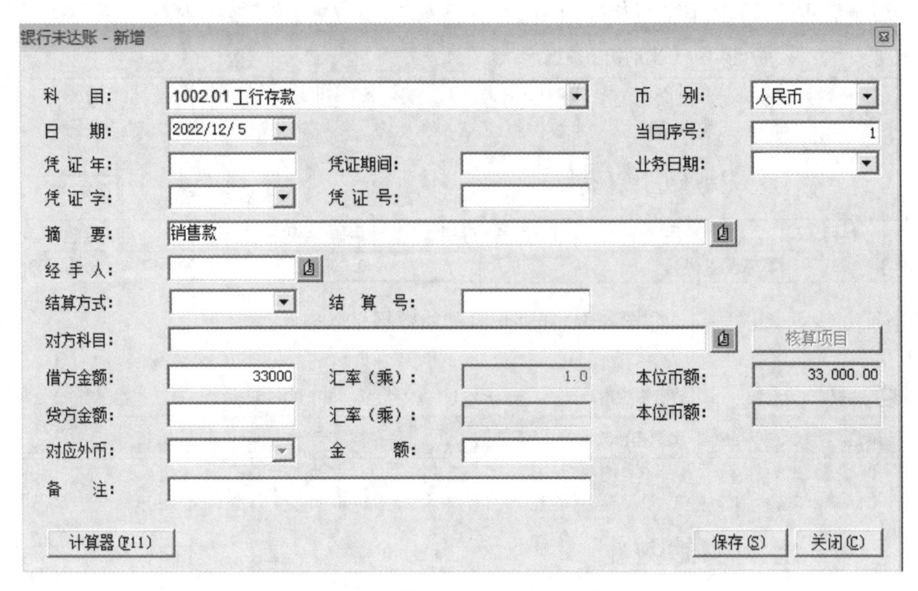

图 8-6　录入期初银行未达账

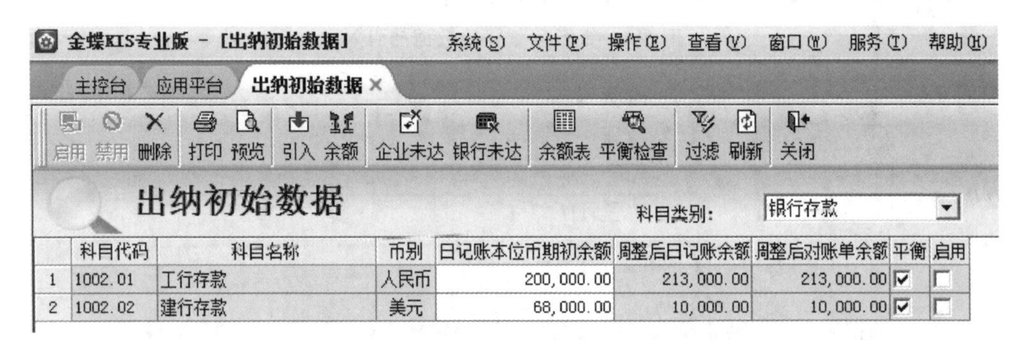

	科目代码	科目名称	币别	日记账本位币期初余额	调整后日记账余额	调整后对账单余额	平衡	启用
1	1002.01	工行存款	人民币	200,000.00	213,000.00	213,000.00	☑	☐
2	1002.02	建行存款	美元	68,000.00	10,000.00	10,000.00	☑	☐

图 8-7　银行存款初始数据录入完成

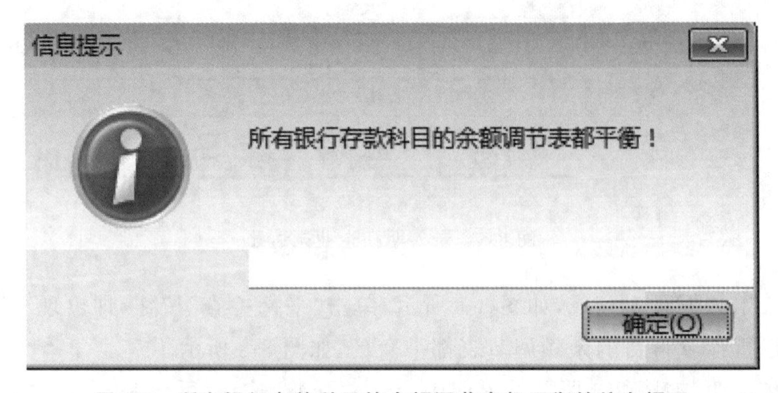

图 8-8　所有银行存款科目的余额调节表都平衡的信息提示

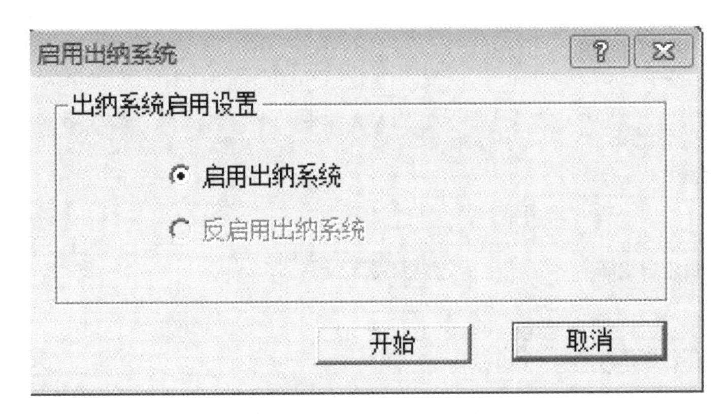

图 8-9　启用出纳系统

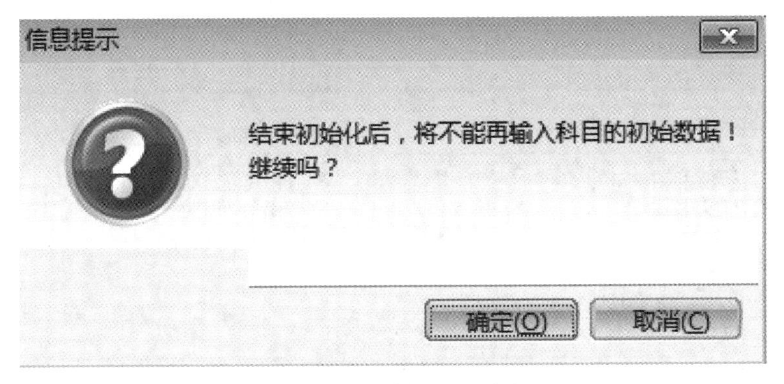

图 8-10　结束初始化确认

图 8-11　启用出纳系统成功的信息提示

8.3 现金对账

以出纳人员的身份进入出纳管理系统，单击“现金日记账”按钮，弹出现金日记账信息勾选的界面，按照系统默认勾选项，单击“确定”按钮，期初余额被引入系统中，“引入日记账”窗口如

图 8-12 所示。此时需注意“期间模式”框中选项的选择。系统默认选择“只引入本日凭证”，实际应选择“引入本期所有凭证”，才能保证本期所有涉及库存现金的交易等被引入日记账中来。

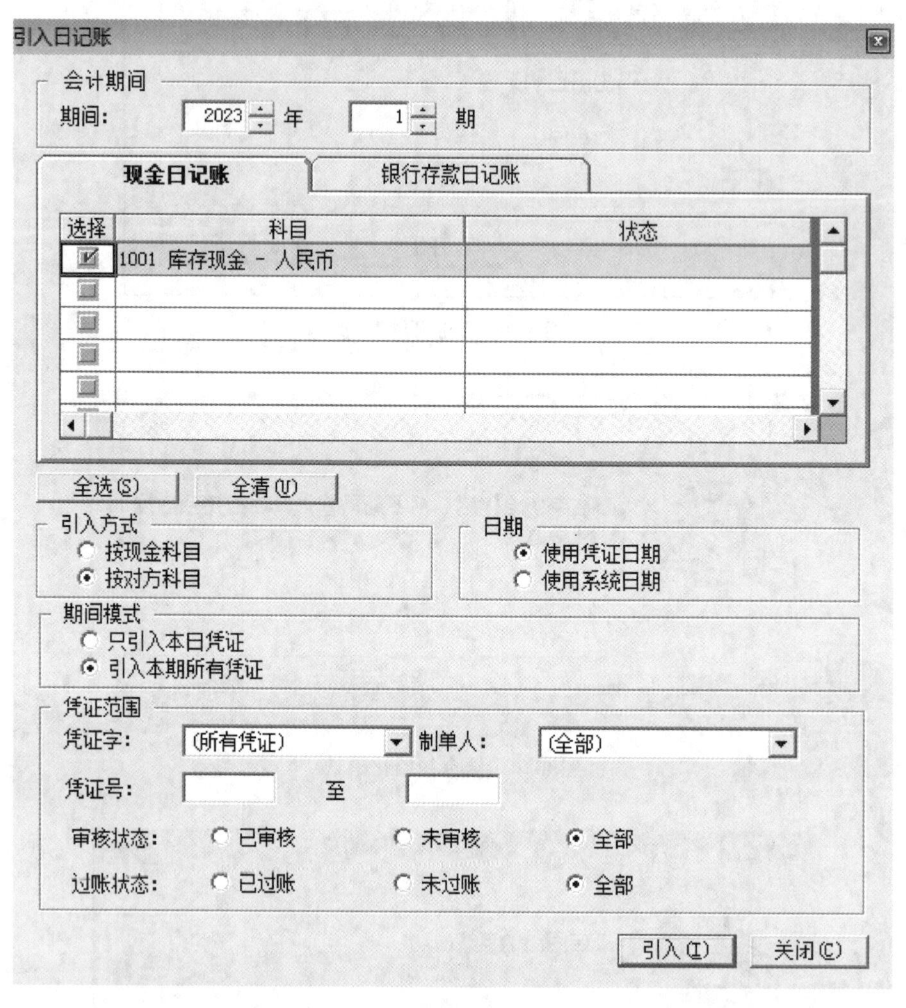

图 8-12　引入现金日记账

修改后，单击“引入”按钮，系统提示“引入现金日记账完毕！”，如图 8-13 所示。

图 8-13　引入现金日记账完毕的信息提示

引入现金日记账完毕后，在对库存现金进行盘点时，应如实填写现金盘点单，如图 8-14 和图 8-15 所示。

图 8-14　填写现金盘点单

现金盘点单

◉ 日期　○ 科目

2023/1/31

1001 库存现金 - 人民币

盘点：学生姓名1　　现金盘点单

科目：1001 库存现金　　币别：人民币　　日期：2023/1/31

票面	把（百张）	卡（二十张）	尾款数（个）	金额小计
100元			100	10,000.00
50元			20	1,000.00
20元			10	200.00
10元			10	100.00
5元			6	30.00
2元				
1元			60	60.00
5角			10	5.00
2角				
1角			50	5.00
5分				
2分				
1分				
合计金额				11,400.00

备注：（无）

实存金额：11,400.00　　账存金额：11,400.00　　盘亏：0.00

图 8-15　填写库存现金实存情况

单击主控台中的“现金对账”按钮，弹出“现金对账”窗口，如图 8-16 所示。单击“确定”按钮，查阅现金对账的结果，如图 8-17 所示。

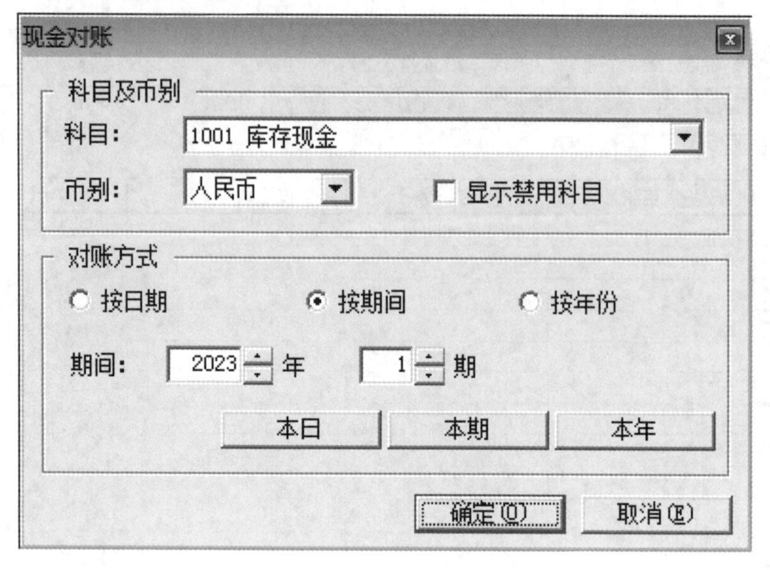

图 8-16 现金对账

现金对账

项目	出纳管理系统	总账系统	差额	现金盘点	
				日期	实存金额
期初余额	8,000.00	8,000.00	0.00	2022/12/31	0.00
本期借方	7,900.00	7,900.00	0.00		
本期贷方	4,500.00	4,500.00	0.00		
期末余额	11,400.00	11,400.00	0.00	2023/1/31	11,400.00

图 8-17 现金对账结果

8.4 银行对账

以出纳人员的身份进入出纳管理系统，单击“银行存款日记账”按钮，弹出银行存款日记账信息勾选的界面，按照系统默认勾选项，单击“确定”按钮，期初余额被引入系统中，“引入日记账”窗口如图 8-18 所示。此时应注意“期间模式”框选择“引入本期所有凭证”，否则将只会引入本日凭证，造成数据缺失。单击“引入”按钮后，银行存款日记账信息如图 8-19 所示。

银行存款日记账引入完成，如图 8-20 所示，单击主控台中的“银行对账单”按钮，在图 8-21 所示的“银行对账单”窗口中单击“确定”按钮。

在图 8-22 所示的“银行对账单”界面中，单击“新增”按钮，在图 8-23 所示的“银行对账单录入”界面中录入银行对账单信息，录入完毕，单击“保存”按钮。单击“银行对账单”名称框，出现银行对账单的详细列表，如图 8-24 所示。

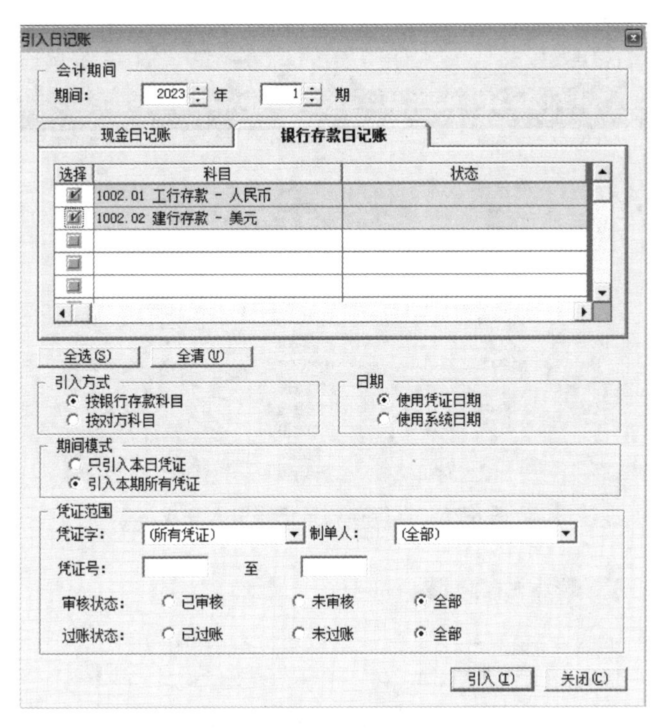

图 8-18 引入银行存款日记账

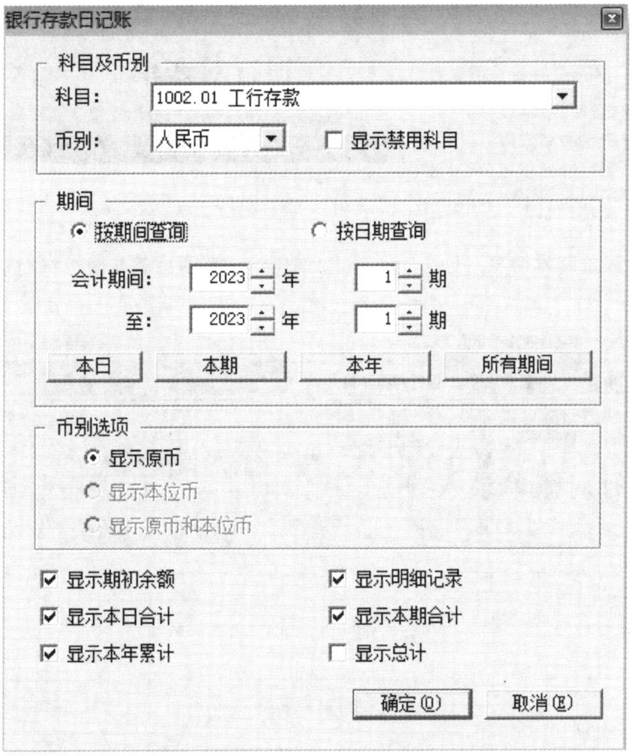

图 8-19 银行存款日记账信息

银行存款日记账

业务日期	日期	当日序号	凭证字号	凭证期间	凭证审核	过账标志	摘要	对方科目	结算方式	结算号
	2023/1/1						上年结转			
2023/1/5	2023/1/5	1	付 - 2	2023年1期	√	√	采购B材料	1002.01 银行存款 - 工行存款	转账支票	ZZ001
	2023/1/5						本日合计			
2023/1/6	2023/1/6	1	收 - 3	2023年1期	√	√	收到款项	1122 应收账款/02 - 武汉九州有限	转账支票	ZZ002
	2023/1/6						本日合计			
2023/1/7	2023/1/7	1	付 - 3	2023年1期	√	√	支付业务招待费	6602.05 管理费用 - 业务招待费/	转账支票	ZZ003
	2023/1/7						本日合计			
2023/1/27	2023/1/27	1	付 - 5	2023年1期	√	√	提取备用金	1001 库存现金		
	2023/1/27						本日合计			
2023/1/29	2023/1/29	1	付 - 6	2023年1期	√	√	采购A材料	1002.01 银行存款 - 工行存款	转账支票	ZZ004
	2023/1/29						本日合计			
2023/1/30	2023/1/30	1	收 - 6	2023年1期	√	√	销售乙产品	1002.01 银行存款 - 工行存款		
	2023/1/30						本日合计			
2023/1/31	2023/1/31	1	付 - 7	2023年1期	√	√	支付水电费	1002.01 银行存款 - 工行存款		
	2023/1/31						本日合计			
	2023/1/31						本期合计			
	2023/1/31						本年累计			

图 8-20　银行存款日记账引入完成

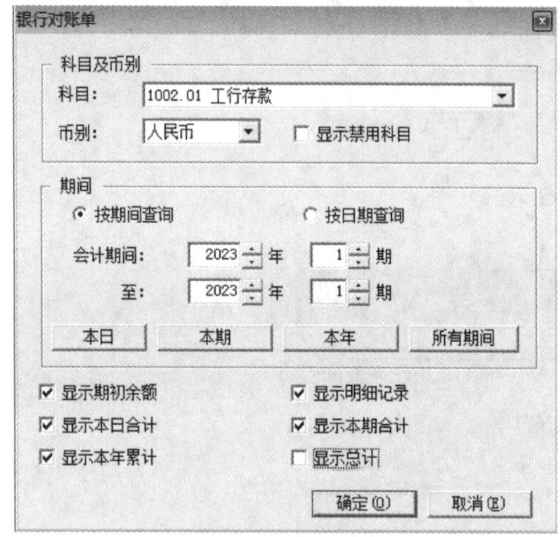

图 8-21　银行对账单基本信息

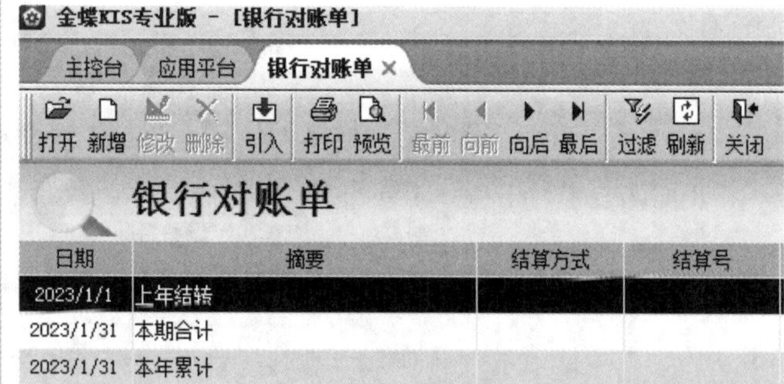

图 8-22　新增银行对账单信息

金蝶KIS专业版 - [银行对账单录入]　系统(S)　文件(F)　操作(E)

主控台　应用平台　银行对账单　银行对账单录入

保存　插入行　删除行　复制行　粘贴行　代码　计算器　关闭

银行对账单录入　科目: 1002.01 工行存款　币别: 人民币

	日期	摘要	结算方式	结算号	借方金额
1					
2					
3					
4					
5					
6					
7					
8					

图 8-23　录入银行对账单信息

银行对账单

日期	摘要	结算方式	结算号	借方金额	贷方金额	余额
2023/1/1	上年结转					180,000.00
2023/1/2	收到款项				20,000.00	200,000.00
2023/1/2	本日合计				20,000.00	200,000.00
2023/1/5	采购B材料	转账支票	ZZ001	144,640.00		55,360.00
2023/1/5	本日合计			144,640.00		55,360.00
2023/1/7	收到款项	转账支票	ZZ002		58,000.00	113,360.00
2023/1/7	支付招待费	转账支票	ZZ003	1,200.00		112,160.00
2023/1/7	本日合计			1,200.00	58,000.00	112,160.00
2023/1/28	提取备用金			6,000.00		106,160.00
2023/1/28	本日合计			6,000.00		106,160.00
2023/1/30	销售乙产品				1,073,500.00	1,179,660.00
2023/1/30	本日合计				1,073,500.00	1,179,660.00
2023/1/31	采购A材料	转账支票	ZZ004	299,000.00		880,660.00
2023/1/31	支付水电费			5,000.00		875,660.00
2023/1/31	本日合计			304,000.00		875,660.00
2023/1/31	本期合计			455,840.00	1,151,500.00	875,660.00
2023/1/31	本年累计			455,840.00	1,151,500.00	875,660.00

图 8-24 银行对账单列表

单击主控台中的“银行存款对账”按钮，通过自动对账和手工对账功能进行核对，如图 8-25 所示。

记录	日期	凭证字号	摘要	对方科目	结算方式	结算号	借方金额	贷方金额	制单人	数据来源
日记账	2023/1/5	付 - 2	采购B材料	1002.01 银行存款 - 工行存	转账支票	ZZ001		144,640.00	学生姓名1	从总账引入，按银行存款科目引入
对账单	2023/1/5		采购B材料		转账支票	ZZ001	144,640.00		学生姓名1	手工录入
日记账	2023/1/7	付 - 3	支付业务招待费	6602.05 管理费用 - 业务招	转账支票	ZZ003		1,200.00	学生姓名1	从总账引入，按银行存款科目引入
对账单	2023/1/7		支付招待费		转账支票	ZZ003	1,200.00		学生姓名1	手工录入
日记账	2023/1/6	收 - 3	收到款项	1122 应收账款	转账支票	ZZ002	58,000.00		学生姓名1	从总账引入，按银行存款科目引入
对账单	2023/1/7		收到款项		转账支票	ZZ002		58,000.00	学生姓名1	手工录入
日记账	2023/1/27	付 - 5	提取备用金	1001 库存现金				6,000.00	学生姓名1	从总账引入，按银行存款科目引入
对账单	2023/1/28		提取备用金				6,000.00		学生姓名1	手工录入
日记账	2023/1/30	收 - 6	销售乙产品	1002.01 银行存款 - 工行存			1,073,500.00		学生姓名1	从总账引入，按银行存款科目引入
对账单	2023/1/30		销售乙产品					1,073,500.00	学生姓名1	手工录入
日记账	2023/1/31	付 - 7	支付水电费	1002.01 银行存款 - 工行存				5,000.00	学生姓名1	从总账引入，按银行存款科目引入
对账单	2023/1/31		支付水电费				5,000.00		学生姓名1	手工录入
日记账	2023/1/29	付 - 6	采购A材料	1002.01 银行存款 - 工行存	转账支票	ZZ004		299,000.00	学生姓名1	从总账引入，按银行存款科目引入
对账单	2023/1/31		采购A材料		转账支票	ZZ004	299,000.00		学生姓名1	手工录入
日记账	2022/12/5		销售款				33,000.00		学生姓名1	初始数据结转
对账单	2022/12/3		销售款					13,000.00	学生姓名1	初始数据结转
对账单	2023/1/2		收到款项					20,000.00	学生姓名1	手工录入

图 8-25 银行存款对账

银行存款对账完毕后，银行存款余额调节表如图 8-26 所示。

余额调节表

企业未达账								银行未达账						
项目	日期	结算方式	结算号	金额	制单人	数据来源	备注	项目	日期	凭证字号	对方科目	结算方式	结算号	金额
银行存款日记账余额				875,660.00				银行对账单余额						875,660.00
加：银行已收，企业未收				0.00				加：企业已收，银行未收						0.00
减：银行已付，企业未付				0.00				减：企业已付，银行未付						0.00
调整后（银行存款日记账）余额				875,660.00				调整后（银行对账单）余额						875,660.00

图 8-26 银行存款余额调节表

【思考题】

(1) 银行对账的方式有几种？分别适合什么情况呢？
(2) 你觉得财务机器人能否解决无法自动对账而进行手工对账的问题呢？
(3) 在出纳管理系统中，现金日记账和银行存款日记账的数据来源是什么？

☆ 思政案例

制度长期空转　监管形同虚设　小出纳挪用千万巨款的背后

“2013 年至 2019 年 12 月，时任天元区泰山路街道办事处征地拆迁指挥部、会计管理中心出纳吴春花先后采取延迟发放征地拆迁款、私刻印章、伪造资料、私自使用单位空白支票等方式，挪用公款并造成财产损失 887.1 万元。”湖南省株洲市纪委监委通报了一起财务人员挪用公款的典型案例，其中 3 名财务人员被移送司法机关，10 名党员领导干部被问责，引发社会关注。

记者调查发现，当事人吴春花为弥补个人炒股、炒期货的巨额亏损，以及满足个人奢侈消费私欲，利用职务及工作便利，从负责管理的各类单位公账中涉嫌挪用公款累计超过 2680 万元。在这起涉案金额巨大、牵涉人员众多的案件中，一个基层单位出纳竟能连续 7 年疯狂挪用公款，其背后暴露出的财务制度执行不到位和监管缺失问题引人深思。

炒股巨亏试图挪公款“翻本”。

在株洲市天元区泰山路街道办事处财政所，吴春花是一名有着 14 年工作经验的“老出纳”。因为业务熟，2019 年 3 月，本已办理退休手续的吴春花被街道办返聘一年，继续从事出纳工作。

然而，2020 年 2 月，返聘即将到期的吴春花迟迟没有等来续聘的消息。以为问题已暴露的她煎熬数日，写了一份个人问题交代材料，跑到天元区纪委监委“投案自首”。

“因为炒股亏了钱，我不甘心自己工作几十年的积蓄就这么没了，就想暂时挪用点公款炒股，等赚回来了再还回去。”接受审查调查后，吴春花从她的“理财梦”中醒来，第一次道出当初的“完美”计划。

区纪委监委办案人员介绍，吴春花自 2002 年开始炒股，在最初的几年里赚了点钱，觉得自己“运气不错”，便加大了投入。但到了 2012 年，股市的剧烈震荡让吴春花的本钱亏得所剩无几，促使她萌生了挪用公款“翻本”的想法。

次年，吴春花利用自己多年管理泰山路街道办多个重要公账的机会和出纳身份的便利，选中了仅凭她一人之力就能“搞定”的待付拆迁款。

“吴春花盯上拆迁款，跟泰山路街道办事处征地拆迁指挥部对以存折形式发放拆迁款存在管理松散，以及银行各类业务‘代办’容易有关。”办案人员告诉记者，征地拆迁过程中，指挥部与被拆迁户达成协议后，要求被拆迁户提供身份证件，由指挥部财务人员到银行帮被拆迁户开办存折、设置密码，并将拆迁款汇入账户，而开户、汇款的过程都是吴春花一人在操办。

拆迁款汇入存折账户后，距离交给被拆迁户仍有一段时间，而此时的存折却由掌握密码的吴春花代为保管，隐患就此埋下。

“我是街道办财务人员，在银行有备案，之前这些账户的开户、汇款也都是我去办理的，所以我拿着这些存折十几万、几十万地取款，直到全部取完，银行也没有多问。”吴春花交代说。

然而，这些已成“空壳”的存折要交给被拆迁户时，里面没有拆迁款，又该如何处理？

“拆东墙补西墙。”办案人员介绍，吴春花先将挪用过的存折注销，然后用同一个被拆迁户的名义重新办一个存折，再从另外待付的被拆迁户存折里取钱存入新办的存折中。这样新存折交给被拆迁户时，既不会少一分拆迁款，也看不到被挪用的银行流水痕迹。

2013 年至 2017 年 5 月，吴春花利用这个管理漏洞和银行的疏忽，轻易挪出 800 多万元拆迁款用于炒股，而泰山路街道办事处征地拆迁指挥部却没有丝毫察觉。

监管环环相扣为何层层失守？

与后来的总数 2860 万相比，吴春花挪用的 800 多万元拆迁款只是尾数，更严重的问题出在了泰山路街道办的财务制度执行和监管上。

2017 年 6 月，征地拆迁指挥部改变了拆迁款的支付方式，由存折支付变为存单支付。存单支付取款日期是固定的，这让吴春花没了随意支取的渠道。

一边是拆迁款存在的巨大资金窟窿，一边是还想“搏一把后还回去”的侥幸，吴春花开始铤而走险，用违规购买银行支票、伪造银行存款对账单的形式挪用公款。

“正常情况下，出纳从公账中取款要在专门的银行支票上填写取款金额和用途，然后由保管财务专用章的会计盖章，同时法人盖印私章，并报领导审批同意才行。”一名从事财务资金管理多年的工作人员这样向记者解释。

如果严格按程序操作，吴春花想避开层层监管违规使用、盖印银行支票，连续数年挪用公款而不被发现，是不可能完成的。但泰山路街道办财务制度长期未得到落实，成为一纸摆设，这便让吴春花钻了空子。

该街道办财政所会计刘某如今懊悔不已：“按规定，月末我要去银行取对账单，并与出纳核对无误后再盖上财务专用章送交银行备存。但我没有车也不会开车，2016 年以后就没去取过银行对账单，都是吴春花取送的。”

就连会计专门保管的财务专用印章，刘某也“放心”地交给吴春花使用。抓住机会后，吴春花在违规购买的空白银行支票和伪造的银行对账单上疯狂盖章。

“两本 25 单的银行支票被吴春花一次性盖好了财务专用章和法人私章，事后她只需填上金额就能去银行取钱。”办案人员告诉记者，这 50 张空白支票除了 3 张因填写错误作废外，其余都被吴春花用于挪用公款。有时，她一个月内连续 5 次挪用公款，最大的一笔挪用了 135 万。

在泰山路街道办，跟吴春花搭档的三任会计，做法都如出一辙。

不仅如此，该街道办两任财政所长都未能及时检查单位银行支票使用情况，也没对吴春花手中的账户进行资产清查。而街道办负责人在明知吴春花长期从事财务工作存在廉政风险的情况下，不按要求安排轮岗，导致吴春花连续 7 年挪用公款。

财务人员、财政所长、街道办负责人，这些原本环环相扣的监管主体哪怕有一人履职到位，吴春花就无法轻易挪出公款。可惜的是，环环相扣变成了层层失守。

2020 年 6 月，该街道办时任财政所长受到撤销党内职务、政务撤职处分；前任财政所长受到党内严重警告处分；街道党工委书记、纪工委书记，街道办前任主任、多任财务工作分管领导等分别受到党内警告处分；现任街道办主任被诫勉谈话。

“对于财务人员的职权和监管，已有完备的财经制度，问题在于如何做到有令必行、有禁必止。”邓联繁表示，一方面，应严格执行财经纪律、强化资金流程监管、实现财务信息公开、落实审计监督制度，单一财务人员便没有“上下其手”操控公款的机会。另一方面，还要吸取典型案例教训，找准风险节点，加大对重点领域、资金密集岗位人员正反两方面的教育力度，促其筑牢拒腐防变思想防线。

(原文来源:中央纪委国家监委网站。有删改。)

【总结】加强自我约束,严守财务岗位职业道德是关键。财务人员违法违纪问题的发生,与个别财务人员放松对自我的要求、对法纪毫无敬畏之心有关。无论是跟钱打交道,还是跟账打交道,爱岗敬业、廉洁自律都是财务人员必须遵循的职业操守。

【章末习题】

一、单项选择题

1. 出纳管理系统不具备(　　)功能。

A. 现金引入　　B. 银行对账　　C. 凭证录入　　D. 支票管理

2. 银行对账的方式有(　　)。

A. 一种　　B. 两种　　C. 三种　　D. 四种

3. 在出纳管理系统中,计算机根据银行日记账与银行对账单进行核对、勾销,并生成银行存款余额调节表的过程称为(　　)。

A. 自动核销　　B. 手动核销　　C. 自动银行对账　　D. 手工银行对账

二、多项选择题

1. 银行对账是根据计算机内(　　)与(　　)进行核对,生成银行存款余额调节表的过程。

A. 银行存款日记账　　B. 往来账对账单　　C. 银行对账单　　D. 现金对账单

2. 银行对账的方法主要有(　　)。

A. 直接对账　　B. 手工对账　　C. 自动对账　　D. 间接对账

3. 出纳管理系统中的对账包括(　　)。

A. 现金对账　　B. 银行对账　　C. 应收账款对账　　D. 存货盘点

三、判断题

1. 现金、银行存款账实核对数一定相等。(　　)

2. 未达账项是由于企业或银行记账错误导致的。(　　)

3. 录入银行对账初始余额工作,各个银行账户只在启用时进行一次,不需要每年都进行。(　　)

4. 银行对账只能通过自动对账进行。(　　)

5. 出纳人员进行现金对账发现账实不相符时应进行盘盈或盘亏的会计处理。(　　)

四、操作题

1. 引入出纳初始数据,启用出纳管理系统。

2023 年 12 月 31 日,工行存款初始金额为 200 000 元;银行对账单金额为 180 000 元;2023 年 12 月 3 日存在一笔销售款,企业未收、银行已收的未达账为 13 000 元;2023 年 12 月 5 日存在一笔企业已收、银行未收的未达账项 33 000 元。

2. 工商银行的账号为 111222;建设银行的账号为 333444。

3. 2024 年 1 月 31 日,企业对出纳管理的现金进行盘点,具体如表 8-1 所示。

表 8-1　现金盘点表

面额	数量
100 元	100 张

续表

面额	数量
50 元	20 张
20 元	10 张
10 元	10 张
5 元	6 张
1 元	20 张
1 元硬币	40 个
5 角硬币	10 个
1 角硬币	50 个

4. 2024 年 1 月末银行寄送的对账单如表 8-2 所示。

表 8-2　银行对账单　　单位:元

日期	摘要	结算方式	结算号	借方	贷方
2024 年 01 月 02 日	收到款项				20 000
2024 年 01 月 05 日	采购 B 材料	转账支票	ZZ001	144 640	
2024 年 01 月 07 日	收到款项	转账支票	ZZ002		58 000
2024 年 01 月 09 日	支付招待费	转账支票	ZZ003	1 200	
2024 年 01 月 28 日	提取备用金			6 000	
2024 年 01 月 30 日	销售乙产品				1 073 500
2024 年 01 月 31 日	采购 A 材料	转账支票	ZZ004	299 000	
2024 年 01 月 31 日	支付水电费			5 000	

5. 设置对账条件,对银行存款进行自动对账。不能自动对账的,通过手工对账的方式完成对账,并查询银行存款余额调节表。

第9章 固定资产管理的操作原理与基本流程

☆ **学习目标**

通过本章的学习，熟悉金蝶 KIS 专业版软件固定资产系统的主要功能；掌握固定资产系统的主要操作流程，包括固定资产新增、减少与变动的处理，固定资产折旧计提和折旧费用的分配等，同时能够根据需求进行固定资产的账表查询。

☆ **课前思考**

如果你是公司的一名会计人员，财务经理希望你能提交一份固定资产的明细表以及本期固定资产计提折旧的数据，方便他了解公司当期的成本费用，请问你能及时提交信息吗？

9.1 固定资产管理概述

固定资产是指企业使用期限超过一年的房屋、建筑物、机械、运输工具，以及其他与生产经营有关的设备、器具等。固定资产是企业进行生产经营活动必不可少的物质条件。固定资产管理的好坏，对企业经济效益有重要的影响。

金蝶 KIS 专业版软件固定资产系统为用户提供了完善的固定资产管理功能，帮助企业全面掌握固定资产的使用情况，支持固定资产的购入、变动、报废、计提折旧、折旧费用分配等操作，并自动生成记账凭证及输出相关资产和折旧报表，减少了会计人员的工作量。

1）固定资产基础资料

选择金蝶 KIS 专业版软件主控台中的“固定资产”，进入固定资产主界面，包括基础资料、卡片管理、报表三个部分。选择基础资料里的“资产类别”，系统弹出资产类别设置界面，单击“新增”按钮出现新增窗口。用户新增固定资产类别时，可以只录入代码、名称，也可以录入其他项目信息。

金蝶 KIS 专业版软件可为不同的固定资产类别设置卡片的代码前缀,例如,房屋建筑类的固定资产卡片以“B”开头,机器设备类的固定资产卡片以“M”开头。用户针对不同的固定资产类别分别录入“B”或“M”即可,这样在卡片录入时,一旦确认了该固定资产的类别,在卡片代码处就会自动带入这些字母作为代码的前缀。

在固定资产类别中,关于折旧有三个选项:选择“由使用状态决定是否提折旧”时,卡片上的固定资产完全由使用状态类别的属性决定是否提取折旧;当固定资产类别是房屋及建筑物时,按会计制度的规定不管其使用状态如何,必须计提折旧,可以选择“不管使用状态如何一定提折旧”,使用状态类别中关于折旧的设置是不起作用的;“不管使用状态如何一定不提折旧”的选项主要用于土地,以及不是固定资产又视同固定资产管理的器具等,当然,此时使用状态类别中关于折旧的设置同样是不起作用的。

2)变动方式

选择基础资料里的“变动方式”,系统弹出变动方式设置界面,如图 9-1 所示。单击“新增”按钮添加新的变动方式,单击“修改”按钮完成已有变动方式的修改,单击“删除”按钮删除不用的变动方式。

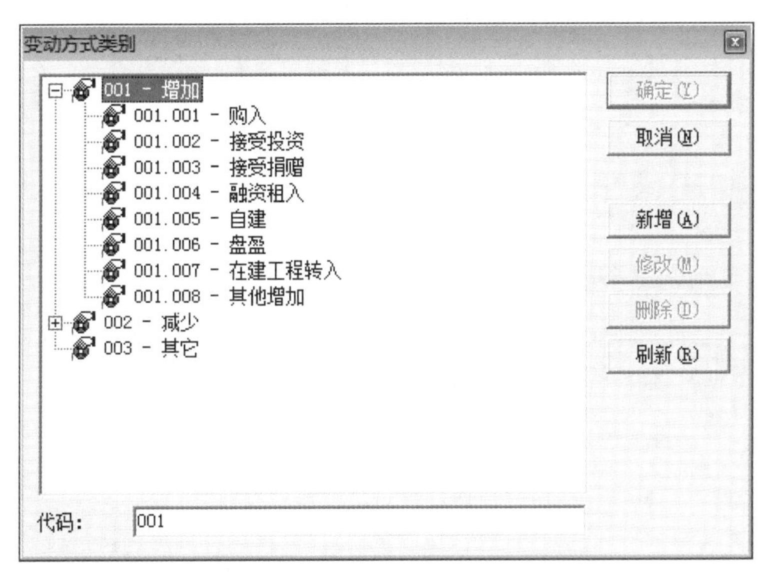

图 9-1 变动方式类别设置

3)使用状态

选择基础资料里的“使用状态”,系统弹出使用状态设置界面,如图 9-2 所示。单击“新增”按钮添加新的使用状态,单击“修改”按钮完成已有使用状态的修改,单击“删除”按钮删除不用的使用状态。

4)存放地点

选择基础资料里的“存放地点”,系统弹出存放地点设置界面。单击“新增”按钮添加新的存放地点,如图 9-3 所示,单击“修改”按钮完成已有存放地点的修改,单击“删除”按钮删除不用的存放地点。

5)原始卡片录入

固定资产管理的载体是固定资产卡片,企业在使用金蝶 KIS 系统之前,购买的固定资产需

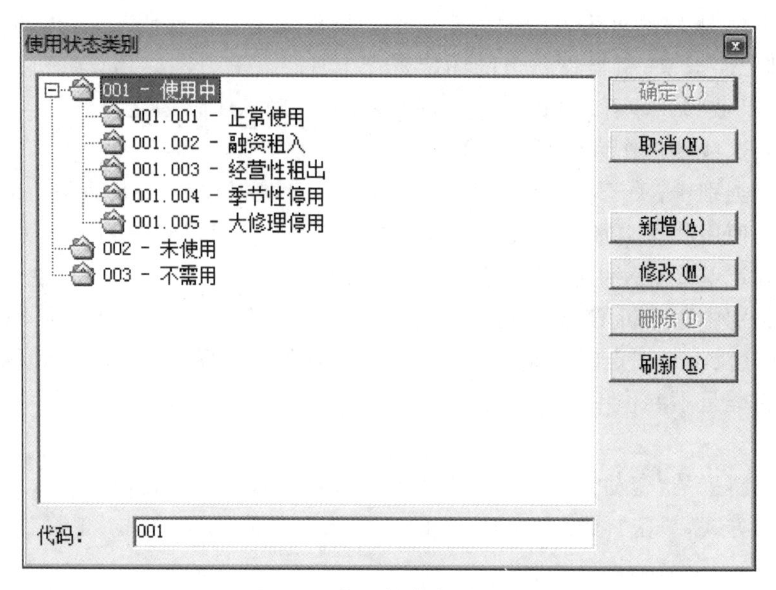

图 9-2 使用状态类别设置

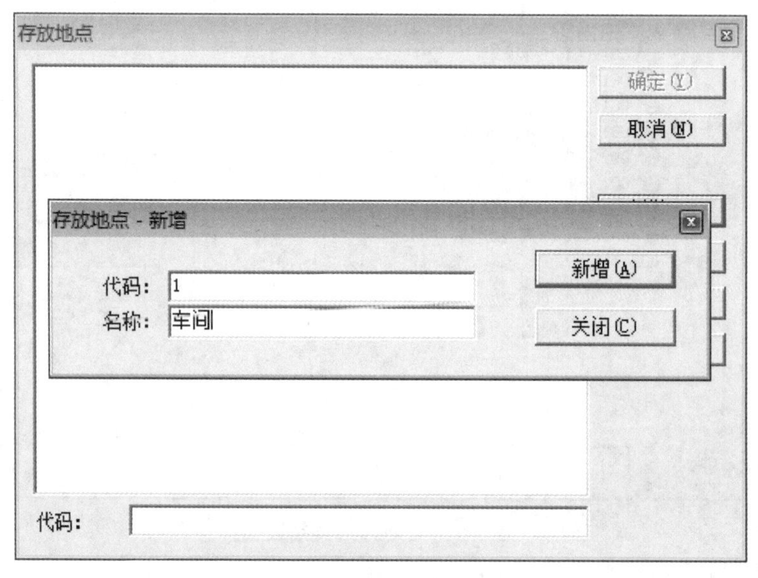

图 9-3 存放地点新增

要以卡片的形式输入系统，这个过程称为固定资产初始化。固定资产初始化在账务初始化的界面录入。

9.2 固定资产管理的应用流程

固定资产日常业务处理包括卡片的新增、减少和其他变动，并生成对应的凭证和期末计提折旧。

9.2.1 固定资产增加

选择固定资产主界面中的“固定资产增加”完成本期固定资产新增卡片的处理，系统弹出“固定资产卡片及变动-新增”窗口，包含“基本信息”选项卡，如图 9-4 所示；“部门及其他”选项卡，如图 9-5 所示；“原值与折旧”选项卡，如图 9-6 所示。

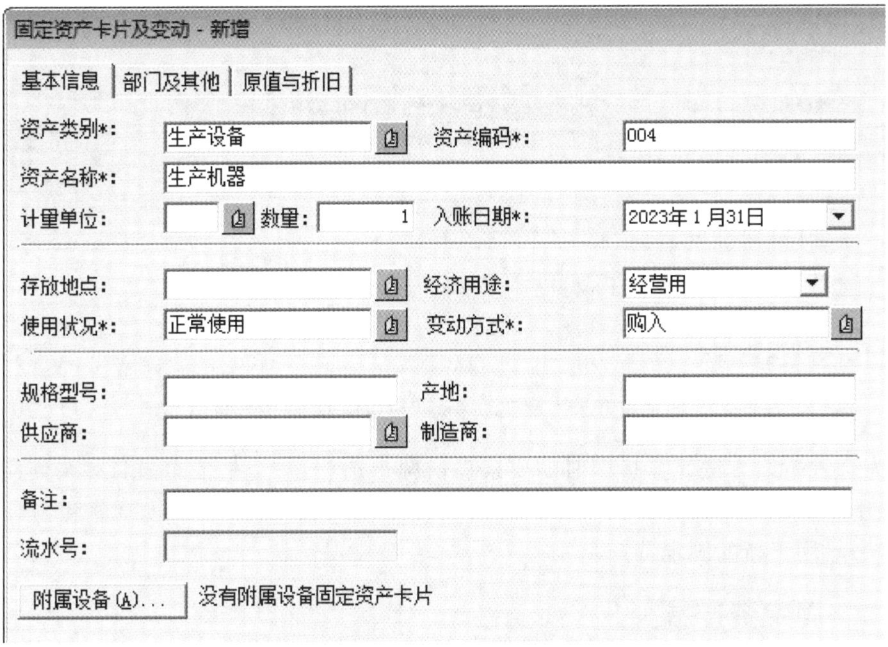

固定资产卡片及变动 - 新增
基本信息 | 部门及其他 | 原值与折旧
资产类别*: 生产设备　资产编码*: 004
资产名称*: 生产机器
计量单位:　数量: 1　入账日期*: 2023年1月31日
存放地点:　经济用途: 经营用
使用状况*: 正常使用　变动方式*: 购入
规格型号:　产地:
供应商:　制造商:
备注:
流水号:
附属设备(A)...　没有附属设备固定资产卡片

图 9-4 “固定资产卡片及变动-新增”窗口中的“基本信息”选项卡

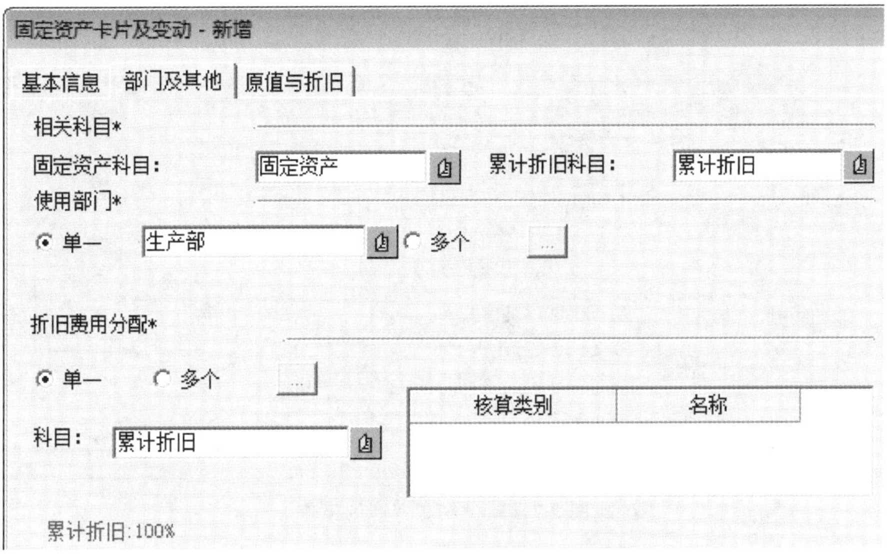

固定资产卡片及变动 - 新增
基本信息 | 部门及其他 | 原值与折旧
相关科目*
固定资产科目: 固定资产　累计折旧科目: 累计折旧
使用部门*
单一 生产部　多个
折旧费用分配*
单一　多个
科目: 累计折旧
核算类别 | 名称
累计折旧:100%

图 9-5 “固定资产卡片及变动-新增”窗口中的“部门及其他”选项卡

固定资产卡片及变动 - 新增

基本信息 | 部门及其他 | 原值与折旧

原值*

单币别　多币别　人民币:80000

币别: 人民币　汇率: 1

原币金额: 80,000.00　本币金额: 80,000.00

购进原值: 80,000.00　购进累计折旧: 0.00

原币调整: 80,000.00

开始使用日期: 2023年1月1日　预计使用期间数: 60*

已使用期间数: 0　累计折旧: 0.00

预计净残值: 5,000.00　净值: 80,000.00

减值准备: 0.00　净额: 80,000.00

折旧方法: 平均年限法(基于入账原值和…*

计算折旧(Q)

图 9-6 “固定资产卡片及变动-新增”窗口中的“原值与折旧”选项卡

系统为每种折旧方法计算折旧时的要素提供两个选项：一个是按净值和剩余使用期间数提折旧，一般用于旧的固定资产并且不知道原值和使用期间数；另一个是按原值和预计使用期间数提折旧，一般用于新的固定资产。

9.2.2 固定资产减少

选择固定资产主界面中的“固定资产变动”，系统进入固定资产变动界面，在工具栏中单击“清理”按钮，系统弹出“固定资产清理-新增”窗口，在窗口中输入关于清理的信息，单击“保存”按钮，完成减少固定资产的操作，如图 9-7 所示。

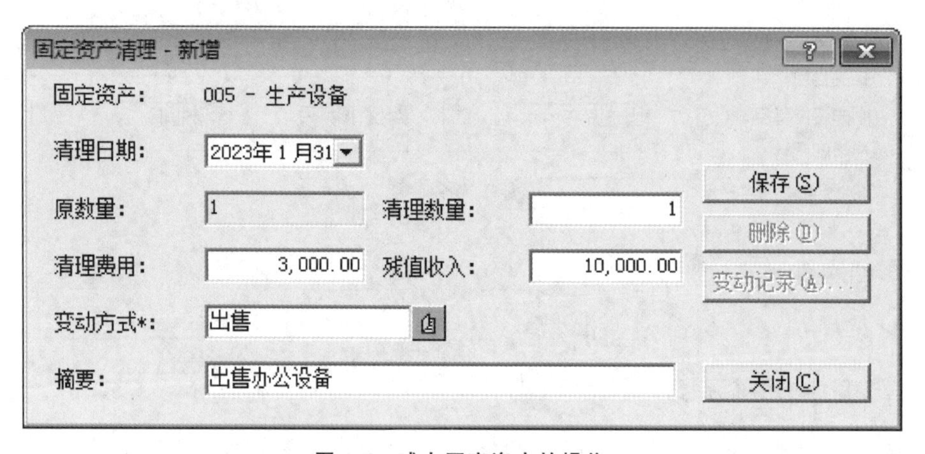

图 9-7 减少固定资产的操作

【操作提示】本期新增的固定资产卡片，通过“删除”按钮完成减少的操作；以前期间的固定资产卡片，通过“清理”按钮完成减少的操作。

9.2.3　固定资产其他变动

选择固定资产主界面中的“固定资产变动”，系统进入固定资产变动界面，选中要变动的固定资产卡片，在工具栏中单击“变动”按钮，系统弹出卡片信息窗口，在窗口中找到需要变动的项目，直接修改变动信息。比如，因为固定资产改良增加固定资产原值的操作如下：在“原值与折旧”选项卡中的“原币调整”栏输入“10000”，将“基本信息”选项卡中的“变动方式”设置为“在建工程转入”，单击“保存”按钮，完成固定资产原值变动的操作，如图 9-8 所示。

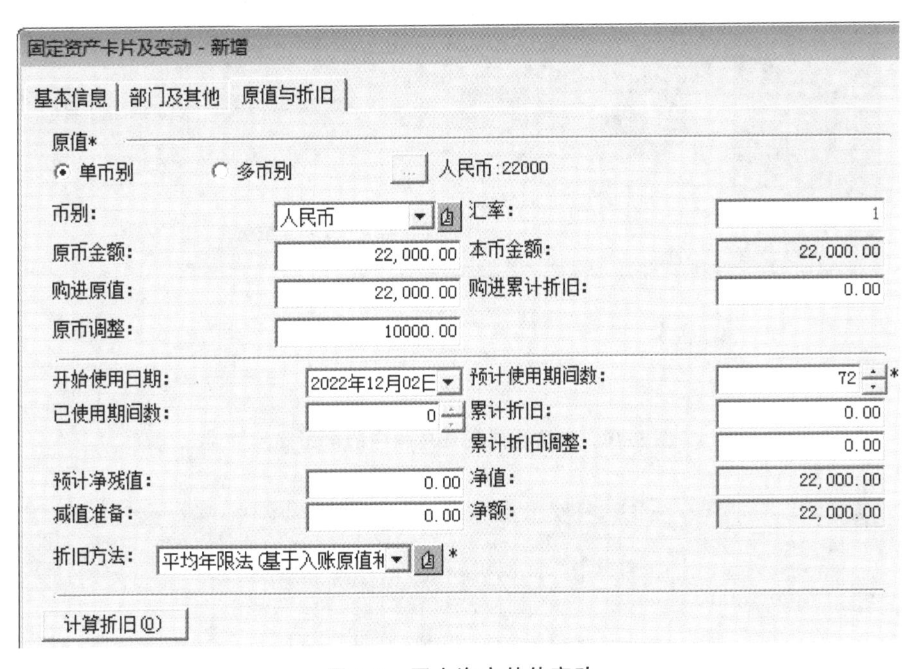

图 9-8　固定资产其他变动

9.2.4　凭证处理

对于本期固定资产业务，需要根据卡片信息进行凭证处理，选择固定资产主界面中的“固定资产生成凭证”，系统进入“固定资产生成凭证”界面，如图 9-9 所示。

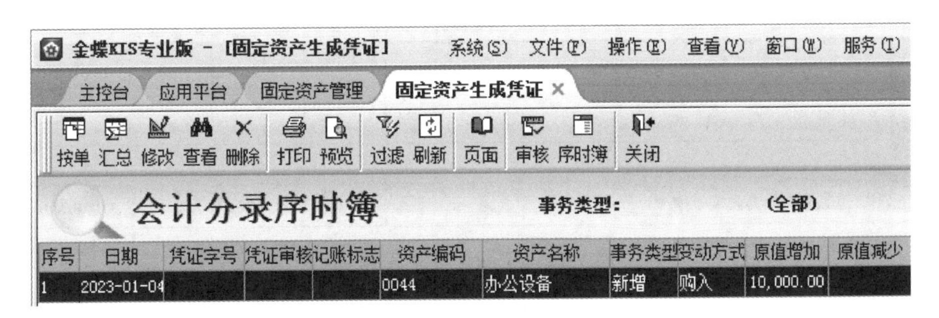

图 9-9　固定资产生成凭证

选中要编制凭证的卡片，单击工具栏中的“按单”按钮生成记账凭证；如果同类业务有多笔，也可以选择单击工具栏中的“汇总”按钮将同类型的业务汇总生成记账凭证。在自动生成凭证的过程中，系统会弹出图 9-10 所示的“信息提示”对话框，单击“是”按钮，进入记账凭证界面，对凭证中的科目信息、凭证字进行补充或调整，如图 9-11 所示，单击“保存”按钮完成操作。

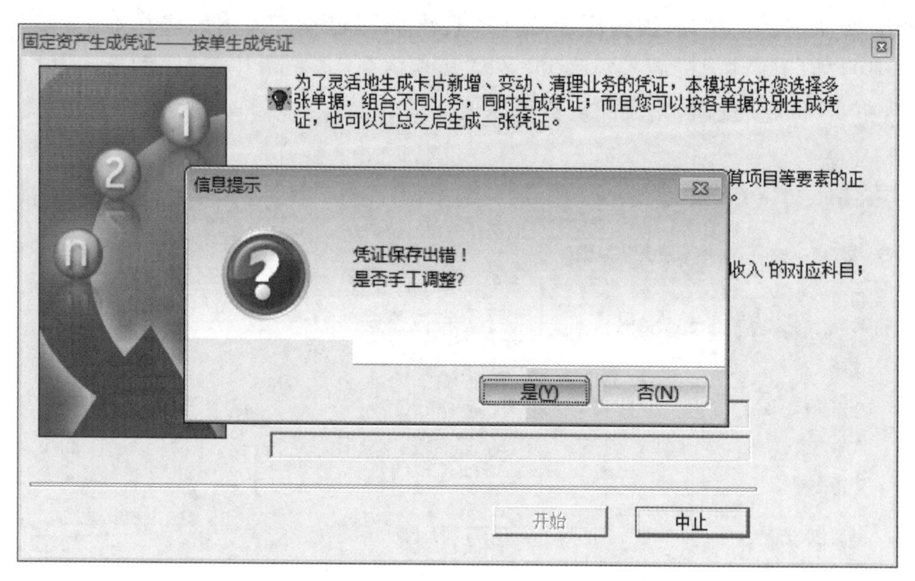

图 9-10 自动生成凭证过程中的信息提示

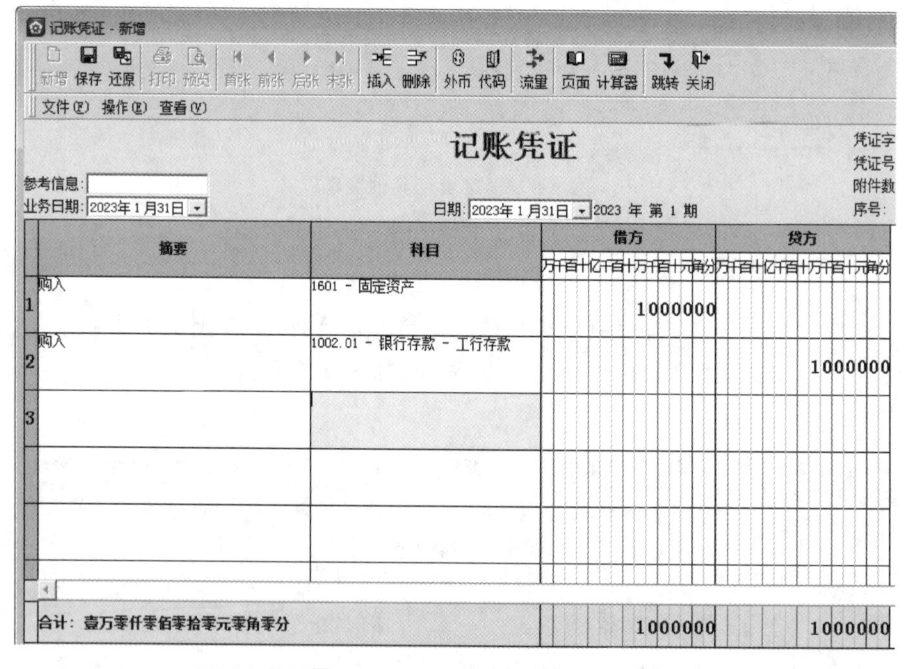

图 9-11 记账凭证手工调整

☆ 思政园地

从固定资产进项税额处理的变迁,看我国工业振兴战略

税收是国家宏观经济调控手段之一,从微观视角来看,可以将企业投资分为两种,一是对内投资,二是对外投资。其中固定资产投资属于典型的对内投资,在企业资本积累过程中,固定资产投资起决定性作用。在良好的固定资产积累中,企业自身的核心竞争力得以提高。

对固定资产折旧所得税优惠政策进行溯源,不难发现我国于 2014 年对 6 大行业、2015 年对 4 大领域出台了固定资产加速折旧的税收优惠政策,2018 年提出了企业新购进的单位价值不超过 500 万元的设备、器具可一次性在税前扣除,2019 年提出了将固定资产加速折旧优惠政策扩大至所有制造业,还有 2021 年提出了税收优惠延期,以及 2022 年提出了企业所得税税前扣除等政策。

加速折旧引起所得税减免,对企业来说是实实在在的减负;税收优惠政策极大支持了我国创新驱动发展和实体经济高质量发展,特别是 2014 年和 2015 年的文件中所提到的固定资产是研发和经营共用的,政策刺激企业加大研发投入,激发创新热情,从而助推实体经济发展。

9.2.5 计提折旧

选择固定资产主界面中的“卡片管理”,系统进入“工作量管理”界面,输入本期固定资产的工作量,如图 9-12 所示。

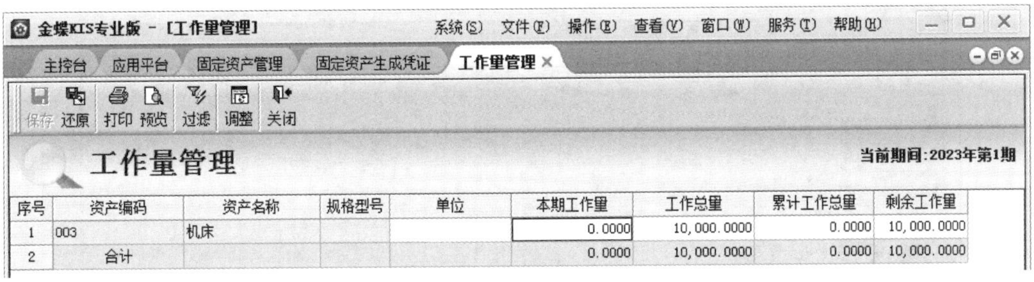

金蝶KIS专业版 - [工作量管理]　系统(S)　文件(F)　操作(E)　查看(V)　窗口(W)　服务(T)　帮助(H)

主控台　应用平台　固定资产管理　固定资产生成凭证　工作量管理

保存　还原　打印　预览　过滤　调整　关闭

工作量管理　　当前期间:2023年第1期

序号	资产编码	资产名称	规格型号	单位	本期工作量	工作总量	累计工作总量	剩余工作量
1	003	机床			0.0000	10,000.0000	0.0000	10,000.0000
2	合计				0.0000	10,000.0000	0.0000	10,000.0000

图 9-12　工作量管理

9.2.6 计提折旧

选择固定资产主界面中的“卡片管理”,出现“计提折旧”向导界面,如图 9-13 所示,按照界面提示信息,选定要自动生成的凭证的类别和摘要,如图 9-14 所示,单击“下一步”按钮即可完成操作。根据固定资产折旧政策,一般本期新增的固定资产不计提折旧,从下期计提折旧;本期减少的固定资产继续计提折旧,从下期停止计提折旧。

9.2.7 账表查询

选择固定资产主界面中的“报表”列表,用户可以根据需要查询不同的固定资产账表信息,如图 9-15 所示。

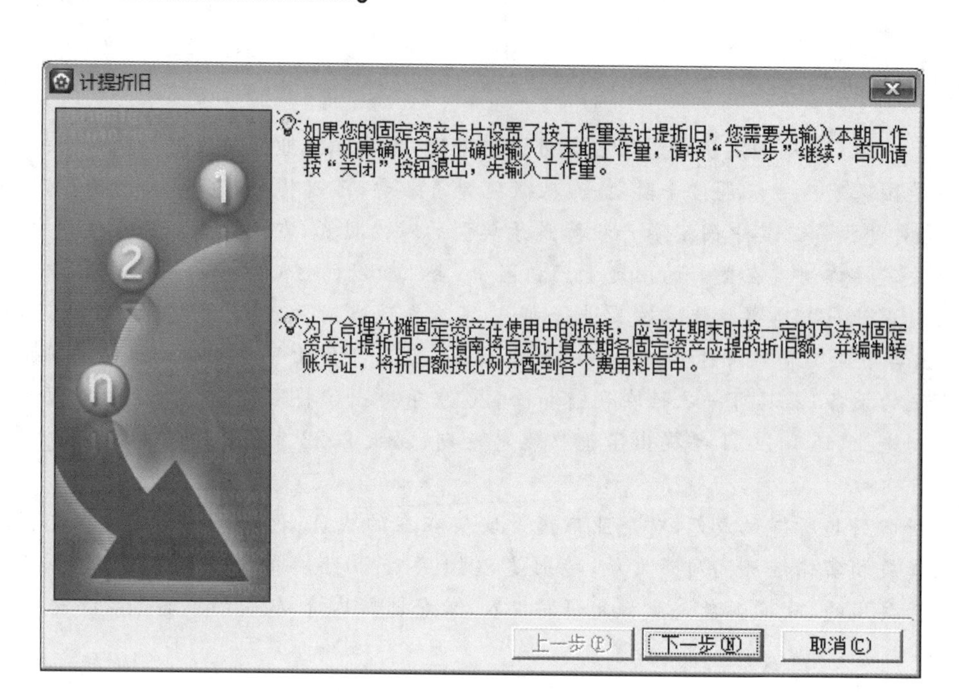

图 9-13 "计提折旧"向导界面

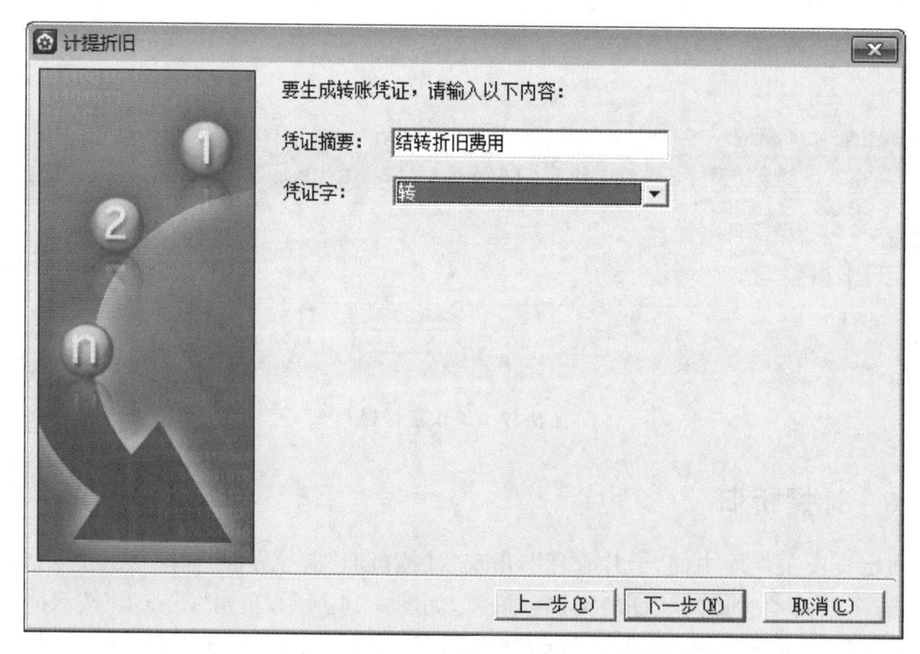

图 9-14 选定生成凭证的类别和摘要

【思考题】

(1) 固定资产计提折旧的方法有哪些呢?

(2) 试述固定资产折旧的税惠差异,并举例说明。

(3) 你知道固定资产的增加方式有哪些吗?

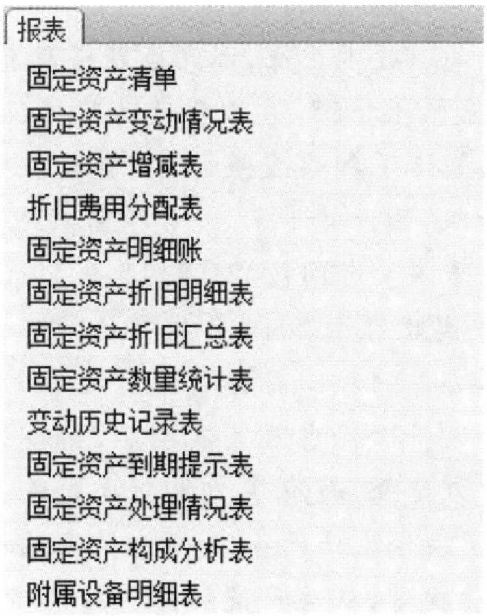

报表
固定资产清单
固定资产变动情况表
固定资产增减表
折旧费用分配表
固定资产明细账
固定资产折旧明细表
固定资产折旧汇总表
固定资产数量统计表
变动历史记录表
固定资产到期提示表
固定资产处理情况表
固定资产构成分析表
附属设备明细表

图 9-15 “报表”列表

☆ 思政案例

快递更快:税惠助力智能物流

应对忙碌的“双十一”,深圳市快递物流企业早早做足了准备,在智能化发展上加大投入。深圳市税务部门落实落细优惠政策,持续优化税费服务,支持快递物流业创新和良性发展。

纵横交错的传输带快速传动,将一个个包裹送至相应储物箱……11 月 3 日,在时丰运通物流(深圳)有限公司仓储中心,记者看到繁忙有序的景象,智能化流水线成了快递件分拣的一道靓丽风景。

“今年货量比去年明显增加,‘双十一’期间将达到历史最高峰值,日处理量预计超 150 万单。为应对快递高峰,我们新购置了两条自动化流水线,资金就来源于减税降费。今年,我公司已获得减免税 300 多万元,给了我们充足的发展动能。”时丰运通财务经理王婷说道。

深耕快递业多年的时丰运通,目前拥有近 6 万平方米的分拣、集运基地,而员工只有 360 人。公司董事长王健志告诉记者:“我们就是要发展智能物流,把对劳动力的依赖性降下来,大幅度提升生产效率。”他介绍,采用全自动化流水线后,分拣效率相比于纯人工提升了 73.08%,节省了 20%的运营成本。

深圳市递四方速递有限公司也在智能物流上下足功夫。“今年,我公司新增上海和东莞两个一级分拨中心,全面铺开自动化分拨设备,并配备了行业内最新的单轨双层分拣机、自动贴标机等,能够有效应对剧增的快递量。”副总裁黎森林介绍,该公司正以粤港澳大湾区为中心,快速向全国重点地区延伸、向全球扩围。

物流业是劳动密集型行业,人力成本占了经营成本的“大头”,减少人力成本成为物流业的首要之急。大规模采用自动化分拣、包装设备后,递四方的日均处理货物峰值可达 120 万件,整体产能提升了近 20%。“采用新设备需要大量资金,好在税收上对固定资产折旧进行抵减,可以为我们缓解压力。2019—2020 年,该项目减少纳税额近 900 多万元。”递四方会计人员杨芸说道。像递四方一样,全面推行仓储自动化已是行业共识。作为物流自动化设备的上游,深圳路辉物流设备有限公司 2015 年成立以来,就致力于智能分流领域设备的研发,如今该公司产品已被顺丰速运、京东物流、中国邮政等快递企业广泛采用。

"我公司是科技型中小企业、高新技术企业,因此已获得税款减免450多万元。按照最新政策,今年开始可以提前享受研发费加计扣除,第三季度可获得税收优惠400多万元。"路辉公司总经理胡经辉表示,企业在税惠支持下加快发展速度,自动化分拣设备今年全国市场规模约2 000亿元,伴随行业的智能化升级,预计接下来3~5年需求还会快速增长。

(原文来源:《中国税务报》电子版。时间:2021年11月10日。有删改。)

【总结】《中国制造2025》是中国政府于2015年发布的战略文件,旨在将中国从一个制造业大国转变为制造业强国。该战略文件的核心目标是通过技术创新、产业升级和可持续发展,提高中国制造业的全球竞争力。加速折旧优惠政策实施后,更多的企业选择放弃旧固定资产,购买新固定资产,而且企业盈利能力越强,越有实力更新更先进、更能创造价值的固定资产。这样,从客观上刺激了企业加速更新换代生产设备,对于整个社会来说,就是推动企业投资固定资产,带动生产设备的工业企业销量提升,从生产链的产、供、销环节注入了新鲜血液,推动稳增长调结构。

【章末习题】

一、单项选择题

1. 在固定资产管理系统的卡片中,能够唯一确定每项资产的数据项是(　　)。

A. 资产名称　　B. 资产编号　　C. 类别编号　　D. 规格型号

2. 固定资产管理系统初始化时,会计科目定义是为了系统能自动将相应的记账凭证传递到(　　)中去。

A. 成本核算系统　　B. 报表系统　　C. 总账系统　　D. 固定资产核算系统

3. 下列业务不需要生成记账凭证的是(　　)。

A. 初始卡片录入　　B. 本期购入一台机器设备

C. 本期报废一间厂房　　D. 计提本期累计折旧

二、多项选择题

1. 在固定资产管理系统中,对计提折旧有影响的数据项有(　　)。

A. 资产原值　　B. 折旧方法　　C. 使用状态　　D. 增加方式

2. 在固定资产核算系统的下列操作中,需要进行资产变动处理的有(　　)。

A. 变更资产编号　　B. 净残值(率)调整

C. 工作总量调整　　D. 累计折旧调整

3. 下列各项中,属于固定资产核算模块的日常处理的有(　　)。

A. 固定资产增加　　B. 原始卡片录入

C. 计提折旧　　D. 固定资产变动

三、判断题

1. 固定资产卡片录入时,固定资产的使用期间数输入的是月数。(　　)

2. 固定资产使用部门变动不需要生成记账凭证。(　　)

3. 本期新增固定资产卡片生成的记账凭证可以在账务处理系统中查询、修改、删除。(　　)

4. 固定资产原值变动不需要制作记账凭证传递到总账系统。(　　)

四、操作题

要求根据下列资料，进行固定资产管理操作：

①2024 年 1 月 20 日，生产部购买一条生产线，代码为 005，单价为每条 150 000 元，净残值率为 5%，折旧计提方法为双倍余额递减法，使用年限为 10 年，折旧费用科目为“制造费用——折旧费”。开出工商银行面额 150 000 元的银行支票支付相关款项。按照上述业务，输入本期固定资产卡片并生成相应凭证。

②2024 年 1 月 22 日，机床(003)的原值因为改良增加 30 000 元，变动原因为在建工程转入。改良支出均通过银行转账支付。

③2024 年 1 月 31 日，计提折旧并生成凭证，其中机床(003)本期工时数为 150 工时。

第10章 工资管理的操作原理与基本流程

☆ 学习目标

通过本章的学习，掌握工资系统基础资料设置的内容、工资项目定义和工资运算公式，掌握工资数据的录入和所得税计算的流程，熟悉工资费用的分配等。

☆ 课前思考

作为一名财务人员，你觉得公司应该设置几个工资类别呢？工资类别的设置跟什么有关系呢？你熟悉个人所得税的计算吗？

10.1 工资管理概述

10.1.1 工资业务处理

工资业务的处理，主要流程是初始化工作、每月变化的数据录入、计算汇总后进行相关的查询打印和凭证结转。具体如图 10-1 所示。

下面就主要的功能进行说明。

①组织机构设置。组织机构设置是根据企业的组成情况，设置相应的二级部门组成机构、职工的岗位类别分类及职工的基本信息。有的系统是在人力资源管理中完成的，一般是在系统初始化时同时完成。

②工资初始化。根据国家和企业的工资政策设置工资种类和各类工资的对应项目结构，对每种工资项目结构定义其计算公式，根据工资发放特征，确定是否进行工资尾数结余、银行代储等。

③工资编辑。首先是对上月工资数据进行修改和增删。在编辑时，一方面需要根据人力资

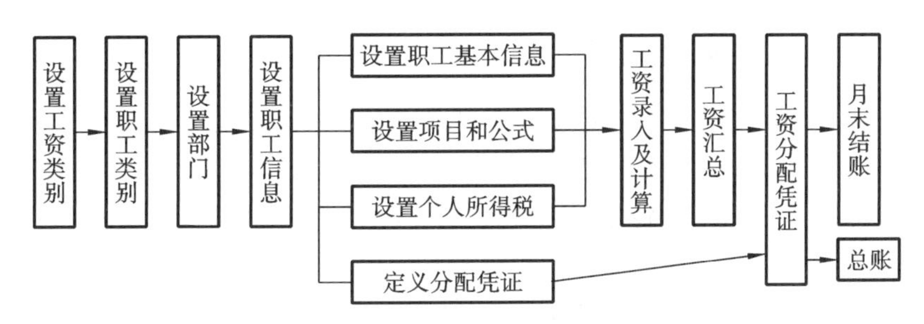

图 10-1　工资业务处理流程图

源部门或其他部门提供的人员变动或工资补贴调整资料、职工工资变动等信息，对相应工资的固定项目进行修改；另一方面还应根据本月生产、总务等部门的考勤记录、代扣款项等信息，对工资表中相应的变动项目（如病假扣款、事假扣款、奖金）进行修改。

④根据工资数据变动情况及计算公式计算工资，生成工资发放明细表。如果在工资初始化阶段定义了尾数结余，则要计算工资尾数。

⑤按职工类别和部门类别进行汇总，生成工资结算汇总表。如果是现金发放工资，应计算出每一部门实发工资的票面分解值，生成票面分解一览表，以便向银行提款发放工资；对实行工资代储的工资种类及项目，一般自动产生银行储蓄存条、储蓄明细表及汇总表等。

⑥按工资的用途对工资费用进行分配，形成工资费用分配汇总表，为成本计算提供资料。

⑦按职工费用类别、规定的工资组成和规定的计算比例，计算本月应提取的职工福利等费用，并生成职工福利费计提分配表等。

⑧根据工资汇总数据、工资费用分配汇总表、职工福利费计提分配表等的内容，自动生成汇总转账凭证，传送给账务处理子系统和成本核算子系统，作为账务处理子系统和成本核算子系统登记总账和明细账的依据。

10.1.2　设置基础信息

1）设置工资类别

设置工资类别用于对工资核算范围进行分类。企业一般可按人员、部门或时间等设置多个工资类别。

2）设置工资项目

设置工资项目是计算工资的基础，包括设置工资项目名称、类型、数据长度、小数位数等。

3）设置工资项目计算公式

设置工资项目计算公式是指企业根据其财务制度，设置某一工资类别下的工资计算公式。

4）设置工资类别所对应的部门

设置工资类别所对应的部门后，可以按部门核算各类人员工资，提供部门核算资料。

5）设置个人所得税

为了计算与申报个人所得税，需要对个人所得税进行相应的设置。设置内容具体包括基本扣减额、所得项目、累进税率表等。

6）设置工资费用分摊

企业在月内发放的工资，不仅要按工资用途进行分配，还需要按工资一定比例计提某些费用。为此系统提供设置计提费用的种类和设置相应科目的功能。

10.1.3 录入工资基础数据

第一次使用工资管理模块必须将所有人员的基础工资数据录入计算机。

由于工资数据具有来源分散等特点,工资管理模块一般提供以下数据录入方式。

①单个记录录入。选定某一特定员工,输入或修改其工资数据。

②成组数据录入。先将工资项目分组,然后按组输入。

③按条件成批替换。对符合条件的某些工资项目,统一替换为一个相同的数据。

④公式计算。公式计算适用于有确定取数关系的数据项。

⑤从外部直接导入数据。通过数据接口将工资数据从车间、人事、后勤等外部系统导入工资管理模块。

10.1.4 工资计算

1)工资变动数据录入

工资变动是指对工资可变项目的具体数额进行修改,以及对个人的工资数据进行修改、增删。工资变动数据录入是指输入某个期间内工资项目中相对变动的数据,如奖金、请假扣款等。

2)工资数据计算

工资数据计算是指按照所设置的公式计算每位员工的工资数据。工资管理模块提供个人所得税自动计算功能,用户可以根据政策的调整,定义最新的个人所得税税率表,系统可以自动计算个人所得税。

3)工资费用分摊

工资费用分摊是指对当月发生的工资费用进行工资总额的计算、分配及各种经费的计算,并自动生成转账凭证传递到账务处理模块。工资费用分摊项目一般包括应付工资、应付福利费、职工教育经费、工会经费、各类保险费用等。

4)生成记账凭证

根据工资费用分摊的结果及设置的借贷科目,生成记账凭证并传递到账务处理模块。

☆ 思政园地

工资分配应当遵循按劳分配原则,实行同工同酬

工资管理模块是财务软件中重要的模块之一。在工资核算的过程中,不公正、不透明等情况将有损企业的形象,使企业面临信任危机。

《中华人民共和国劳动法》第四十六条规定:工资分配应当遵循按劳分配原则,实行同工同酬。同工同酬是指用人单位对于技术和劳动熟练程度相同的劳动者在从事同种工作时,不分性别、年龄、民族、区域等差别,只要提供相同的劳动量,就获得相同的劳动报酬。同工同酬体现了确保贯彻按劳分配这个大原则,即付出了同等的劳动应得到同等的劳动报酬。

10.1.5 期末结账

在当期工资数据处理完毕后,需要通过期末结账功能进入下一个期间。系统可以对不同的工资类别分别进行期末结账。

10.1.6 工资表的查询输出

工资数据处理结果最终通过工资报表的形式反映，工资管理模块提供了主要的工资报表，报表的格式由财务软件提供，如果对提供的报表固定格式不满意，用户也可以自行设计。

1）工资表

工资表主要用于对本月工资的发放和统计，包括工资发放表、工资汇总表等。用户可以对系统提供的工资表进行修改，使报表格式更符合企业的需要。

2）工资分析表

工资分析表以工资数据为基础，对按部门、人员等方式分类的工资数据进行分析和比较，生成各种分析表，供决策人员使用。

10.2 工资管理的应用流程

10.2.1 基础设置

在华夏股份有限公司的财务软件中建立工资类别，具体的操作步骤如下：在金蝶 KIS 专业版软件的“工资管理”模块的右上角“基础资料”中，有“类别管理”“部门”“职员”“银行”“公式设置”“币别”等选项，单击“类别管理”选项，弹出“类别管理”对话框，在对话框右上角单击“新建”按钮，填入类别名称和币别信息，填写完成后单击“确定”按钮，关闭“类别管理”对话框，如图10-2 所示。

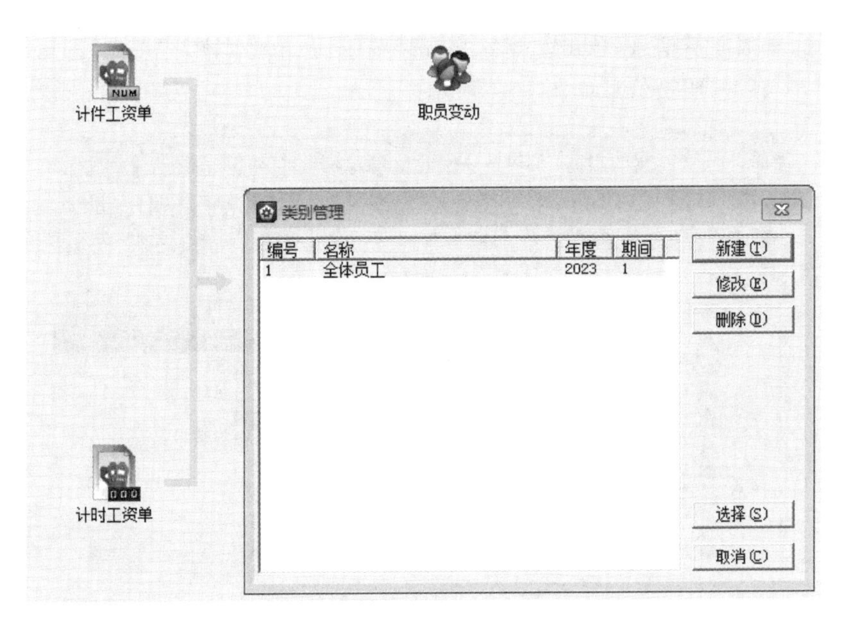

图 10-2 “类别管理”对话框

【操作提示】用户在进行“工资管理”模块的基础设置时，注意在“类别管理”对话框中的“年度”选项应设置为当前年度，“期间”选项设置为当前期间，如果设置错误将不能撤销，影响后续操作。

单击“工资管理”模块下“基础资料”中的“部门”选项，在弹出的页面单击“引入”按钮，显示系统中录入的全部部门信息，单击左侧的“全选”按钮，并单击“导入”按钮，即可完成部门信息导入的工作。

如有新增的部门，则具体的操作步骤如下：单击“工资管理”模块下“基础资料”中的“部门”选项，在弹出的页面中单击“新增”按钮，弹出“部门-新增”对话框，在其中填入新增的部门代码和名称即可，如图 10-3 所示。

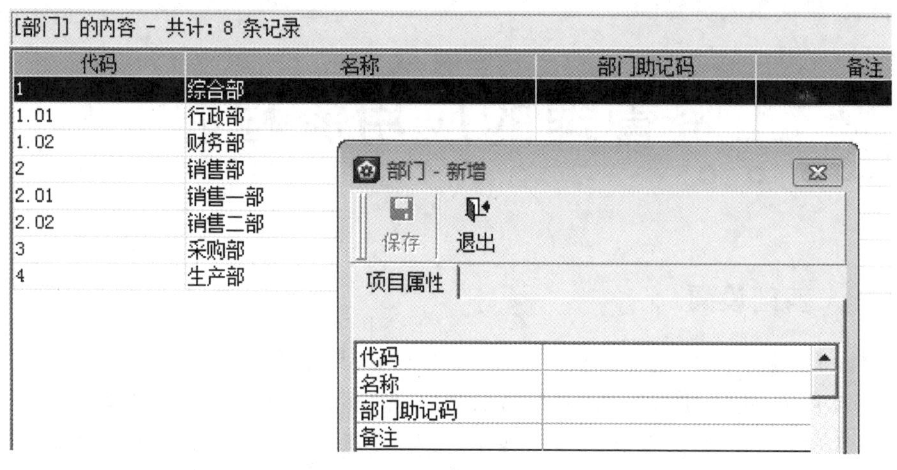

图 10-3　新增部门操作

单击“工资管理”模块下“基础资料”中的“职员”选项，在弹出的页面中单击“引入”按钮，显示系统中录入的全部职员信息，单击左侧的“全选”按钮，并单击“导入”按钮，即可完成职员信息导入的工作。导入后的职员信息如图 10-4 所示。

主控台　应用平台　职员

浏览　搜索　新增　修改　删除　引出　引入　打印　预览　刷新　反禁用　页面　关闭

职员资料

职员
- 001 - 张高
- 002 - 学生姓名
- 003 - 学生姓名1
- 004 - 学生姓名2
- 005 - 学生姓名3
- 006 - 李芳
- 007 - 王燕
- 008 - 赵智
- 009 - 肖敏

[职员] 的内容 - 共计：9 条记录

代码	名称
001	张高
002	学生姓名
003	学生姓名1
004	学生姓名2
005	学生姓名3
006	李芳
007	王燕
008	赵智
009	肖敏

图 10-4　职员信息导入

如有新增的职员，则具体的操作步骤如下：单击“工资管理”模块下“基础资料”中的“职员”

选项，在弹出的页面中单击“新增”按钮，弹出“职员-新增”对话框，在其中填入新增的职员代码、名称、类别、部门等信息，如图 10-5 所示。

图 10-5 新增职员操作

工资项目主要包括基本工资、岗位津贴、加班工时、加班工资、公积金、应发合计、病假天数、病假扣款、事假天数、事假扣款、代扣税、实发合计等。系统中已存在的工资项目不需要处理，没有的工资项目应进行增加，如图 10-6 所示。在增加新的工资项目时，应注意设置该项目的数据类型。

基本工资、岗位津贴、加班工资、公积金、应发合计、病假扣款、事假扣款、代扣税、实发合计等的数据类型应为货币；加班工时、病假天数、事假天数等的数据类型应为实数。如果设置错误，将导致系统无法识别后续设置的工资计算公式。

在金蝶 KIS 专业版软件的“工资管理”模块的右上角“基础资料”中，有“类别管理”“部门”“职员”“银行”“公式设置”“币别”等选项，单击“公式设置”选项弹出“工资公式设置”对话框，单击“新增”按钮，“公式名称”设置为“全体员工”，单击“计算方法”下的空白处，综合运用右侧的“条件”“运算符”“项目”等中的具体选项，编辑全体员工工资的计算公式，如图 10-7 所示。

公式录入完成后，单击“公式检查”按钮，当提示“公式检查正确！”时，则可单击“保存”按钮。

10.2.2 工资日常业务处理

根据企业的工资数据，在“工资管理”模块中单击“工资录入”按钮，弹出“定义过滤条件”对话框，在该对话框中进行工资项目的选择，如图 10-8 所示。

在“定义过滤条件”对话框中，“过滤名称”可设置为“全体员工”，单击“计算公式”下拉按钮选择“全体员工”选项即可。应注意的是，企业工资计算涉及的项目都应选取，才能保证后续公式计算的准确性，不能有所遗漏。

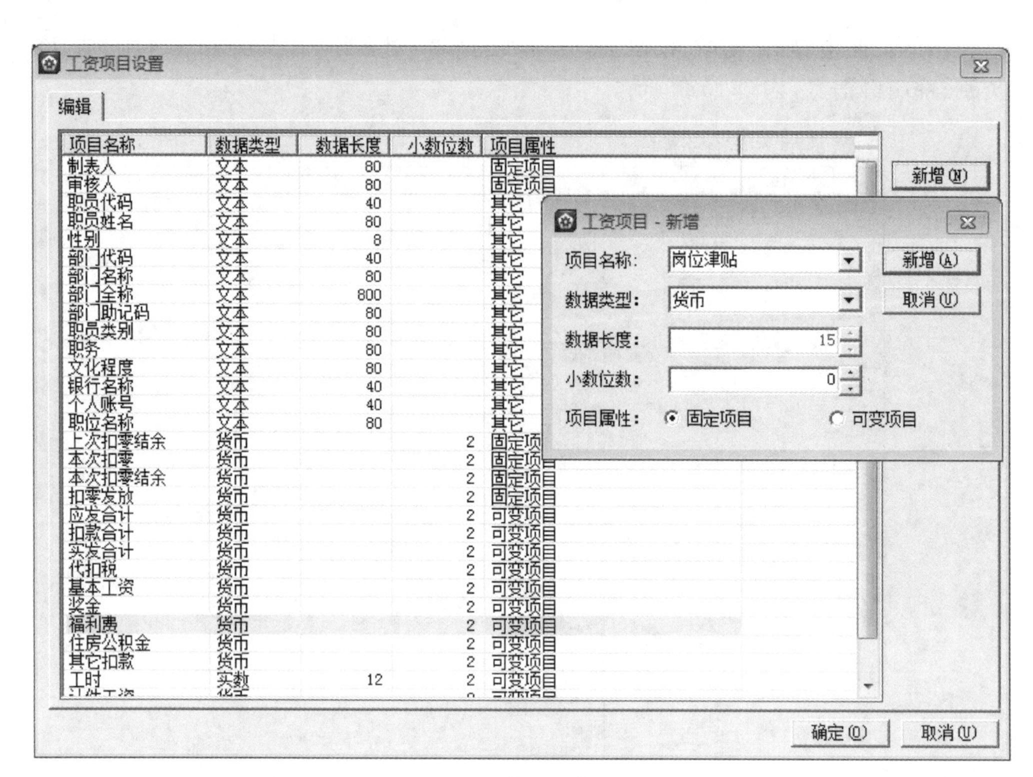

图 10-6　增加工资项目

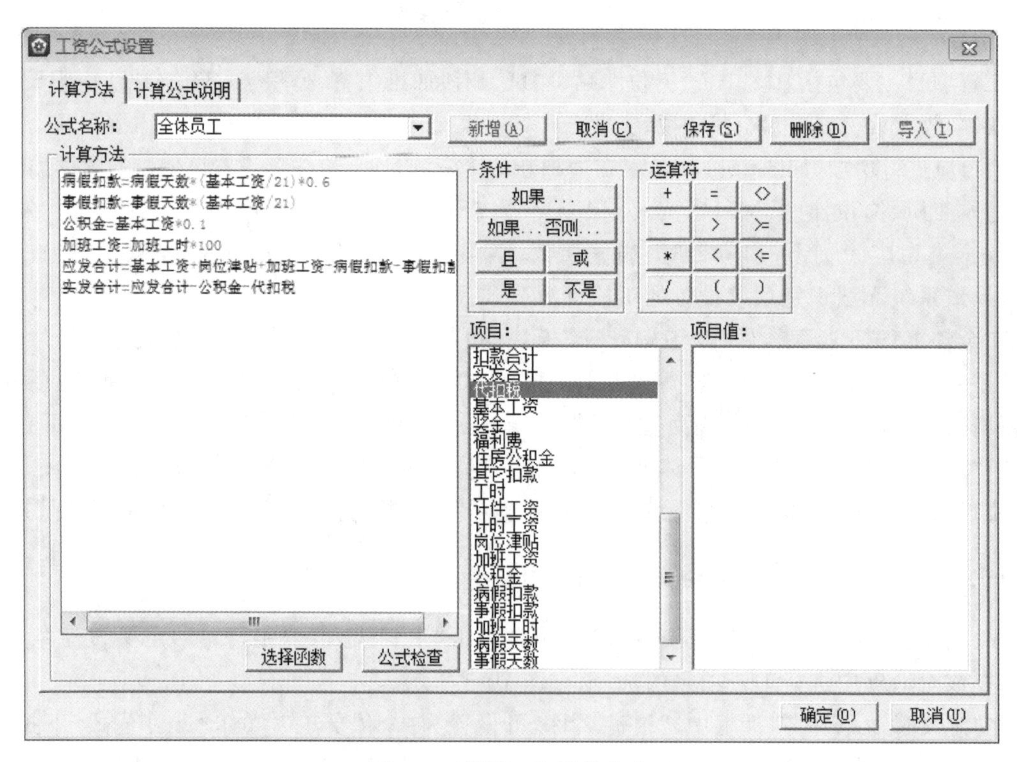

图 10-7　设置工资计算公式

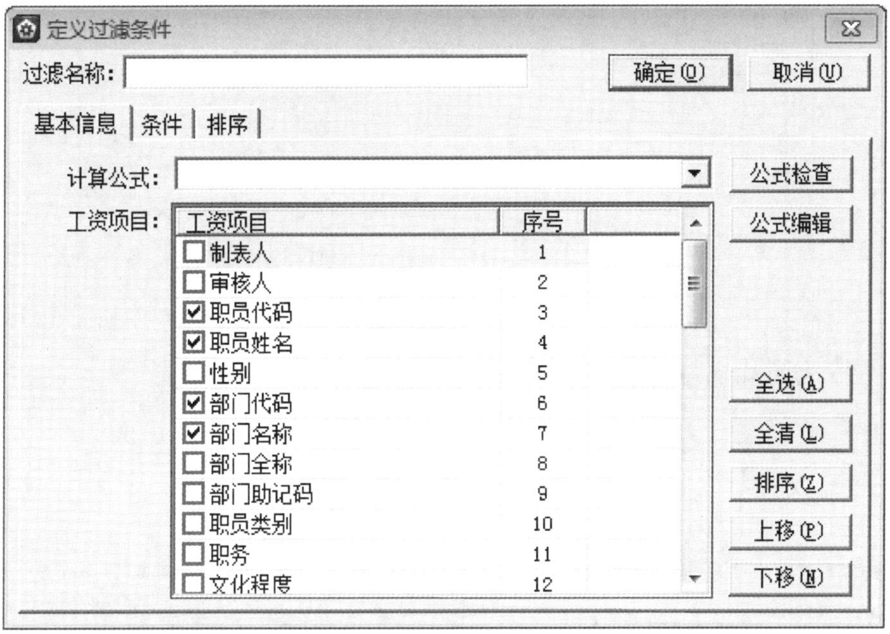

图 10-8 “定义过滤条件”对话框

设置好过滤条件后,单击“确定”按钮,在弹出的“信息提示”对话框中单击“确定”按钮,如图 10-9 所示。同时,应进行职员代码过滤,选择涉及工资计算的全部职员代码,如图 10-10 所示。单击“确定”按钮,弹出工资数据录入的界面,如图 10-11 所示。在该界面,根据企业不同职员当前月份的工资信息进行填写,具体数据信息如表 10-1 所示。

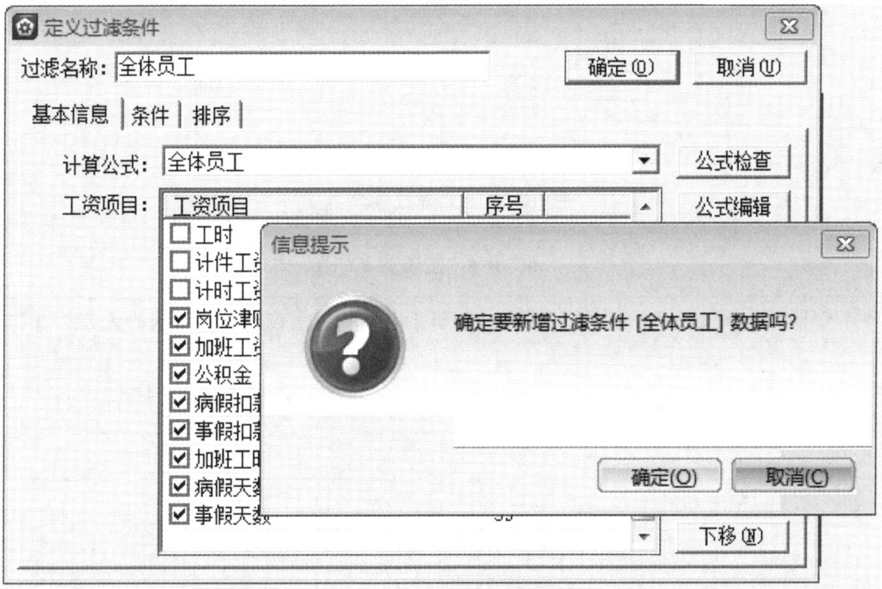

图 10-9 设置过滤条件

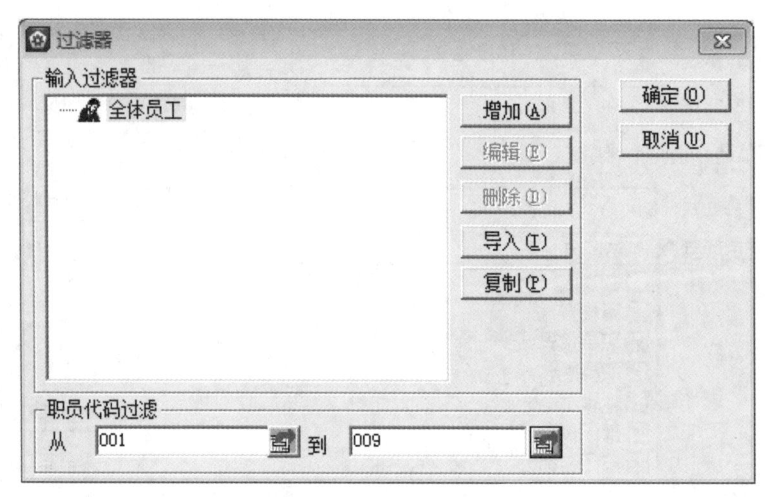

图 10-10　职员代码过滤

金蝶KIS专业版 - [工资数据录入-[全体员工]----(年份:2023　期间: 1) 人数: 9]　系统(S)　文件(F)

主控台　应用平台　工资数据录入-[...

复制 保存 引出 引入 查找 过滤 刷新 审核 反审核 区选 设置 扣零 发放 计算器 所得税 重算 关闭

职员代码	职员姓名	部门代码	部门名称	应发合计	实发合计

图 10-11　工资数据录入

表 10-1　工资数据

序号	职员代码	职员姓名	基本工资/元	加班工时/工时	岗位津贴/元	病假天数/天	事假天数/天
1	001	张亮	6 000	40	1 500	1	
2	002	学生姓名	7 000	30	1 500		
3	003	学生姓名 1	5 000	40	1 500		
4	004	学生姓名 2	5 500	40	1 500		2
5	005	学生姓名 3	5 500	30	1 500		
6	006	李芳	5 000	30	2 000	1	
7	007	王燕	5 500	30	2 000		
8	008	赵智	5 000	30	1 500		

续表

序号	职员代码	职员姓名	基本工资/元	加班工时/工时	岗位津贴/元	病假天数/天	事假天数/天
9	009	肖敏	5 500	30	1 500		2

在工资数据录入的过程中,“基本工资”“岗位津贴”“加班工时”“病假天数”“事假天数”栏显示为白色,可以进行数据的录入,“实发合计”“应发合计”“加班工资”“公积金”“病假扣款”“事假扣款”栏显示为黄色,由系统根据计算公式自动计算后填列,如图 10-12 所示。

部门名称	应发合计	实发合计	代扣税	基本工资	岗位津贴	加班工资	公积金
行政部	11,328.57	10,728.57		6,000.00	1,500	4,000	600
财务部	11,500.00	10,800.00		7,000.00	1,500	3,000	700
财务部	10,500.00	10,000.00		5,000.00	1,500	4,000	500
财务部	10,476.19	9,926.19		5,500.00	1,500	4,000	550
财务部	10,000.00	9,450.00		5,500.00	1,500	3,000	550
销售一部	9,857.14	9,357.14		5,000.00	2,000	3,000	500
销售二部	10,500.00	9,950.00		5,500.00	2,000	3,000	550
采购部	9,500.00	9,000.00		5,000.00	1,500	3,000	500
生产部	9,476.19	8,926.19		5,500.00	1,500	3,000	550

图 10-12　工资数据录入完成

工资数据录入完成后,单击“保存”按钮。然后,单击“工资管理”模块中的“所得税计算”按钮,在“个人所得税数据录入”对话框中单击“设置”按钮,在弹出的“个人所得税初始设置”对话框中单击“新增”按钮,如图 10-13 所示。

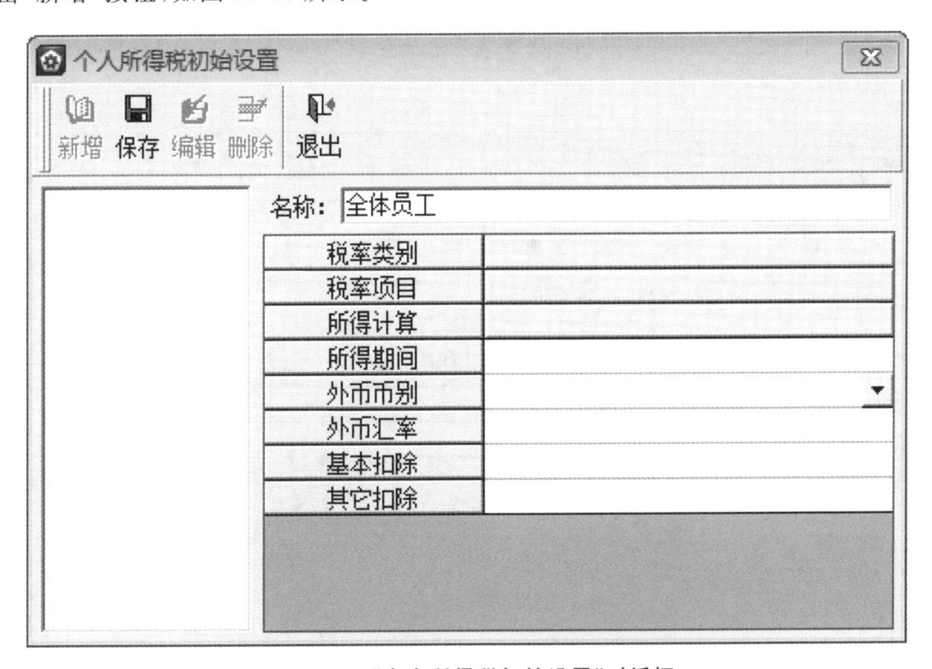

图 10-13　“个人所得税初始设置”对话框

单击“税率类别”右侧的空白框,在弹出的“个人所得税税率设置”对话框中单击“新增”按钮,系统提示“是否使用‘预设税率’?”,单击“确定”按钮,如图 10-14 所示。税率预设选择时,选取“含税级距(2011 年最新调整)”,“名称”可设置为“税率类别”,然后单击“确定”按钮,再单击

“保存”按钮。

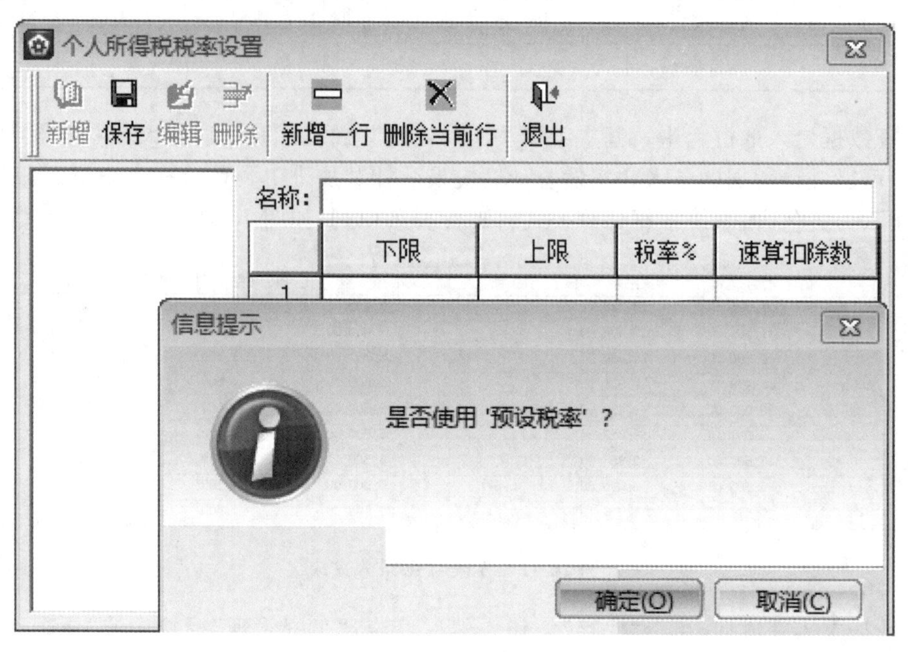

图 10-14 “税率类别”设置

单击“税率项目”右侧的空白框,在弹出的“所得项目计算”对话框中单击“新增”按钮,“名称”可设置为“税率项目”,“所得项目”栏设置为“应发合计”,属性设置为“增项”,然后单击“保存”按钮,如图 10-15 所示。

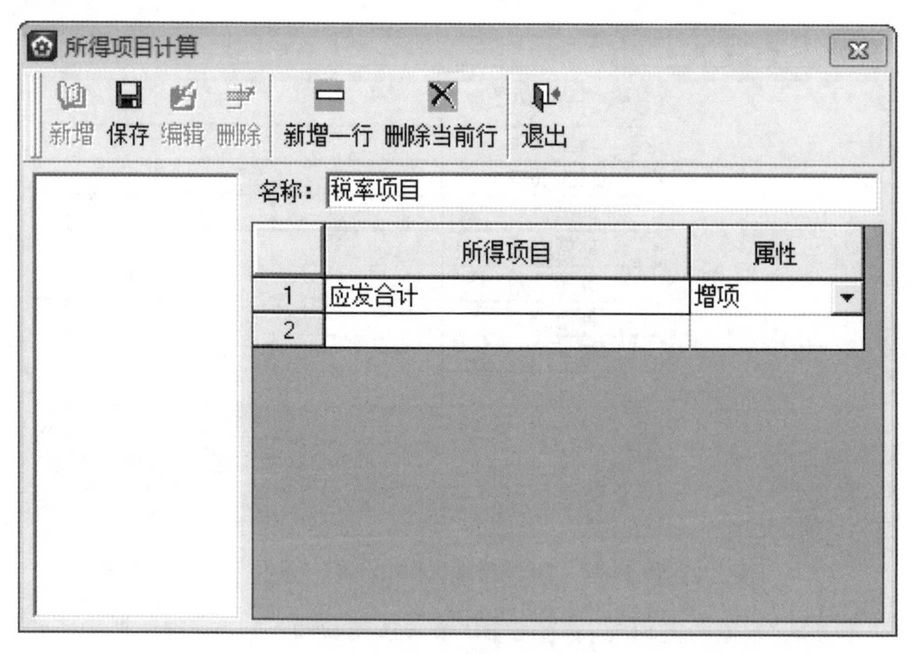

图 10-15 “税率项目”设置

同时,进行“所得计算”的设置,以及“所得期间”“外币币别”“外币汇率”“基本扣除”“其它扣除”的设置，如图 10-16 所示。

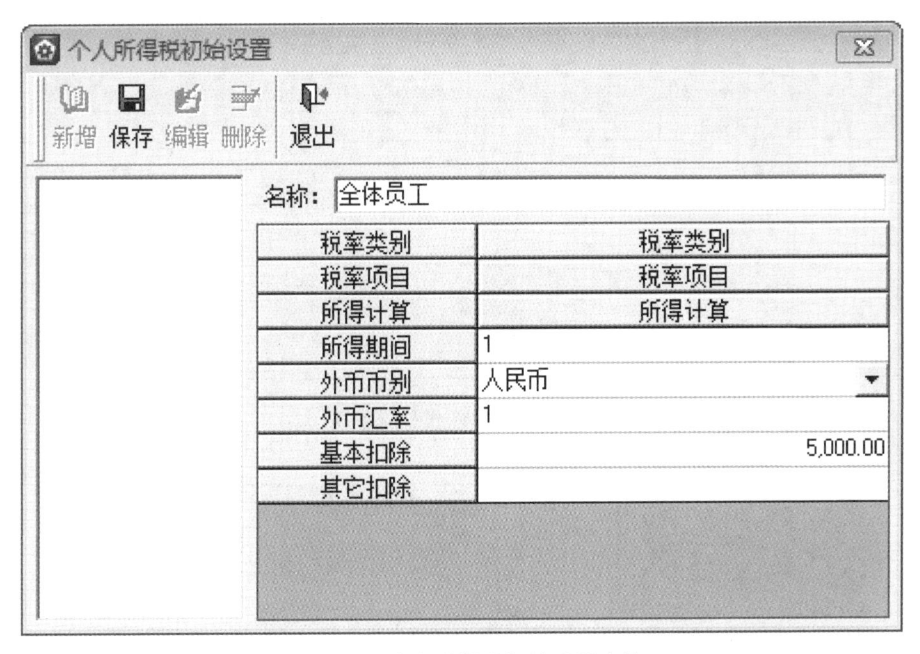

图 10-16 个人所得税初始设置完毕

单击“保存”按钮，系统弹出“用选定的初始设置重新计算工资数据吗？”的提示，单击“确定”按钮，系统弹出“重新计算税率及纳税税额吗？”的提示，单击“确定”按钮，个人所得税计算相关数据如图 10-17 所示。

人民币合计	减费用额	应纳税所得额	税率项目
11,328.57	5,000.00	6,328.57	11,328.57
11,500.00	5,000.00	6,500.00	11,500.00
10,500.00	5,000.00	5,500.00	10,500.00
10,476.19	5,000.00	5,476.19	10,476.19
10,000.00	5,000.00	5,000.00	10,000.00
9,857.14	5,000.00	4,857.14	9,857.14
10,500.00	5,000.00	5,500.00	10,500.00
9,500.00	5,000.00	4,500.00	9,500.00
9,476.19	5,000.00	4,476.19	9,476.19

图 10-17 个人所得税计算相关数据

单击“保存”按钮后，返回“工资管理”模块主界面，单击“工资录入”按钮，在“工资数据录入”页面中单击“区选”按钮，选中“代扣税”列，单击“所得税”按钮，系统自动导入在“所得税计算”中算出的数据，如图 10-18 所示。

在“工资管理”模块主界面单击“工资计算”按钮，在弹出的“工资计算向导”对话框中勾选“全体员工”，然后单击“下一步”按钮，如图 10-19 所示。在弹出的对话框中单击“计算”按钮，如图 10-20 所示。

金蝶KIS专业版 - [工资数据录入-[全体员工]----(年份:2023 期间: 1) 人数: 9]

主控台　应用平台　工资数据录入-[...

复制 保存 引出 引入 查找 过滤 刷新 审核 反审核 区选 设置 扣零 发放 计算器 所得税 重算 关闭

职员代码	职员姓名	部门代码	部门名称	应发合计	实发合计	代扣税
001	张亮	1.01	行政部	11,328.57	10,017.86	710.71
002	学生姓名	1.02	财务部	11,500.00	10,055.00	745.00
003	学生姓名1	1.02	财务部	10,500.00	9,455.00	545.00
004	学生姓名2	1.02	财务部	10,476.19	9,385.95	540.24
005	学生姓名3	1.02	财务部	10,000.00	9,005.00	445.00
006	李芳	2.01	销售一部	9,857.14	8,940.71	416.43
007	王燕	2.02	销售二部	10,500.00	9,405.00	545.00
008	赵智	3	采购部	9,500.00	8,655.00	345.00
009	肖敏	4	生产部	9,476.19	8,583.57	342.62

图 10-18　导入代扣税数据

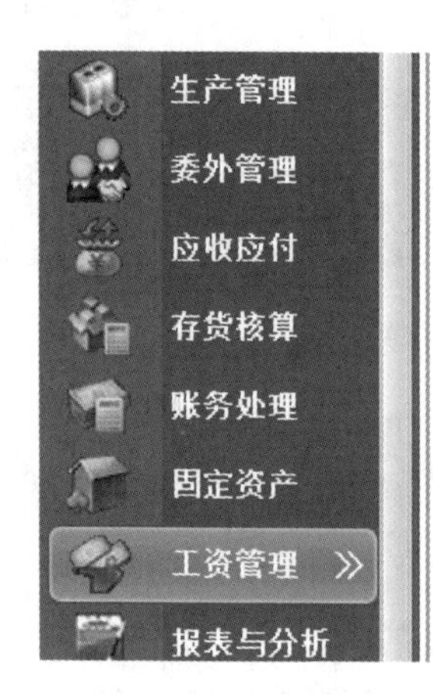

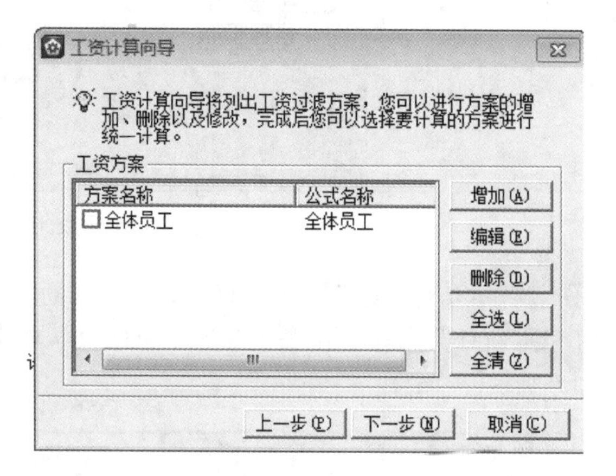

图 10-19　工资计算

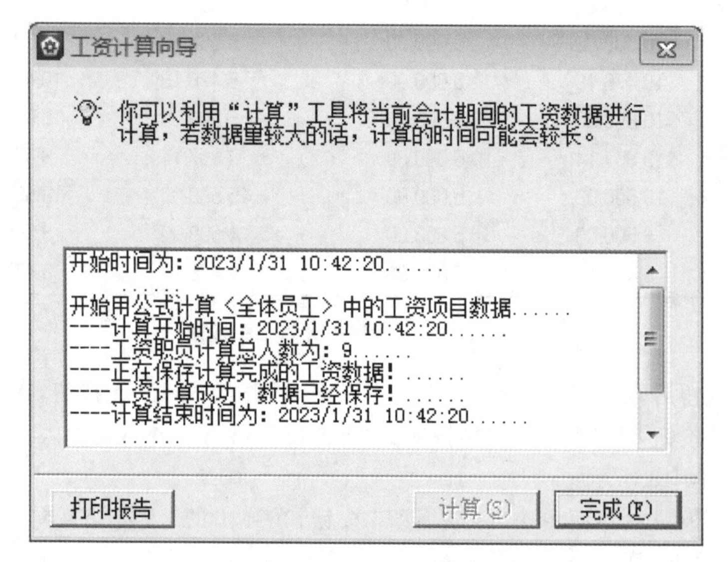

图 10-20　工资计算完成

在进行工资费用分配时，具体信息如表 10-2 所示。

表 10-2　工资费用分配

部门	职员类别	工资项目	费用科目	核算项目	工资科目
行政部	管理人员	应发合计	管理费用-工资	(部门)行政部	应付职工薪酬-工资
生产部	生产人员	应发合计	制造费用-工资	(部门)生产部	应付职工薪酬-工资
销售一部	销售人员	应发合计	销售费用-工资	(部门)销售一部	应付职工薪酬-工资
销售二部	销售人员	应发合计	销售费用-工资	(部门)销售二部	应付职工薪酬-工资
采购部	管理人员	应发合计	管理费用-工资	(部门)采购部	应付职工薪酬-工资
财务部	管理人员	应发合计	管理费用-工资	(部门)财务部	应付职工薪酬-工资

工资费用分配的具体操作步骤如下：在“工资管理”模块主界面单击“费用分配”按钮，单击“新增”按钮，设置“分配名称”为“工资费用分配”，设置“凭证字”为“转”，设置“摘要内容”为“1 月份工资费用分配”，填入相关数据，如图 10-21 所示。

费用分配 - 新增

分配名称：工资费用分配　凭证字：转
摘要内容：1月份工资费用分配　分配比例：100 %

保存(S)　关闭(C)　插入一行　删除当前行

部 门	职员类别	工资项目	费用科目	核算项目	工资科目	核算项目
行政部	管理人员	应发合计	6602.01-工资3	下设	2211.01-工资	无
财务部	管理人员	应发合计	6602.01-工资3	下设	2211.01-工资	无
销售一部	销售人员	应发合计	6601.01-工资2	下设	2211.01-工资	无
销售二部	销售人员	应发合计	6601.01-工资2	下设	2211.01-工资	无
采购部	管理人员	应发合计	6602.01-工资3	下设	2211.01-工资	无
生产部	生产人员	应发合计	5101.01-工资1	下设	2211.01-工资	无

图 10-21　工资费用分配

生产部门管理人员的工资应计入生产成本，生产工人的工资应计入制造费用，期末进行分配。生成工资凭证的具体操作步骤如下：在“费用分配”对话框中勾选“工资费用分配”，单击“生成凭证”按钮，如图 10-22 所示。

【操作提示】在生成凭证之前，仔细审查工资数据的准确性和完整性，确保计算无误并符合企业的财务政策和法规要求。一旦确认凭证内容无误，可以执行自动生成凭证的操作。系统会根据输入的工资数据自动创建相应的会计凭证，并将其保存在系统中。凭证可在账务处理系统中进行查看、审核和记账等。

【思考题】

(1) 如何在工资管理系统中自动生成工资费用分配的凭证？请简述操作过程。

(2) 财务软件的工资管理部分是否提供工资发放管理和记录功能？它是否能够生成工资单和支付凭证，并自动记录工资发放的时间和金额，便于后续的核查和审计？

(3) 财务软件的工资管理部分如何保障工资数据的安全性和保密性？它是否提供权限管理功能，以确保只有授权人员可以访问和处理敏感的工资信息？

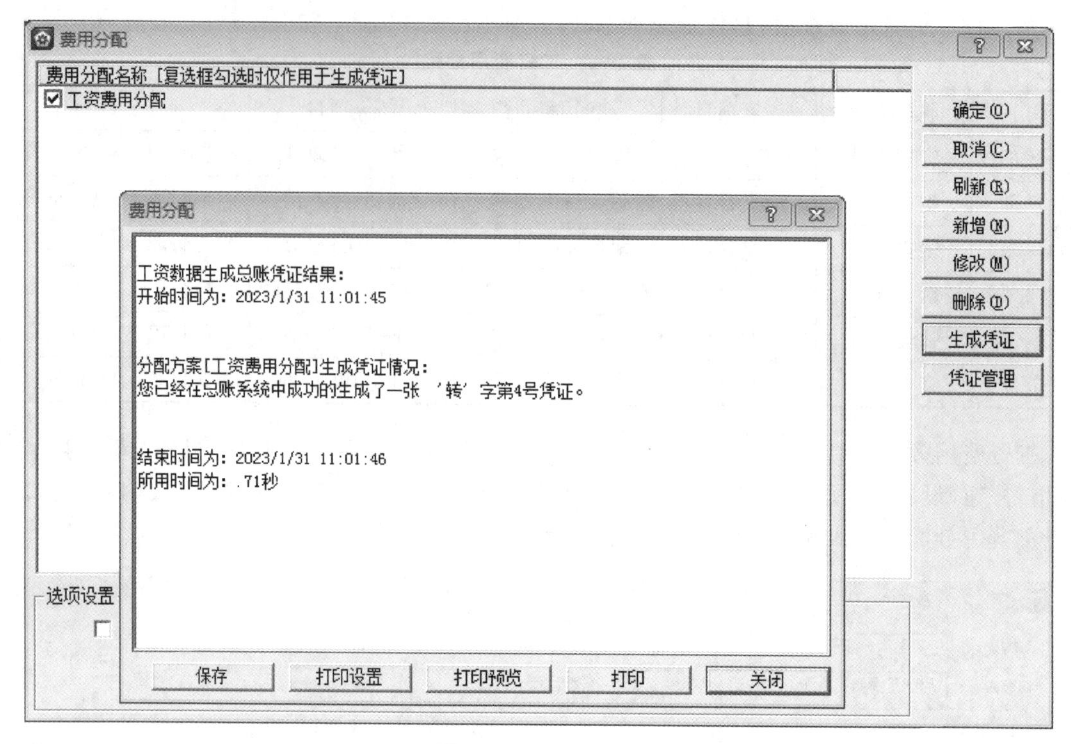

图 10-22　生成凭证

☆ 思政案例(一)

国家税务总局关于贯彻执行提高个人所得税有关专项附加扣除标准政策的公告

国家税务总局公告 2023 年第 14 号

根据《国务院关于提高个人所得税有关专项附加扣除标准的通知》(国发〔2023〕13 号,以下简称《通知》),现就有关贯彻落实事项公告如下:

一、3 岁以下婴幼儿照护、子女教育专项附加扣除标准,由每个婴幼儿(子女)每月 1 000 元提高到 2 000 元。

父母可以选择由其中一方按扣除标准的 100%扣除,也可以选择由双方分别按 50%扣除。

二、赡养老人专项附加扣除标准,由每月 2 000 元提高到 3 000 元,其中,独生子女每月扣除 3 000 元;非独生子女与兄弟姐妹分摊每月 3 000 元的扣除额度,每人不超过 1 500 元。

需要分摊享受的,可以由赡养人均摊或者约定分摊,也可以由被赡养人指定分摊。约定或者指定分摊的须签订书面分摊协议,指定分摊优先于约定分摊。

三、纳税人尚未填报享受 3 岁以下婴幼儿照护、子女教育、赡养老人专项附加扣除的,可以在手机个人所得税 APP 或通过扣缴义务人填报享受,系统将按照提高后的专项附加扣除标准计算应缴纳的个人所得税。

纳税人在 2023 年度已经填报享受 3 岁以下婴幼儿照护、子女教育、赡养老人专项附加扣除的,无需重新填报,系统将自动按照提高后的专项附加扣除标准计算应缴纳的个人所得税。纳税人对约定分摊或者指定分摊赡养老人专项附加扣除额度有调整的,可以在手机个人所得税

APP 或通过扣缴义务人填报新的分摊额度。

四、《通知》发布前，纳税人已经填报享受专项附加扣除并扣缴个人所得税的，多缴的税款可以自动抵减纳税人本年度后续月份应纳税款，抵减不完的，可以在 2023 年度综合所得汇算清缴时继续享受。

五、纳税人对专项附加扣除信息的真实性、准确性、完整性负责，纳税人情况发生变化的，应当及时向扣缴义务人或者税务机关报送新的专项附加扣除信息。对虚假填报享受专项附加扣除的，税务机关将按照《中华人民共和国税收征收管理法》《中华人民共和国个人所得税法》等有关规定处理。

六、各级税务机关要切实提高政治站位，积极做好政策解读、宣传辅导和政策精准推送工作，便利纳税人享受税收优惠，确保减税红利精准直达。

七、个人所得税专项附加扣除标准提高涉及的其他管理事项，按照《国务院关于印发个人所得税专项附加扣除暂行办法的通知》(国发〔2018〕41 号)、《国家税务总局关于修订发布〈个人所得税专项附加扣除操作办法(试行)〉的公告》(2022 年第 7 号)等有关规定执行。

八、本公告自 2023 年 1 月 1 日起施行。

特此公告。

国家税务总局

2023 年 8 月 30 日

(原文来源：中国政府网。)

【总结】提高个人所得税专项附加扣除标准的政策体现了中国特色社会主义"以人民为中心"的制度优势，增强了我们的民族自豪感和为国奉献的责任担当。我们应知法、懂法、守法，形成法治观念，精进技能，诚信做事。

☆ 思政案例(二)

企业的薪酬管理重要吗?

薪酬管理是企业整体人力资源管理体系的重要组成部分。薪酬是指员工向其所在单位提供所需要的劳动而获得的各种形式的补偿，是单位支付给员工的劳动报酬，薪酬包括经济性薪酬和非经济性薪酬两大类，经济性薪酬分为直接经济性薪酬和间接经济性薪酬。

直接经济性薪酬是单位按照一定的标准以货币形式向员工支付的薪酬。间接经济性薪酬不直接以货币形式发放给员工，但通常可以给员工带来生活上的便利，减少员工额外开支或者免除员工后顾之忧。非经济性薪酬是指无法用货币等手段来衡量，但会给员工带来心理愉悦效用的一些因素。

绩效管理综合激励模型认为：员工的努力会促进工作绩效提升，工作绩效提升会得到组织奖励，组织奖励会使员工满意，员工感到满意后会继续努力工作，这样就完成了一个绩效管理综合激励循环。但上述这个闭环系统的实现是有条件的，需要以下各个方面的支撑。任何一个方面出现问题，绩效管理综合激励循环就会中断，激励将不会发挥应有的作用。

目标效价有吸引力和期望值高是员工努力工作的前提。在组织环境没有引起员工不满意的情况下，根据期望理论，员工对一个事件的投入程度跟目标效价和期望值有关，如果目标达成获得的激励对员工没有吸引力，那么员工工作积极性就会受影响，如果目标达成对员工来说不切合实际,员工没有信心达成目标,那么这样的激励对员工就犹如水中月、镜中花,员工也不会为不可能的事情而竭尽全力。

在对员工进行工作目标设定的时候,一定要切合实际,使目标有挑战性,同时有实现的可能。另外要让员工认识到,只要努力是一定可以达成目标的,组织也会尽全力支持员工达成目标。在对员工制定激励措施的时候,一定要考虑激励措施对员工有吸引力,如果没有吸引力,就不会达到激励的效果。不同类型的人员,可以设置不同的工资类别,进行不同形式的工资核算,以达到激励的目的。

【总结】《中华人民共和国社会保险法》《住房公积金管理条例》等明确了工资项目中社会保险费和住房公积金的计算规定。职企共缴、缴费基数设置上下限、扣缴比率设置等,展示了保险制度设计既能调节贫富差距,又能保证低收入人群可以获得基本生活保障的优越性和科学性。企业应加强薪酬管理,依法为员工缴纳各项税费。

【章末习题】

一、单项选择题

1. 在工资管理系统中,定义职工个人银行账号的主要作用是(　　)。

A. 缴纳个人所得税　　B. 缴纳工会会费

C. 银行代发工资　　D. 到银行提取现金

2. 下列各项中,不属于变动工资数据的是(　　)。

A. 考勤数据　　B. 产品工时　　C. 职称工资　　D. 事假扣款

3. 下列关于工资管理系统功能的表述中,不正确的是(　　)。

A. 不能提供编制工资分配记账凭证的入账功能

B. 提供工资表和工资计算方法的设计功能

C. 提供职工应发工资和实发工资的计算功能

D. 不是每个工资项目都需要每月重新录入

二、多项选择题

1. 下列关于工资管理系统功能的表述中,正确的有(　　)。

A. 工资项目设计任务　　B. 完成工资计算任务

C. 完成工资分配任务　　D. 完成工资分配记账凭证的编制任务

2. 定义工资计算公式可以通过选择(　　)。

A. 类别代码　　B. 工资项目　　C. 运算符　　D. 函数

3. 下列关于工资管理系统的操作流程中,表述正确的有(　　)。

A. 提供编制工资费用分配记账凭证的入账功能

B. 提供职工应发工资和实发工资的计算功能

C. 提供职工基本资料,每月更新资料,批量更新资料的灵活输入功能

D. 提供工资表和工资计算方法的设计功能

三、判断题

1. 在电算化会计核算中,软件可以根据基础数据计算出每个员工应发工资、实发工资、所得税等数据。　　(　　)

2. 在工资核算模块的初始化设置中，应当先设置好工资项目，然后才能定义工资计算公式。（　）

3. 在工资核算模块中，基础工资数据可以不用每月输入，变动数据必须每月输入。（　）

4. 定义工资费用的分配关系，可以设置多个不同方案。实际分配工资时，根据不同的情况应用不同的方案。（　）

5. 企业使用工资核算模块，可以让一部分工资费用由软件自动分配并生成记账凭证，另一部分工资费用仅由软件计算，其分配和编制凭证由手工完成。（　）

四、操作题

1. 工资项目。

工资类别名称：全体员工。工资项目包括：基本工资、岗位津贴、加班工时、加班工资、公积金、应发合计、病假天数、病假扣款、事假天数、事假扣款、代扣税、实发合计。其中清零项目有：病假天数、病假扣款、事假天数、事假扣款。

2. 计算公式。

①病假扣款＝病假天数×基本工资÷21×0.6。

②事假扣款＝事假天数×基本工资÷21。

③公积金＝基本工资×0.1。

④加班工资＝加班工时×100。

⑤应发合计＝基本工资＋岗位津贴＋加班工资－病假扣款－事假扣款。

⑥实发合计＝应发合计－公积金－代扣税。

其中，计算个人所得税的扣税项目为“应发合计”，每个职员需选择“征收个人所得税”，扣税标准：扣税起点为每月 5 000 元。个人所得税的征收会随着国家个人所得税相关规定的改变而改变，具体请参照当前的法规确定。

员工工资项目资料见表 10-3 所示。

表 10-3　工资项目资料表

序号	职员代码	职员姓名	基本工资/元	加班工时/工时	岗位津贴/元	病假天数/天	事假天数/天
1	001	张亮	6 000	40	1 500	1	
2	002	学生姓名	7 000	30	1 500		
3	003	学生姓名 1	5 000	40	1 500		
4	004	学生姓名 2	5 500	40	1 500		2
5	005	学生姓名 3	5 500	30	1 500		
6	006	李芳	5 000	30	2 000	1	
7	007	王燕	5 500	30	2 000		
8	008	赵智	5 000	30	1 500		
9	009	肖敏	5 500	30	1 500		2

3. 工资费用分配。

工资费用分配凭证项目设置如表 10-4 所示。

表 10-4 工资费用分配

部门	职员类别	工资项目	费用科目	核算项目	工资科目
行政部	管理人员	应发合计	管理费用-工资	(部门)行政部	应付职工薪酬-工资
生产部	生产人员	应发合计	制造费用-工资	(部门)生产部	应付职工薪酬-工资
销售一部	销售人员	应发合计	销售费用-工资	(部门)销售一部	应付职工薪酬-工资
销售二部	销售人员	应发合计	销售费用-工资	(部门)销售二部	应付职工薪酬-工资
采购部	管理人员	应发合计	管理费用-工资	(部门)采购部	应付职工薪酬-工资
财务部	管理人员	应发合计	管理费用-工资	(部门)财务部	应付职工薪酬-工资

要求:进行工资设置并输入数据。

第11章

应收应付管理的操作原理与基本流程

☆ **学习目标**

通过本章的学习，理解应收应付业务与销售管理系统、采购管理系统和账务处理系统的关系；掌握应收应付系统基础设置和初始数据录入，以及应收应付系统与销售管理系统、采购管理系统日常业务处理的操作流程。

☆ **课前思考**

你觉得一款核算型财务软件必须要有应收应付系统吗？应收应付系统与销售管理系统、采购管理系统和账务处理系统是什么关系呢？

11.1 应收应付管理概述

应收应付系统是对由采购、销售等业务形成的往来账款、应收款项、应付款项、坏账等多种账务进行处理的系统，还可以对应收应付的信息进行查询和统计分析。

应收款是指在企业经营运作下，通过销售商品或提供服务，应向还未向购货单位或接受劳务的单位收取的款项。应收款主要体现在企业与客户之间的业务往来中，通过客户的信用值，企业同意在将来的某个时间点为今天提供的商品或服务收取相应费用。

应付款是指在企业经营运作下，由于购买原材料、设备或接受服务等，应向还未向供货单位或劳务单位所支付的款项。应付款主要体现在企业与供应商之间的业务往来中，可以根据应付款业务对相应的付款信息进行统计分析，以及进行后续账表输出、月末处理等业务。

11.1.1 应收款管理的主要内容

1) 单据处理

(1) 应收单据处理。

企业的应收款来源于销售发票(包括专用发票、普通发票)和其他应收单据。如果应收管理模块与销售管理模块同时使用,则销售发票必须在销售管理模块中填制,并在审核后自动传递给应收管理模块,在应收管理模块中只需录入未计入销售货款和税款的其他应收单数据(如代垫款项、运输装卸费、违约金等);企业如果不使用销售管理模块,则全部业务单据都必须在应收管理模块中录入。

应收管理模块具有对销售发票与其他应收单据的新增、修改、删除、查询、预览、打印、制单、审核记账以及其他处理功能。

(2) 收款单据处理。

收款单据用来记录企业收到的客户款项。收款单据处理主要是对收款单和预收单进行新增、修改、删除等操作。

(3) 单据核销。

单据核销主要用于建立收款与应收款的核销记录,加强往来款项的管理,同时核销日期也是账龄分析的重要依据。

2) 转账处理

(1) 应收冲应收。

应收冲应收是指将对一家客户的应收款转到另一家客户中。通过将应收款在客户之间转入、转出,实现应收业务的调整,解决应收款业务在不同客户间入错户和合并户等问题。

(2) 预收冲应收。

预收冲应收用于处理对客户的预收款和对该客户应收款的转账核销业务。

(3) 应收冲应付。

应收冲应付是指用对某客户的应收款冲抵对某供应商的应付款。通过应收冲应付,将应收款业务在客户和供应商之间进行转账,实现应收业务的调整,进行应收债权与应付债务的冲抵。

3) 票据管理

票据管理用来管理企业销售商品、提供劳务收到的银行承兑汇票或商业承兑汇票。对应收票据的处理主要是对应收票据进行新增、修改、删除及收款、退票、背书、贴现等操作。

4) 坏账处理

(1) 坏账准备计提。

坏账准备计提是系统根据用户在初始设置中选择的坏账准备计提方法,自动计算坏账准备金额,并按用户设置的坏账准备科目,自动生成一张计提坏账的记账凭证。

(2) 坏账发生。

用户选定坏账单据并输入坏账发生的原因、金额后,系统将根据客户单位、单据类型查找业务单据,对所选的单据进行坏账处理,并自动生成一张坏账损失的记账凭证。

(3) 坏账收回。

坏账收回是指已确认为坏账的应收账款又被收回。一般处理方法是:当收回一笔坏账时,先填制一张收款单,其金额即为收回坏账的金额;然后根据客户代码查找并选择相应的坏账记录，系统自动生成相应的坏账收回记账凭证。

5）生成记账凭证

应收管理模块为每一种类型的收款业务编制相应的记账凭证，并将凭证传递到账务处理系统。

11.1.2 应付款管理的主要内容

1）单据处理

（1）应付单据处理。

企业的应付款来源于采购发票（包括专用发票、普通发票）和其他应付单据。如果应付管理模块与采购管理模块同时使用，采购发票必须在采购管理模块中填制，并在审核后自动传递给应付管理模块，应付管理模块中只需录入未计入采购货款和税款的其他应付单数据。企业如果不使用采购管理模块，则全部业务单据都必须在应付管理模块中录入。

应付管理模块具有对采购发票与其他应付单据的新增、修改、删除、查询、预览、打印、制单、审核记账以及其他处理功能。

（2）付款单据处理。

付款单据用来记录企业支付给供应商的款项。付款单据处理主要包括对付款单和预付单进行新增、修改、删除等操作。

（3）单据核销。

单据核销主要用于建立付款与应付款的核销记录，加强往来款项的管理，同时核销日期也是账龄分析的重要依据。

2）转账处理

（1）应付冲应付。

应付冲应付是指将对一家供应商的应付款转到另一家供应商中。通过将应付款业务在供应商之间转入、转出，实现应付业务的调整，解决应付款业务在不同供应商间入错户和合并户等问题。

（2）预付冲应付。

预付冲应付用于处理对供应商的预付款和对该供应商应付款的转账核销业务。

（3）应付冲应收。

应付冲应收是指用对某供应商的应付款，冲抵对某客户的应收款。通过应付冲应收，将应付款业务在供应商和客户之间进行转账，实现应付业务的调整，进行应付债务与应收债权的冲抵。

3）票据管理

票据管理用来管理企业因采购商品、接受劳务等而开出的商业汇票，包括银行承兑汇票和商业承兑汇票。对应付票据的处理主要是对应付票据进行新增、修改、删除及付款、退票等操作。

4）生成记账凭证

应付管理模块为每一种类型的付款业务编制相应的记账凭证，并将记账凭证传递到账务处理系统。

11.2 应付应付管理的应用流程

11.2.1 系统初始化

系统初始化主要包括客户和供应商基础资料和期初余额录入工作。基础资料设置包括客户和供应商分类与档案、收支设置,其中,客户、供应商档案可以在“基础设置”→“核算项目”中设置,也可以进入“应收应付”→“基础资料”→“客户”或“供应商”中进行设置,如图 11-1 所示。如果在“基础设置”→“核算项目”中设置了客户和供应商,这里就不需要重复设置了。

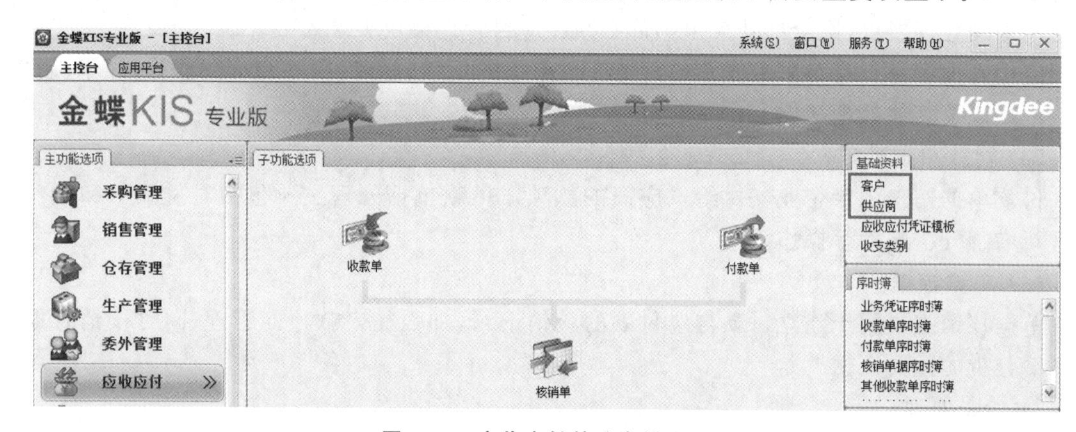

图 11-1 应收应付基础资料设置

应收款管理的初始余额需要进入“初始化”→“应收应付初始数据”中进行录入,如图 11-2 所示。在“应收应付初始数据”界面中对客户、供应商进行应收账款、预收账款、应付账款、预付账款的录入。

选中“客户”,单击“新增”按钮,在弹出界面的“客户代码”栏中按 F7 键,选择相应的客户,然后单击最后一列的“√”,弹出“应收应付初始余额录入-客户”的界面,在此界面中录入涉及客户的应收账款和预收账款的详细信息,如图 11-3 所示。

选中“供应商”,单击“新增”按钮,在弹出界面的“供应商代码”栏中按 F7 键,选择相应的供应商,然后单击最后一列的“√”,弹出“应收应付初始余额录入-供应商”的界面,在此界面中录入涉及供应商的应付账款和预付账款的详细信息,如图 11-4 所示。

应收应付初始数据录入完毕后,即可在“初始化”界面单击“启用业务系统”按钮。如果企业启用仓存管理、存货核算等系统,则需要录入存货初始数据、暂估入库单和未核销出库单等信息。

11.2.2 销售管理的应用

1) 销售报价单

以销售人员的身份在“销售管理”中单击“销售报价”按钮,在弹出的界面中填写购货单位、

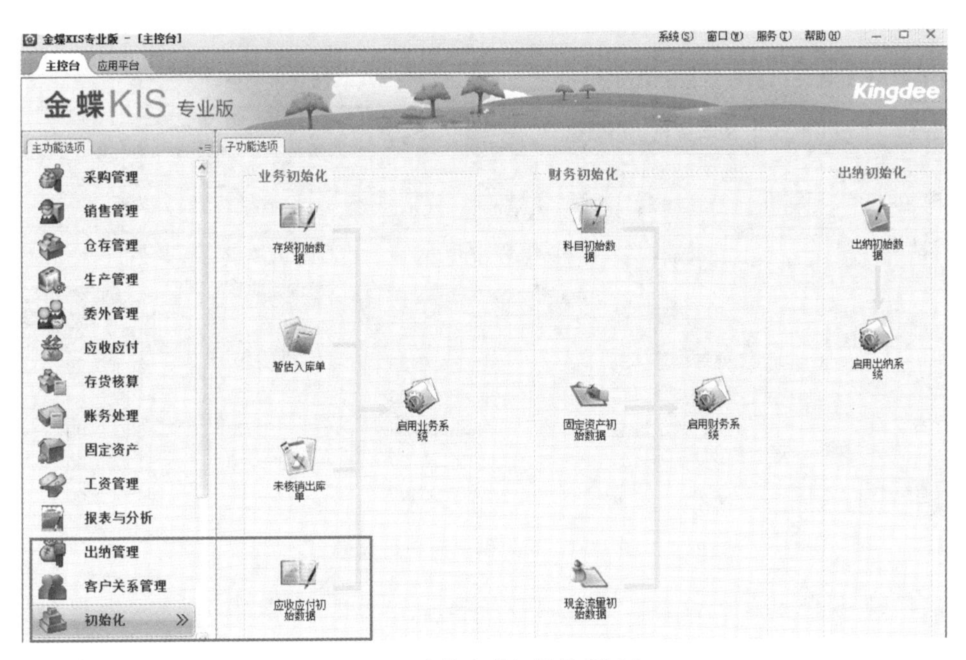

图 11-2 应收应付初始数据录入

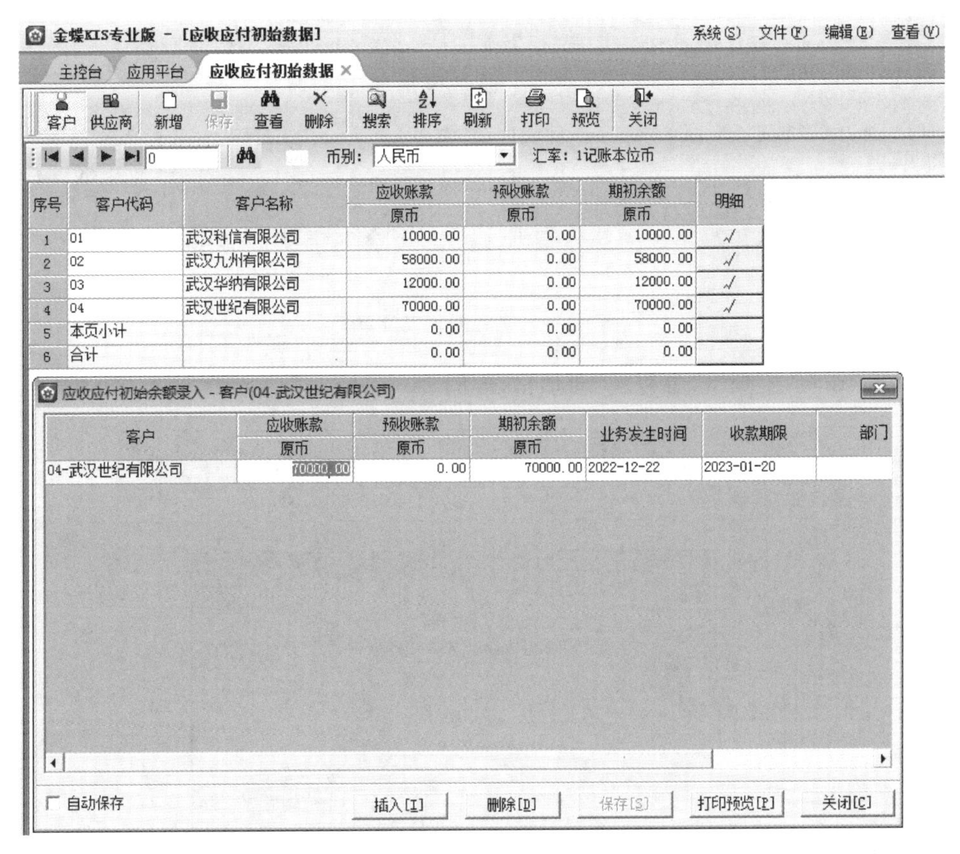

图 11-3 录入客户初始数据

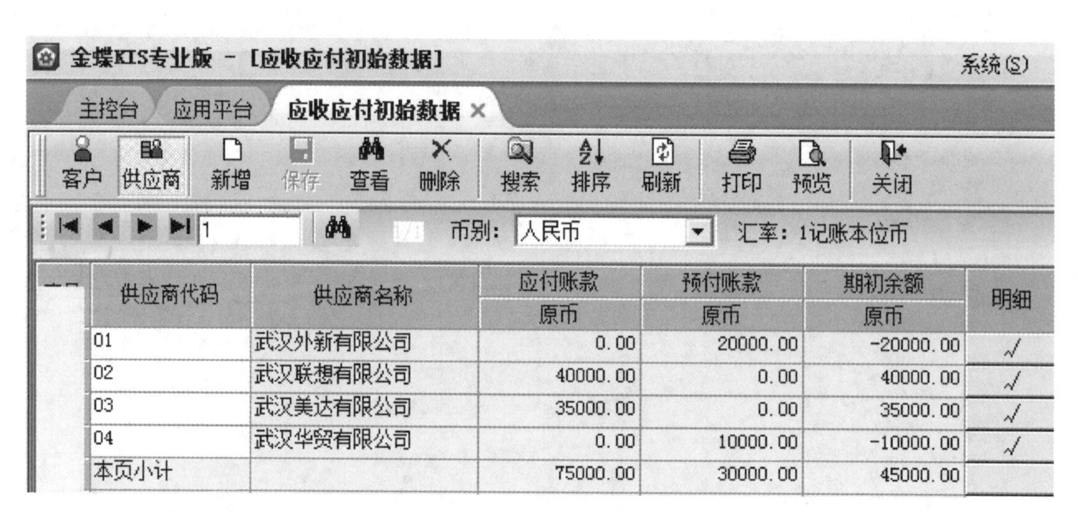

图 11-4　录入供应商初始数据

日期、产品代码、数量和单价等信息，如图 11-5 所示，然后单击“保存”按钮。

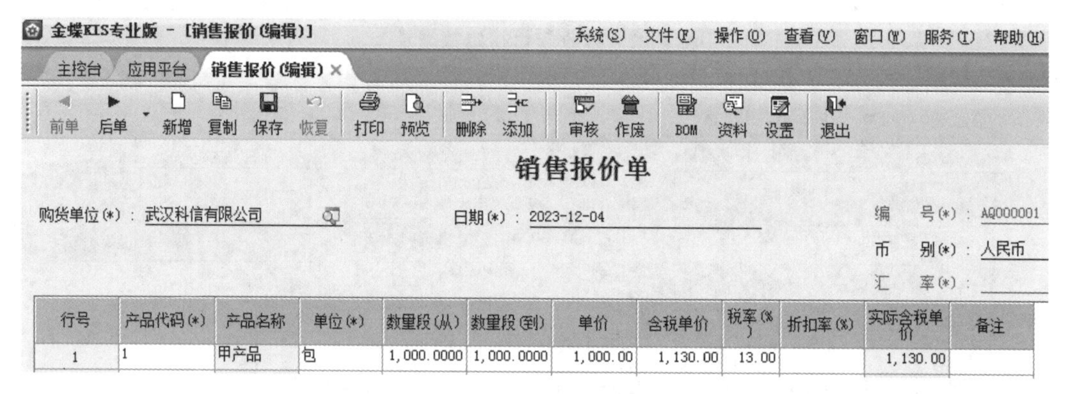

图 11-5　填写销售报价单

单击“审核”按钮，出现“信息提示”对话框，如图 11-6 所示。

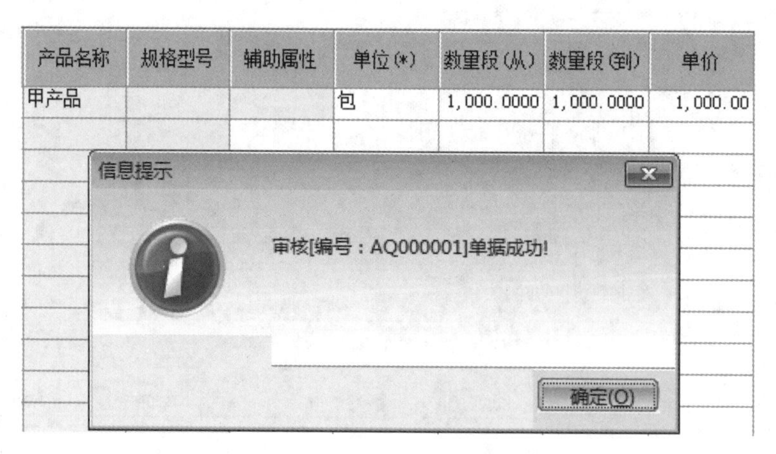

图 11-6　审核销售报价单

2）销售订单

销售订单签订后，应单击“销售管理”→“销售订单”，填写产品代码、产品名称、税率、交货日期等信息，如图11-7所示，然后单击“保存”按钮。

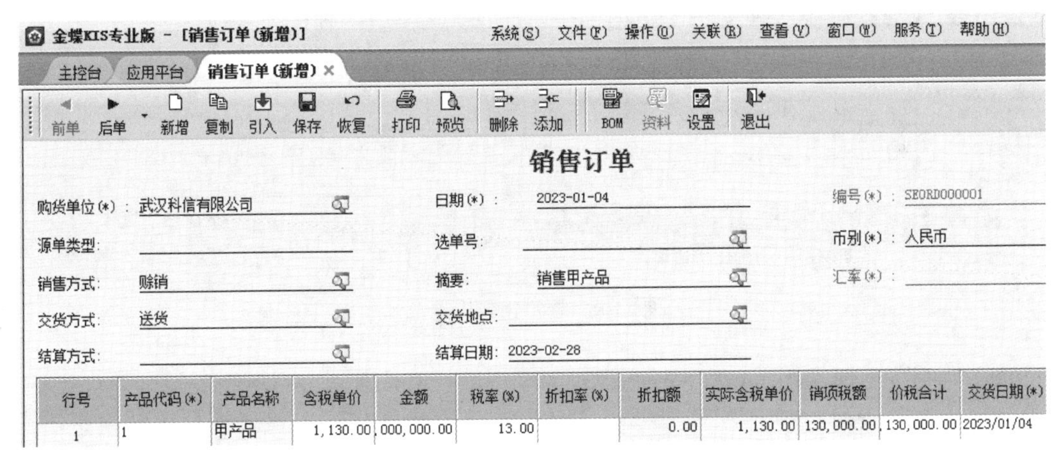

图 11-7 填写销售订单

单击“审核”按钮，审核后的销售订单如图11-8所示。

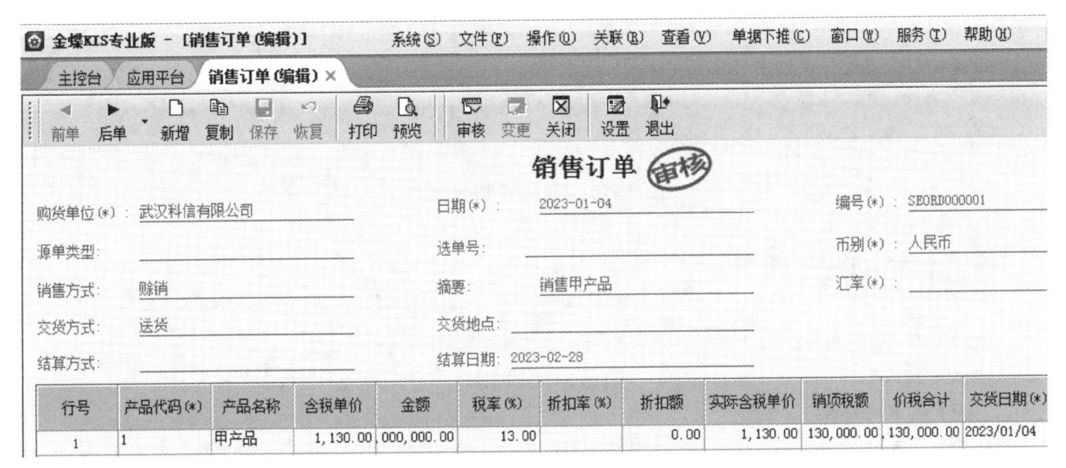

图 11-8 审核销售订单

3）销售出库单

根据销售订单，填写销售出库单，如图11-9所示，然后单击“保存”按钮。

单击“审核”按钮，审核后的销售出库单如图11-10所示。

4）销售发票

根据销售订单，填写销售发票，如图11-11所示。然后，进行销售发票信息的审核，无误则单击“审核”按钮即可。

如若企业进行严格的库存管理，则应启用存货核算系统。销售业务凭证的生成应在存货核算系统中单击“业务生成凭证”按钮完成。业务凭证模板有误的，需先修改业务凭证模板。

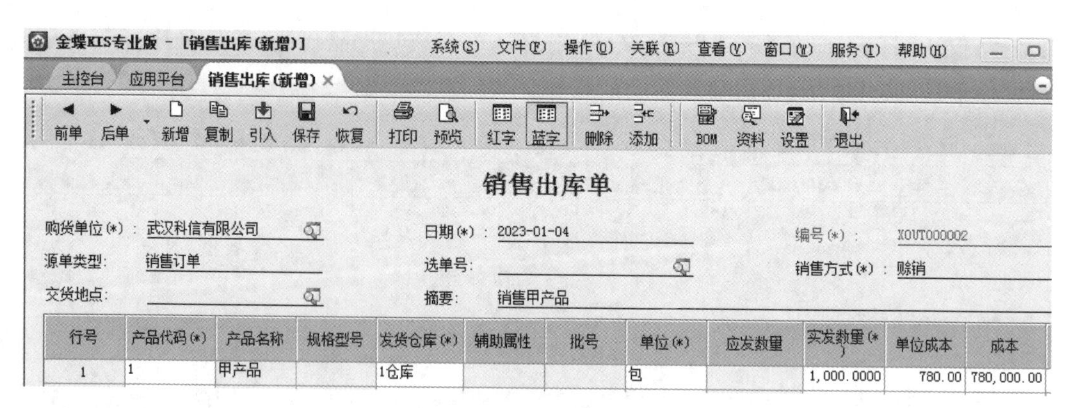

图 11-9 填写销售出库单

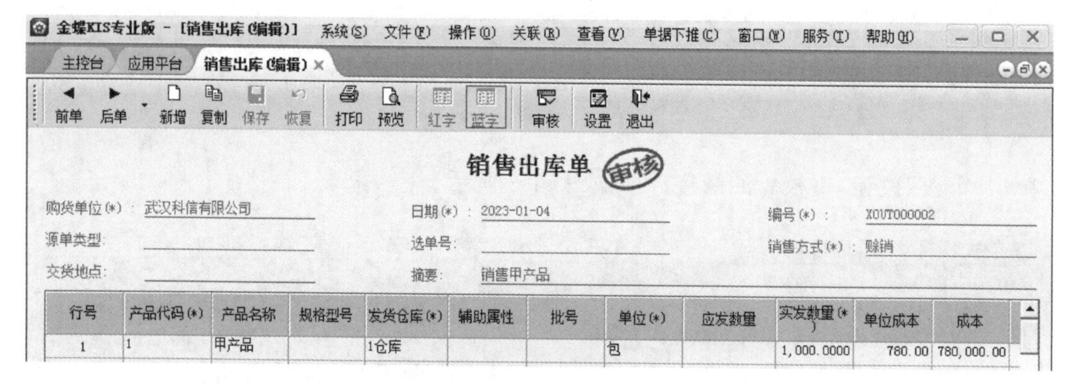

图 11-10 审核销售出库单

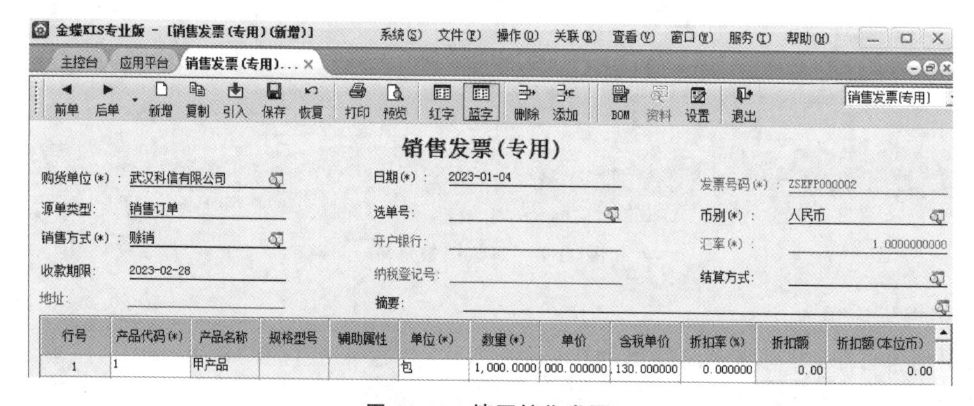

图 11-11 填写销售发票

11.2.3 采购管理的应用

1) 采购订单

以采购人员的身份在“采购管理”中单击“采购订单”按钮，在弹出的界面中填写供应商、日期、物料代码、数量和单价等信息，如图 11-12 所示，然后单击“保存”按钮。

核对无误的情况下，单击“审核”按钮。

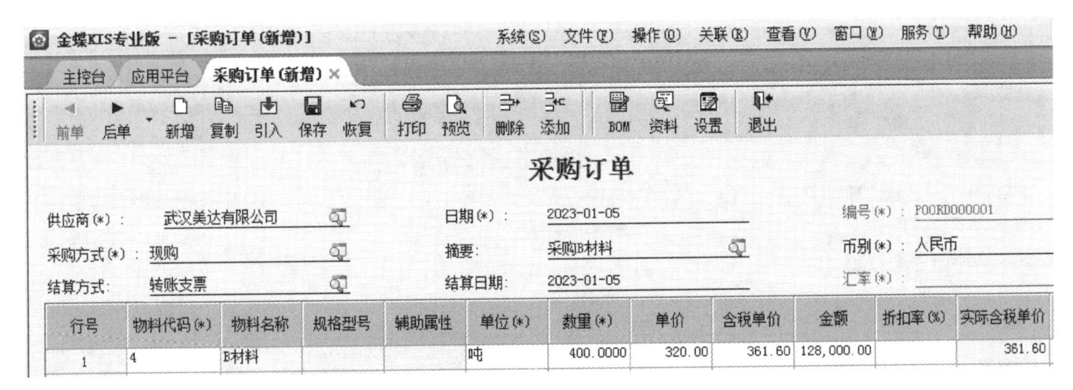

图 11-12　填写采购订单

2）采购入库

以采购人员的身份在“采购管理”中单击“采购入库”按钮，在弹出的界面中填写采购入库的单据，如图 11-13 所示，然后，单击“保存”按钮。

图 11-13　填写采购入库单

核对无误的情况下，单击“审核”按钮。

3）采购发票

以采购人员的身份在“采购管理”中单击“采购发票”按钮，在弹出的界面中填写采购发票的单据，如图 11-14 所示，然后，单击“保存”按钮。

核对无误的情况下，单击“审核”按钮。

采购业务凭证的生成应在存货核算系统中单击“业务生成凭证”按钮完成。业务凭证模板有误的，需先修改业务凭证模板。

11.2.4　应收应付管理的应用

1）收到应收款项的处理

当本期收到应收账款的款项时，由会计人员单击“应收应付”→“收款单”按钮，在弹出的界面中填写客户、日期、收款类型、结算方式、结算号等；在表体中填写源单编号时，需按 F7 键，在弹出的界面中进行选择，如图 11-15 所示，然后，单击“保存”按钮，核对无误的情况下，单击“审核”按钮，如图 11-16 所示。

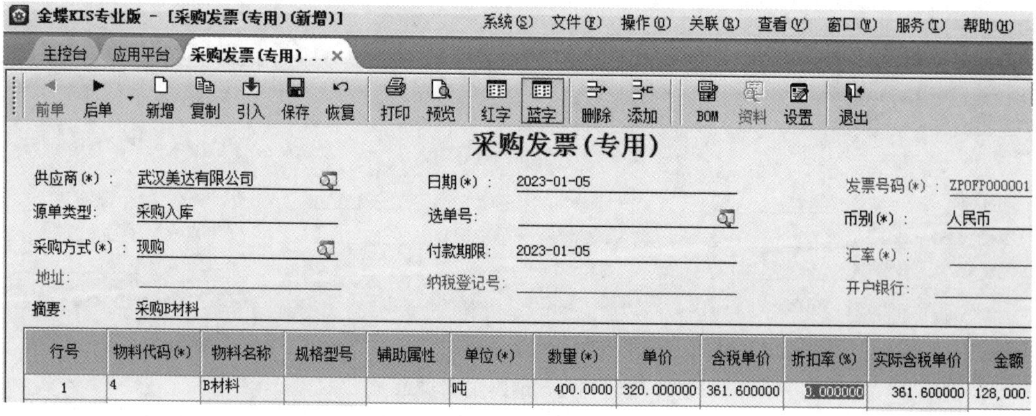

金蝶KIS专业版 - [采购发票(专用)(新增)] 系统(S) 文件(F) 操作(O) 关联(R) 查看(V) 窗口(W) 服务(T) 帮助(H)

主控台 应用平台 采购发票(专用)...

前单 后单 新增 复制 引入 保存 恢复 打印 预览 红字 蓝字 删除 添加 BOM 资料 设置 退出

采购发票(专用)

供应商(*): 武汉美达有限公司　日期(*): 2023-01-05　发票号码(*): ZPOFP000001

源单类型: 采购入库　选单号:　币别(*): 人民币

采购方式(*): 现购　付款期限: 2023-01-05　汇率(*):

地址:　纳税登记号:　开户银行:

摘要: 采购B材料

行号	物料代码(*)	物料名称	规格型号	辅助属性	单位(*)	数量(*)	单价	含税单价	折扣率(%)	实际含税单价	金额
1	4	B材料			吨	400.0000	320.000000	361.600000	0.000000	361.600000	128,000.

图 11-14　填写采购发票

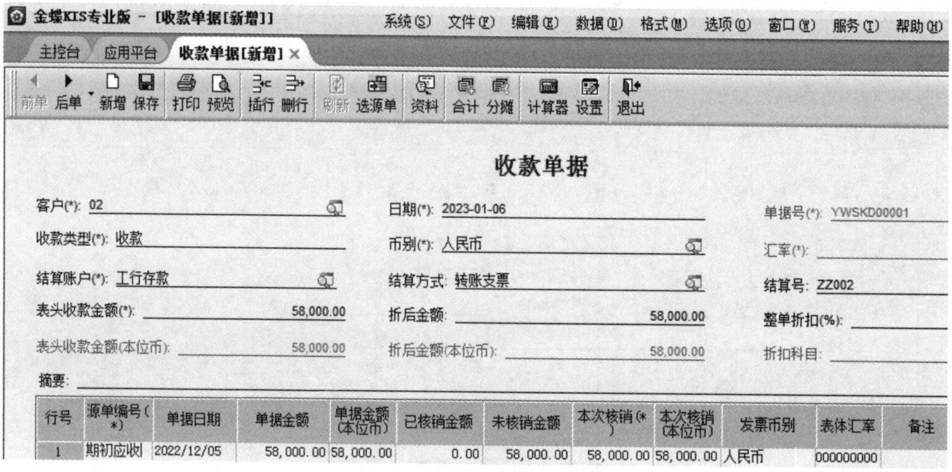

金蝶KIS专业版 - [收款单据[新增]] 系统(S) 文件(F) 编辑(E) 数据(D) 格式(M) 选项(O) 窗口(W) 服务(T) 帮助(H)

主控台 应用平台 收款单据[新增]

前单 后单 新增 保存 打印 预览 插行 删行 刷新 选源单 资料 合计 分摊 计算器 设置 退出

收款单据

客户(*): 02　日期(*): 2023-01-06　单据号(*): YWSKD00001

收款类型(*): 收款　币别(*): 人民币　汇率(*):

结算账户(*): 工行存款　结算方式: 转账支票　结算号: ZZ002

表头收款金额(*): 58,000.00　折后金额: 58,000.00　整单折扣(%):

表头收款金额(本位币): 58,000.00　折后金额(本位币): 58,000.00　折扣科目:

摘要:

行号	源单编号(*)	单据日期	单据金额	单据金额(本位币)	已核销金额	未核销金额	本次核销(*)	本次核销(本位币)	发票币别	表体汇率	备注
1	期初应收	2022/12/05	58,000.00	58,000.00	0.00	58,000.00	58,000.00	58,000.00	人民币	000000000	

图 11-15　填写收款单据(1)

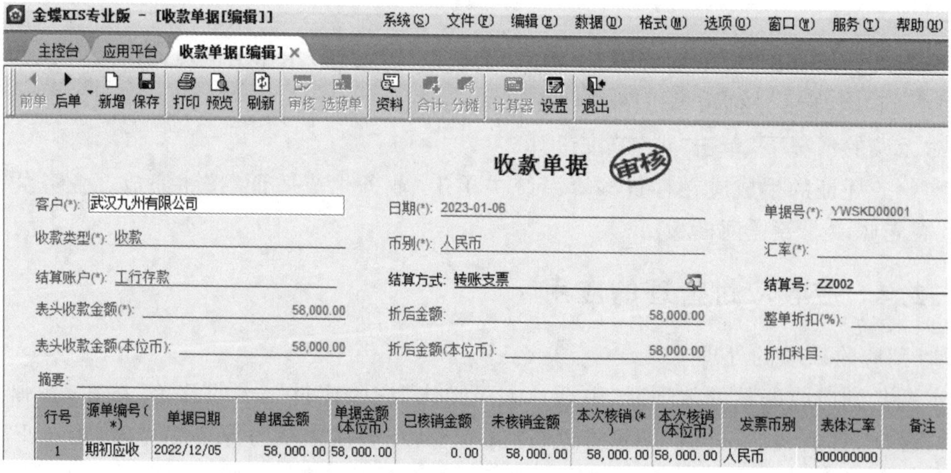

金蝶KIS专业版 - [收款单据[编辑]] 系统(S) 文件(F) 编辑(E) 数据(D) 格式(M) 选项(O) 窗口(W) 服务(T) 帮助(H)

主控台 应用平台 收款单据[编辑]

前单 后单 新增 保存 打印 预览 刷新 审核 选源单 资料 合计 分摊 计算器 设置 退出

收款单据 审核

客户(*): 武汉九州有限公司　日期(*): 2023-01-06　单据号(*): YWSKD00001

收款类型(*): 收款　币别(*): 人民币　汇率(*):

结算账户(*): 工行存款　结算方式: 转账支票　结算号: ZZ002

表头收款金额(*): 58,000.00　折后金额: 58,000.00　整单折扣(%):

表头收款金额(本位币): 58,000.00　折后金额(本位币): 58,000.00　折扣科目:

摘要:

行号	源单编号(*)	单据日期	单据金额	单据金额(本位币)	已核销金额	未核销金额	本次核销(*)	本次核销(本位币)	发票币别	表体汇率	备注
1	期初应收	2022/12/05	58,000.00	58,000.00	0.00	58,000.00	58,000.00	58,000.00	人民币	000000000	

图 11-16　审核收款单据(1)

2）收到预收款项的处理

以会计人员的身份在“应收应付”中单击“收款单”按钮，填写收款单据，如图 11-17 所示，然后，单击“保存”按钮。

核对无误的情况下，单击“审核”按钮，如图 11-18 所示。

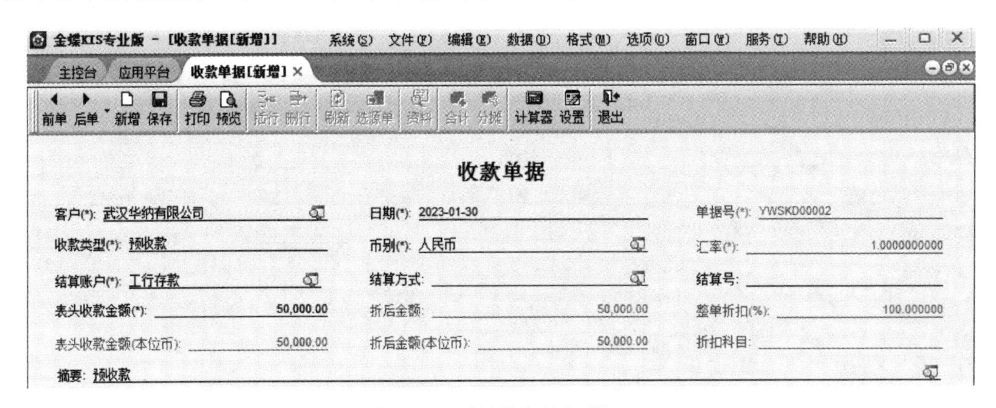

图 11-17 填写收款单据(2)

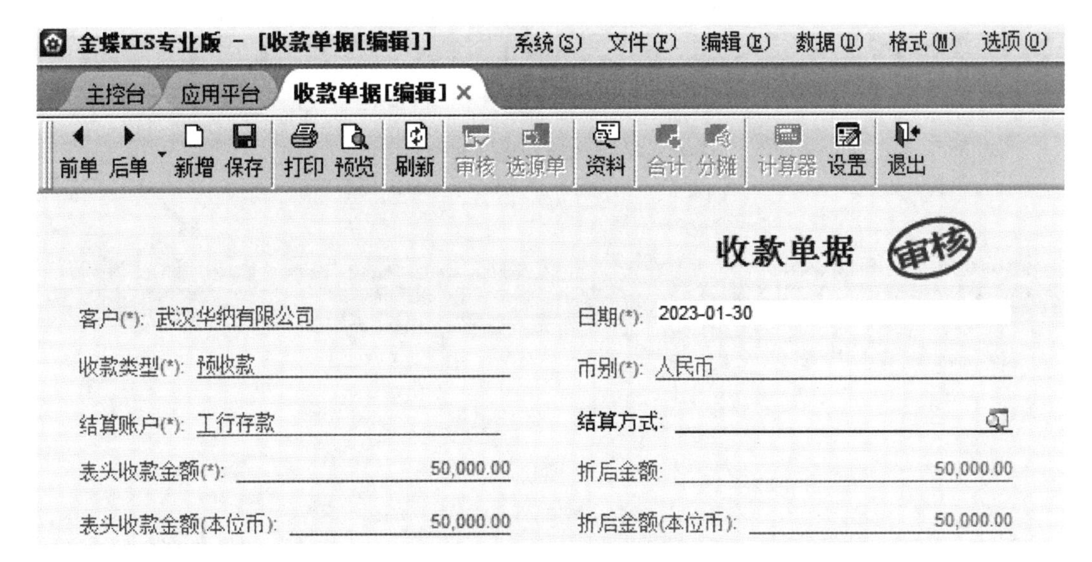

图 11-18 审核收款单据(2)

3）支付采购款项的处理

当采购原材料后，应由会计人员在“应收应付”中单击“付款单”按钮，在弹出的界面中填写供应商、日期、付款类型、结算方式等信息；在表体中填写单据编号时，应按 F7 键，在弹出的界面中进行选择，如图 11-19 所示。

根据源单金额填写“付款单据”中的“表头付款金额”项，如图 11-20 所示，然后，单击“保存”按钮。检查无误后，单击“审核”按钮。

4）支付预付账款的处理

以会计人员的身份在“应收应付”中单击“付款单”按钮，填写付款单据，如图 11-21 所示，然后，单击“保存”按钮。

金蝶KIS专业版 - [付款单据[新增]]　系统(S) 文件(F) 编辑(E) 数据(D) 格式(M) 选项(O) 窗口(W) 服务(T) 帮助(H)

主控台 应用平台 付款单据[新增]

前单 后单 新增 保存 打印 预览 插行 删行 刷新 选源单 资料 合计 分摊 计算器 设置 退出

付款单据

供应商(*): 武汉美达有限公司　日期(*): 2023-01-05　单据号(*): YWFKD00001

付款类型(*): 付款　币别(*): 人民币　汇率(*):

结算账户(*): 工行存款　结算方式: 转账支票　结算号: ZZ001

表头付款金额(*): 0.00　折后金额: 0.00　整单折扣(%):

表头付款金额(本位币): 0.00　折后金额(本位币): 0.00　折扣科目:

付款源单

打印 预览 过滤 刷新 返回 计算器 冻结列 退出

付款源单　共计:2条记录(取数时间:0.13秒)

单据类型	采购方式	单据编号	供应商	日期	摘要	币别	汇率	单据金额(原币)	单据金额(本位币)	已核销金额(原币)	未核销金额(原币)	部门	业务员
期初应付			武汉美达有	2022/12/1:		人民币	1.00	35,000.00	35,000.00	0.00	35,000.00		
采购发票(	现购	ZPOFP0000	武汉美达有	2023/01/0	采购B材料	人民币	1.00	44,640.00	44,640.00	0.00	44,640.00		
合计								79,640.00	79,640.00	0.00	79,640.00		

图 11-19　填写付款单据(1)

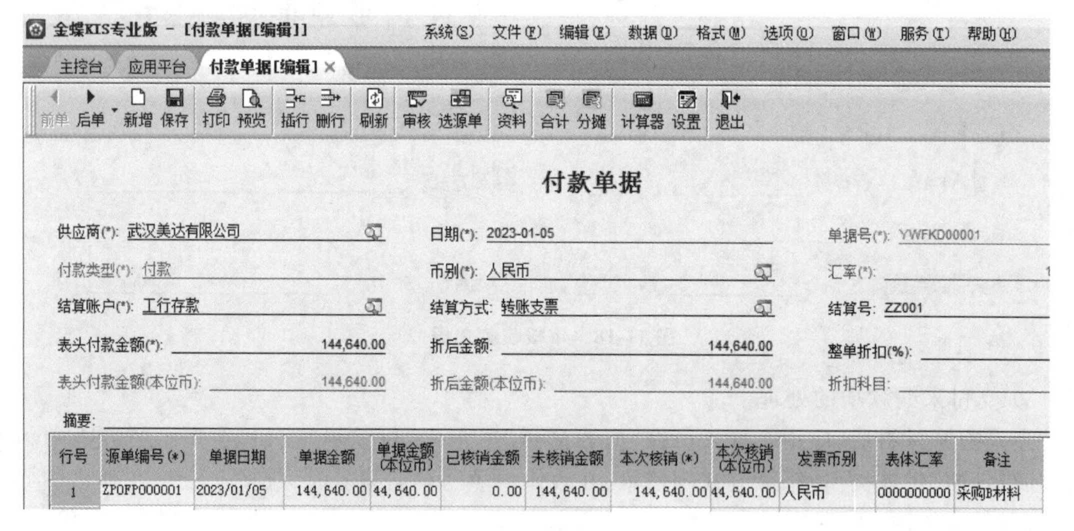

图 11-20　填写付款单据(2)

核对无误的情况下,单击“审核”按钮,如图 11-22 所示。

5) 应收应付生成凭证

在“应收应付”界面的右上角,单击“基础资料”下的“应收应付凭证模板”选项,如图 11-23 所示。

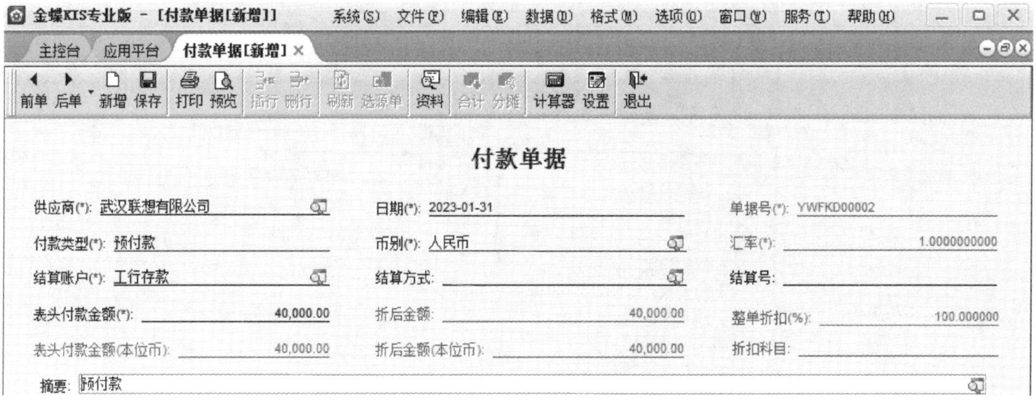

金蝶KIS专业版 - [付款单据[新增]]　系统(S)　文件(F)　编辑(E)　数据(D)　格式(M)　选项(O)　窗口(W)　服务(T)　帮助(H)

主控台　应用平台　付款单据[新增]

前单　后单　新增　保存　打印　预览　插行　删行　刷新　选源单　资料　合计　分摊　计算器　设置　退出

付款单据

供应商(*): 武汉联想有限公司　日期(*): 2023-01-31　单据号(*): YWFKD00002

付款类型(*): 预付款　币别(*): 人民币　汇率(*): 1.0000000000

结算账户(*): 工行存款　结算方式:　结算号:

表头付款金额(*): 40,000.00　折后金额: 40,000.00　整单折扣(%): 100.000000

表头付款金额(本位币): 40,000.00　折后金额(本位币): 40,000.00　折扣科目:

摘要: 预付款

图 11-21　填写付款单据(3)

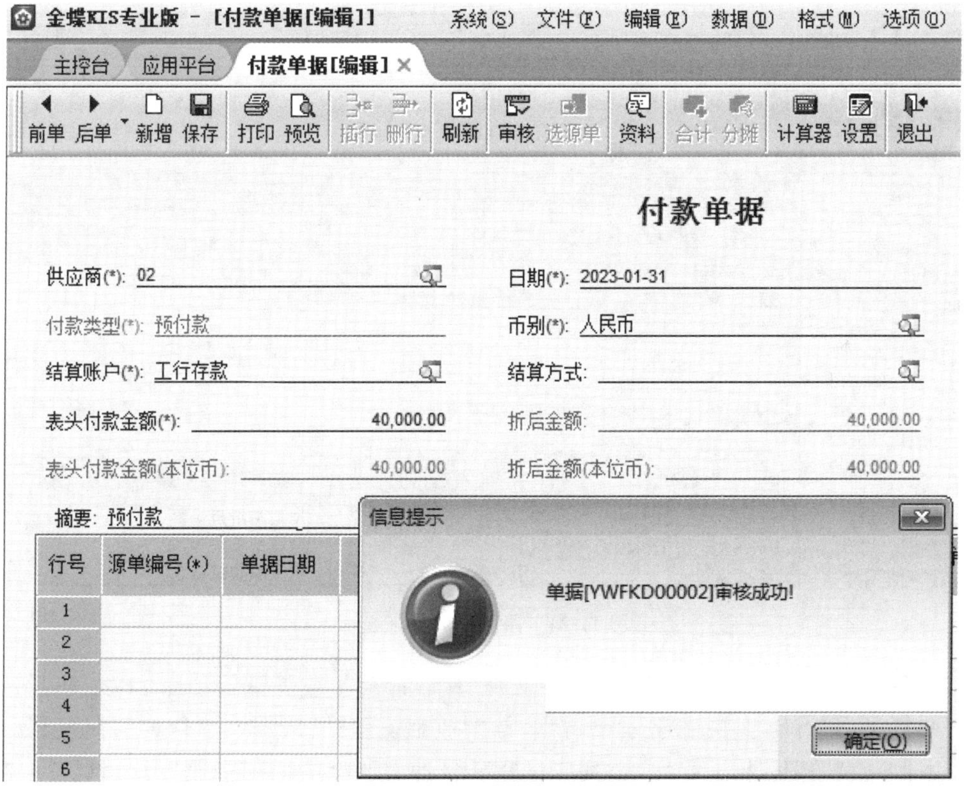

金蝶KIS专业版 - [付款单据[编辑]]　系统(S)　文件(F)　编辑(E)　数据(D)　格式(M)　选项(O)

主控台　应用平台　付款单据[编辑]

前单　后单　新增　保存　打印　预览　插行　删行　刷新　审核　选源单　资料　合计　分摊　计算器　设置　退出

付款单据

供应商(*): 02　日期(*): 2023-01-31

付款类型(*): 预付款　币别(*): 人民币

结算账户(*): 工行存款　结算方式:

表头付款金额(*): 40,000.00　折后金额: 40,000.00

表头付款金额(本位币): 40,000.00　折后金额(本位币): 40,000.00

摘要: 预付款

行号	源单编号(*)	单据日期
1		
2		
3		
4		
5		
6		

信息提示

单据[YWFKD00002]审核成功!

确定(O)

图 11-22　审核付款单据

选中“收款”,单击“修改”按钮,在弹出的界面中设置“凭证字”等项,如图 11-24 所示。修改完成后,单击“保存”按钮。

对企业经济业务涉及的事务类型,均应进行凭证模板的设置。

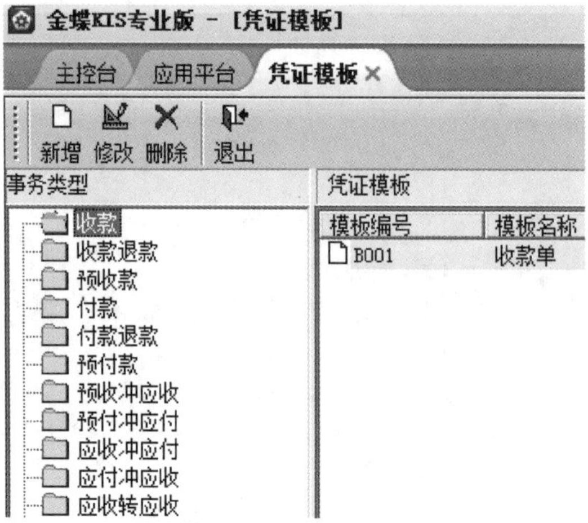

图 11-23　应收应付凭证模板

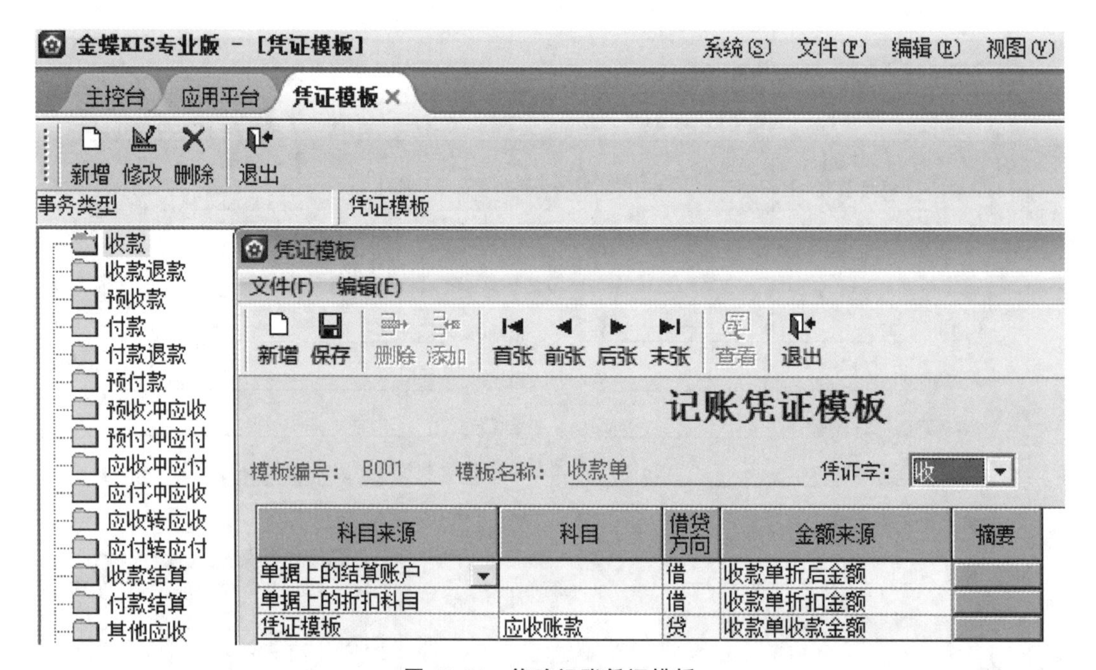

图 11-24　修改记账凭证模板

凭证模板设置完毕后，在“应收应付”中选择“应收应付生成凭证”，如图 11-25 所示，在弹出的“选择事务类型”对话框中，事务类型有“收款”“收款退款”“预收款”“付款”“付款退款”“预付款”“预收冲应收”“预付冲应付”“应收冲应付”“应付冲应收”“应收转应收”“应付转应付”“收款结算”“付款结算”“其他应收”“其他应付”，根据需要选择事务类型，然后单击“确定”按钮，如图 11-26 所示。

系统生成单据序时簿，单击“按单”按钮，则出现“生成凭证成功”的信息提示，如图 11-27 所示。

【操作提示】在进行相关数据的选择时，需检查填写信息的日期是否是当前期间。

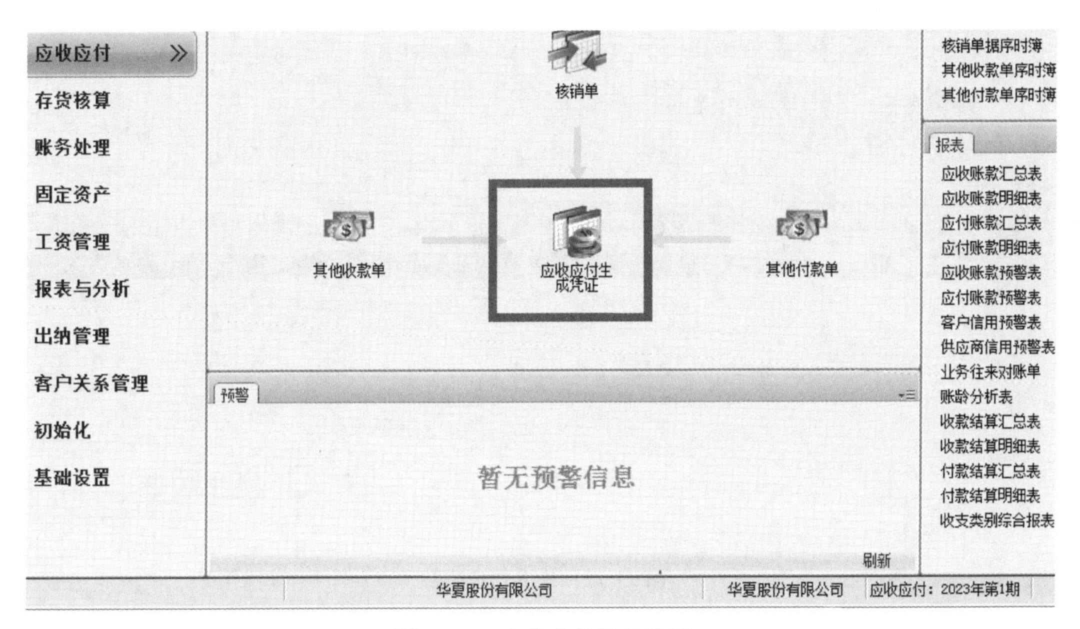

图 11-25　应收应付生成凭证

图 11-26　选择事务类型

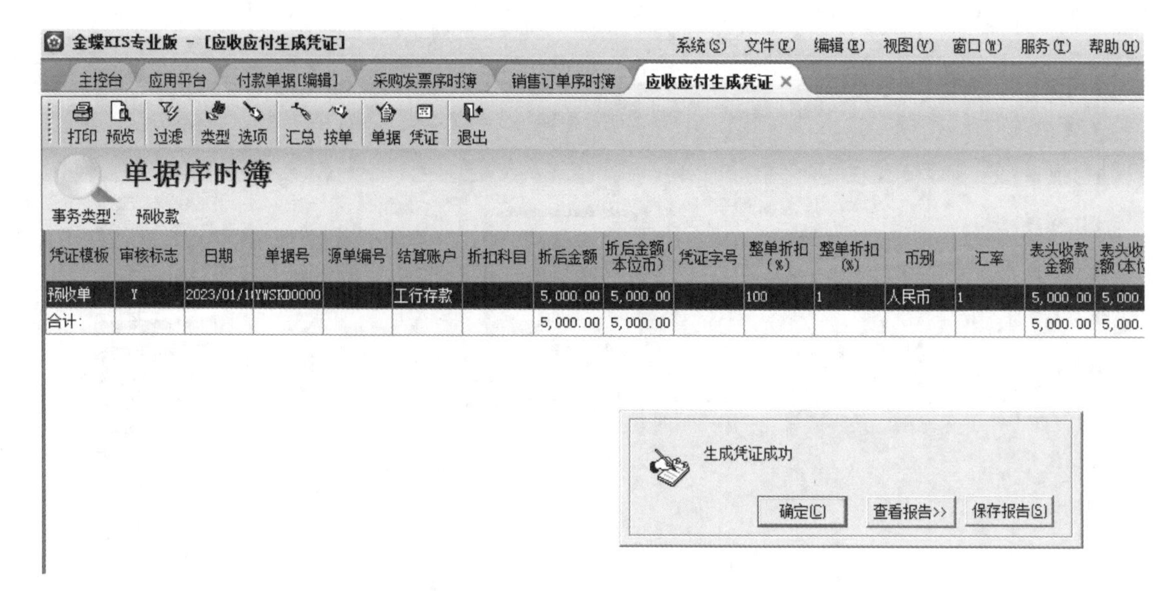

图 11-27 生成凭证成功

在选择事务类型时,应根据企业发生的经济业务分别单击“收款”“收款退款”“预收款”“付款”“付款退款”“预付款”等,按单生成相应的记账凭证,不能遗漏。可在账务处理系统中对记账凭证进行查询、审核等。

【思考题】

(1) 财务软件如何管理和跟踪应收款和应付款?它是否提供实时数据更新和报告生成功能?

(2) 应收款和应付款模块如何与其他财务模块集成,以提高整体财务管理效率?

(3) 财务软件如何帮助企业减少应收款的风险?例如,拖欠款项和坏账风险。它提供哪些预警机制和风险评估工具?

☆ 思政案例

广东榕泰的应收账款舞弊

应计项目,如应收应付款、预收预付款、其他应收应付款等,历来是分析财务舞弊、会计信息质量的重点科目。典型的学术研究应用以琼斯模型为代表的一系列模型,检测公司应计盈余管理程度。在财务管理领域,应计项目则是企业利用上下游资金的能力和商业信用情况的重要体现。但是随着交易造假类财务舞弊手法的增多,利用应计项目,特别是应收账款配合舞弊的手法也出现了一些新变化,如利用真实资金流虚构销售回款以减少应收账款,或利用保理、质押融资等业务将应收账款移出表外,从而对应收账款舞弊的识别和应对提出了新挑战。

2020 年,随着修订后的《中华人民共和国证券法》开始施行,监管层加强了对财务舞弊的惩处力度。2021 年 7 月,中国证监会通报了适用新《中华人民共和国证券法》的首批财务舞弊案件,其中,广东榕泰(600589)的财务舞弊被认定为造假手段隐蔽、利用新型或复杂金融工具的典型案例。尽管广东榕泰的舞弊金额相比于康美药业、康得新小得多,但其舞弊手法既涉及利用关联方虚构应收账款、虚增保理业务收入,又涉及虚减和隐藏应收账款的情形,不失为值得关注的新动向。

广东榕泰的财务舞弊问题始发于无法按时披露年报:2020年4月29日,广东榕泰因与审计机构、评估机构无法达成一致,无法按期披露2019年年报和2020年一季报,继而停牌,收到上交所的监管工作函。2020年5月21日,中国证监会决定对广东榕泰信息披露违法违规立案调查。2021年,广东榕泰收到中国证监会广东监管局行政处罚事先告知书和决定书。其中披露的问题包括:未按期披露年报;未披露关联关系、关联交易;利用关联方虚构销售回款减少应收账款,从而虚增利润;虚构应收账款保理业务虚增利润。值得关注的是,上市公司应真实披露各类公告,否则将被惩处。在中国证监会调查期间,广东榕泰曾就媒体报道的《广东榕泰疑隐瞒三大供应商关联关系2018年合计采购逾4.5亿元》进行澄清公告,这一澄清公告也被认定存在虚假记载。最终,作为首例适用新《中华人民共和国证券法》的案例,广东榕泰被处以300万元罚款,董事长被处以330万元罚款,财务总监和董事会秘书,以及多位监事、董事、独立董事被处以20万元至160万元不等的罚款,累计罚款1 450万元,远高于按旧《中华人民共和国证券法》规定对康美药业案件的累计顶格处罚。此外,广东榕泰还将面临投资者的民事索赔诉讼。

【总结】随着监管层的重视和审计质量的提升,审计报告、监管问询等外部预警类信息将具有更强的信息含量,注册会计师及外部报表使用者也可充分利用这类信息,更及时、更准确地识别财务舞弊。

【章末习题】

一、单项选择题

1. 应收应付系统的主要功能是对(　　)进行核算与管理。

A. 应收账款　　B. 应付账款　　C. 往来账款　　D. 预收账款

2. 应收应付系统中,以下单据不能生成凭证的是(　　)。

A. 已核销的单据　　B. 已审核的单据　　C. 未核销的单据　　D. 未审核的单据

3. 信用管理的对象包括(　　)。

A. 职员　　B. 客户和供应商　　C. 物料　　D. 部门

二、多项选择题

1. 关于应收应付系统的启用期间的说法中,正确的有(　　)。

A. 可以与总账相同也可以与总账不同

B. 必须与总账相同

C. 可以将初始数据传至总账初始数据中

D. 可以与供应链相同也可以不同

2. 应收款期末对账检查包括的内容有(　　)。

A. 当前期间没有审核的单据

B. 凭证与单据期间不一致的单据

C. 凭证金额与单据金额不一致的单据

D. 期末尚未进行凭证处理的单据

3. 关于坏账处理,正确的说法有(　　)。

A. 应收应付均包括坏账处理功能

B. 坏账收回时需要先录入收款单据,之后进行坏账收回处理

C. 关于坏账的记账凭证在凭证处理中完成

D. 坏账收回的收款单需要在凭证处理中生成凭证

三、判断题

1. 应收应付系统中只有设置了账龄区间才能进行账龄分析。 （　　）

2. 应收应付系统的初始数据不可以传递到总账，只能在总账系统中再录一次总额。（　　）

3. 收(付)款单，核销后将不能修改，若进行修改只能进行反核销、取消审核。 （　　）

4. 要取消已生成凭证的核销处理的业务执行反核销即可。 （　　）

5. 采用账龄分析法计提坏账准备时，可以分应收款与其他应收款两个项目进行计提，不同项目可以采用不同的计提比例。 （　　）

四、操作题

1. 应收应付初始数据资料。

(1) 客户期初数据。

应收账款——武汉科信有限公司；销售款 10 000 元；

业务发生时间——2024 年 12 月 1 日；收款期限——2025 年 2 月 10 日。

应收账款——武汉九州有限公司；销售款 58 000 元；

业务发生时间——2024 年 12 月 5 日；收款期限——2025 年 1 月 6 日。

应收账款——武汉华纳有限公司；销售款 12 000 元；

业务发生时间——2024 年 12 月 15 日；收款期限——2025 年 2 月 20 日。

应收账款——武汉世纪有限公司；销售款 70 000 元；

业务发生时间——2024 年 12 月 22 日；收款期限——2025 年 1 月 30 日。

预收账款——武汉江河有限公司；销售款 20 000 元；

业务发生时间——2024 年 12 月 22 日。

(2) 供应商期初数据。

应付账款——武汉联想有限公司；采购款 40 000 元；

业务发生时间——2024 年 12 月 14 日；付款期限——2025 年 2 月 20 日。

应付账款——武汉美达有限公司；采购款 35 000 元；

业务发生时间——2024 年 12 月 15 日；付款期限——2025 年 2 月 20 日。

预付账款——武汉外新有限公司；采购款 20 000 元；

业务发生时间——2024 年 12 月 22 日。

预付账款——武汉华贸有限公司；采购款 10 000 元；

业务发生时间——2024 年 12 月 28 日。

2. 销售管理日常业务资料。

(1) 2024 年 12 月 4 日，销售二部王燕与武汉科信有限公司签订甲产品的销售协议，销售单价为 1 000 元/包，数量为 1 000 包，增值税税率为 13%。货款和税款均未付。在填写出库单时，假定单位成本为每包 780 元。

(2) 2024 年 12 月 29 日，销售一部李芳与武汉华纳有限公司签订乙产品的销售协议，销售单价为 950 元/包，数量为 900 包，增值税税率为 13%。货款和税款均未付。

3. 采购管理日常业务资料。

(1) 2024 年 12 月 5 日，采购部从武汉美达有限公司采购 B 材料 400 吨，每吨 320 元，增值税税率为 13%，材料直接入库，货款通过银行转账支付，转账支票号为 ZZ001。

(2) 2024 年 12 月 31 日，采购部从武汉联想有限公司采购 A 材料 500 吨，每吨 460 元，增值税税率为 13%，材料直接入库，货款通过银行存款支付，转账支票号为 ZZ004。

4. 应收应付日常业务资料。

(1) 2025 年 1 月 3 日，收到武汉世纪有限公司支付货款转账支票一张，金额 70 000 元，转账支票号为 ZZ005。

(2) 2025 年 1 月 3 日，收到武汉华纳有限公司的预付账款，金额 50 000 元。

(3) 2025 年 1 月 4 日，收到武汉科信有限公司的预付账款，金额 10 000 元。

(4) 2025 年 1 月 4 日，支付武汉联想有限公司货款 40 000 元，通过工商银行转账支付。

第12章 报表管理的操作原理与基本流程

☆ 学习目标

通过本章的学习，理解财务报表的内涵，掌握利用报表模板编制资产负债表、利润表的方法，会进行报表的查询与分析。

☆ 课前思考

作为一名财务人员，怎么利用财务报表给企业的管理者提供有用的信息呢？应该如何对财务报表进行正确的解读呢？

12.1 报表管理概述

在手工记账的情况下，编制报表是一项非常复杂的工作。在实现会计信息化后，编制报表就变得简单多了。财务软件提供了非常丰富的报表模板，只需要利用系统提供的报表模板，对相应的参数进行设置，便可完成报表的编制工作，主要工作流程如图 12-1 所示。

1）确定报表数据来源账套

确定报表数据来源账套这一步是对进行编制的报表数据来源及操作人员权限的定义。

①账套。指明所要编制的报表，其数据来自哪个账套，也就是由哪个账套的数据来加工产生目前的这张报表的，可以通过浏览功能进行选择。

②日期。报表编制中会根据日期进行相关会计期间的报表编制。因此，在实际工作中，要根据编制报表的会计期间对日期进行更改。例如，要编制 2023 年 4 月份的利润表，就要将日期修改为 2023 年 4 月 30 日。

③操作人员。指明由谁来编制生成报表，这里的操作人员只能是在前面指定的账套中出现过的，对此类报表有操作权限的操作人员。

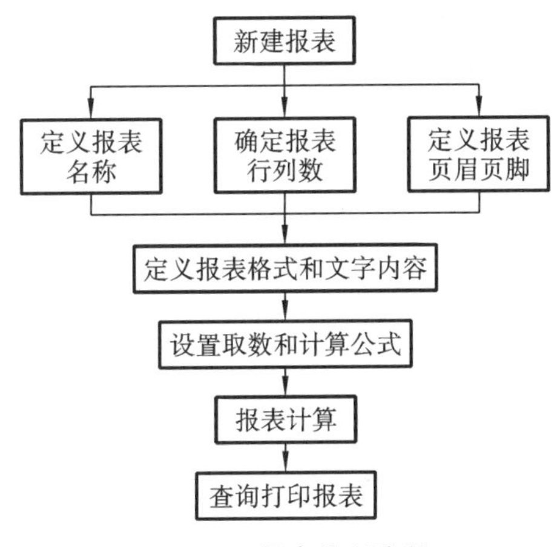

图 12-1　报表编制流程

④口令。设置操作人员的口令，这样可以避免没有相关操作权限的人员通过电子表格来查看报表数据。

2）报表的构成

页眉（表头）：页眉是指报表上部的描述部分，如表名、编号、单位、日期等。

表体：表体是报表的主要组成部分，包括列标题、项目说明和数据。行、列坐标均从表体开始计算。

附注：附注是报表的补充资料，报表的附注始终在表体与页脚之间。

页脚（表尾）：页脚是指报表底部的描述部分，如制表人、审核人等。

3）定义计算公式和钩稽关系公式

（1）定义计算公式。

用报表软件来生成一张符合实际需要的报表，关键在于报表的数据来源，即如何让电子表格自动、快速、准确地生成报表中每个单元的数据。在具体定义公式时，取数公式和计算公式往往是放在一起的。

公共函数则包括了数据转换函数、日期时间函数、文件系统函数、财务函数、系统信息函数、系统交互函数、数学函数和字符串函数等，要根据需要引用。

（2）定义钩稽关系公式。

勾稽关系公式，也称为审核公式。报表审核就是通过事先定义的审核公式，对相关数据进行自动核对、验证报表数据正确性的一种方法。其中又分为本表内的数据审核和表间数据审核。

报表计算与报表审核的差别是，报表计算是按照定义的报表取数公式和计算公式改变报表中的数据，而报表审核只是进行相关的验证，对不符合审核公式规则的数据进行提示，但不改变数据本身。

4）生成报表

在报表项目、行次、数据来源、取数公式和计算公式定义完成后，系统将根据所指定的账套、会计期间以及相关公式，自动计算出报表各项目的数据。

5）调整报表

如果电子表格生成的报表与实际所要求的格式不一致，或为了让报表更便于阅读和美观，可以对报表的格式进行设置。这需要通过对相关单元格的属性进行调整修改，使最后打印出来的报表与实际要求相符。除需要增补的内容外，应严格使用自动生成的数据，保证数据的一致性。

6）完成报表编制

完成报表编制后，可进行报表的查询、打印等工作。对于一些常用的报表，一般在报表软件中事先设定模板，并定义相关的公式。因此，对于这部分报表，如果不需要修改，就可直接使用，一般称为自动制表。即便如此，具体应用时也应该仔细检查，以防止错误发生。

12.2 报表管理的应用流程

12.2.1 编制货币资金表

制作一张货币资金表，要求列出客户期初数据、本年借贷方累计发生额、期末余额，“报表与分析”主界面如图 12-2 所示。

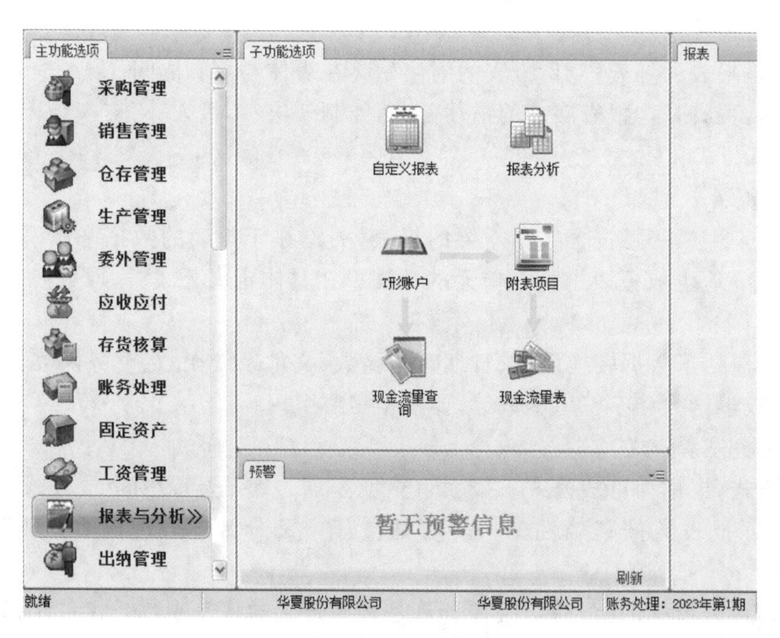

图 12-2 报表与分析

打开金蝶 KIS 专业版软件，选择“主功能选项”中的“报表与分析”，在“报表与分析”主界面选择“自定义报表”，“自定义报表”界面如图 12-3 所示。

在“自定义报表”界面中单击“新建”按钮，打开报表系统，选定对应的单元格 A3，单击“工具”按钮弹出对应的窗口，选择“批量填充”，“批量填充”窗口如图 12-4 所示。

在“批量填充”窗口的“科目”中选择“1001 库存现金”和“1002 银行存款”，双击之后在

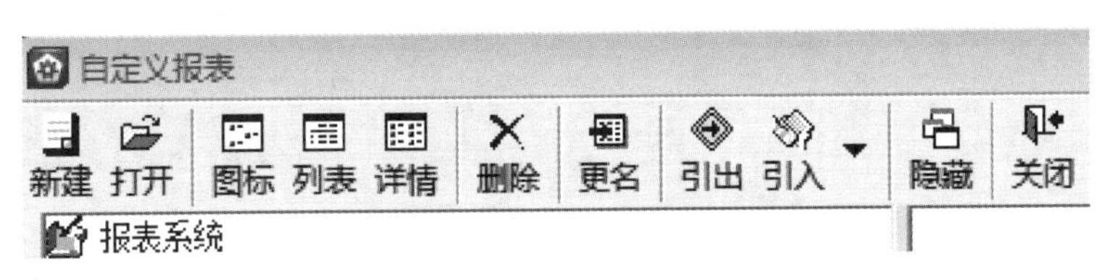

图 12-3　自定义报表

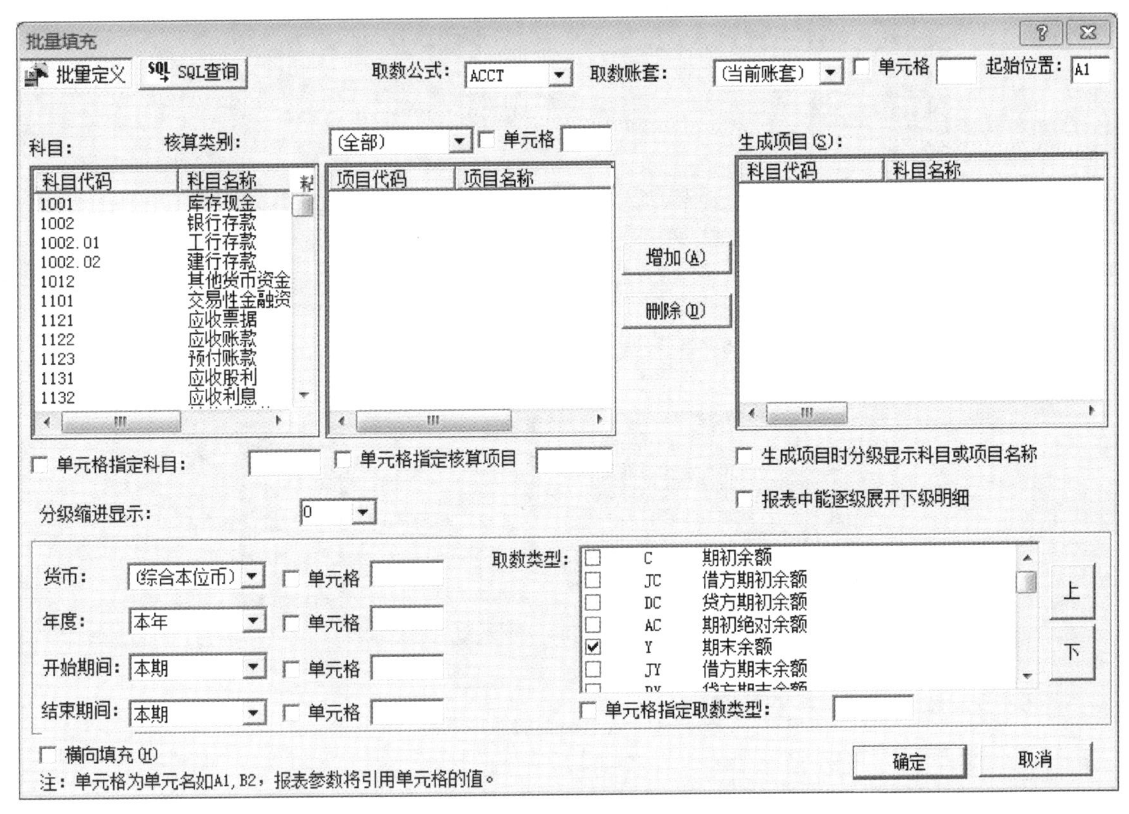

图 12-4　批量填充

“生成项目”框中出现选中的“库存现金”和“银行存款”科目，如图 12-5 所示。“货币”默认为“综合本位币”，“年度”为“本年”，“开始期间”为“本期”，“结束期间”为“本期”。在“取数类型”中注意勾选“期初余额”“期末余额”“借方发生额”“贷方发生额”。

【操作提示】用户在进行批量填充的填写时，注意在科目选择上不要出现错误，不然货币资金表最终的金额也会出现错误。

在“批量填充”窗口中注意取数类型的顺序，可通过单击“上”“下”按钮来进行调整，如图 12-6 所示。

在完成批量填充的选择之后，单击“确定”按钮，然后在自定义报表中就会出现在“批量填充”窗口中设置好的内容，如图 12-7 所示。

单击“报表重算”按钮进行数据的计算，如图 12-8 所示。

在第 1 行和第 2 行设置货币资金表的表头，单击“文件”菜单下的“保存”按钮即可，如图 12-9 所示。

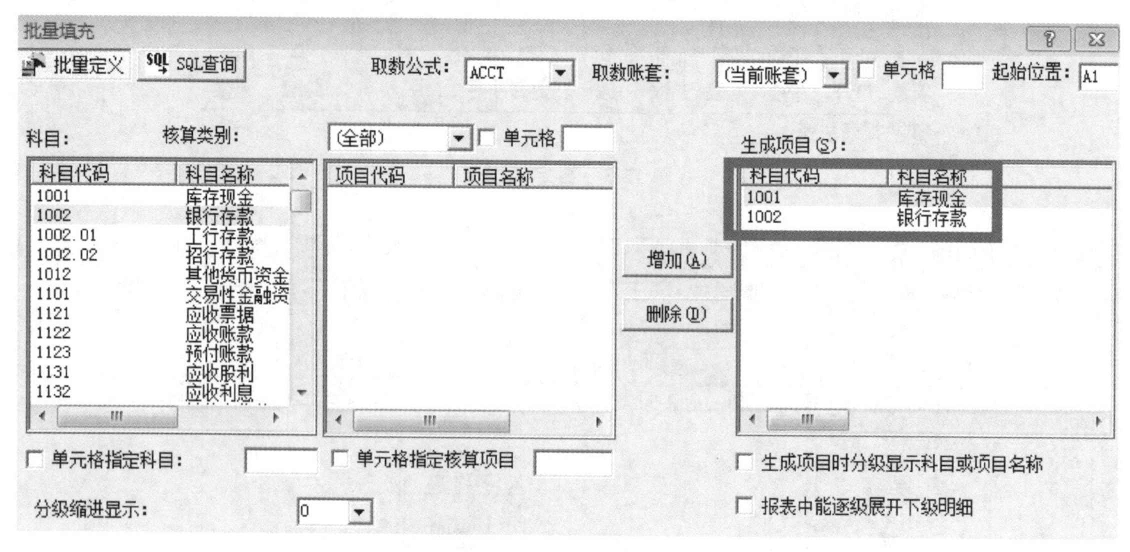

图 12-5 选择“库存现金”和“银行存款”科目

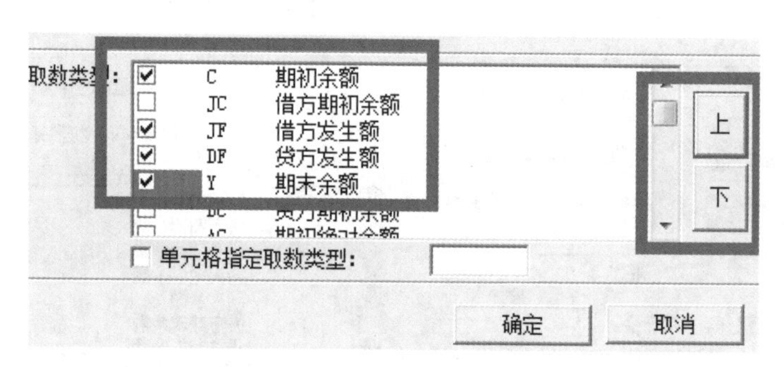

图 12-6 取数类型的顺序调整

报表系统 - [新报表:报表_1]

文件(F) 编辑(E) 视图(V) 插入(I) 格式(G) 工具(T) 数据(D) 窗口(W) 帮助(H)

函数(L) 显示公式/数据 自动/手动计算

A3

	A	B	C	D	E	F
1						
2						
3	科目代码	科目名称	期初余额	借方发生额	贷方发生额	期末余额
4	1001	库存现金				
5	1002	银行存款				
6						

图 12-7 生成货币资金表模板

	A	B	C	D	E	F
1						
2						
3	科目代码	科目名称	期初余额	期末余额	借方发生额	贷方发生额
4	1001	库存现金	8000	11400	7900	4500
5	1002	银行存款	268000	381800	126000	12200
6						

图 12-8　货币资金表数据计算

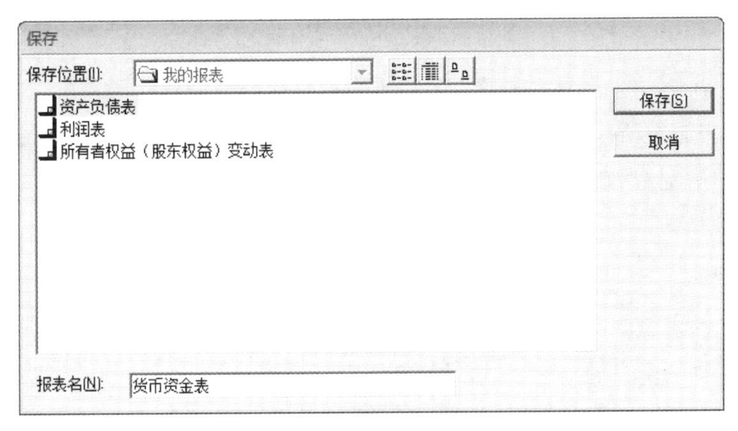

图 12-9　保存货币资金表

12.2.2　编制资产负债表

在金蝶 KIS 专业版软件“报表与分析”主界面中，单击“自定义报表”按钮，如图 12-10 所示。

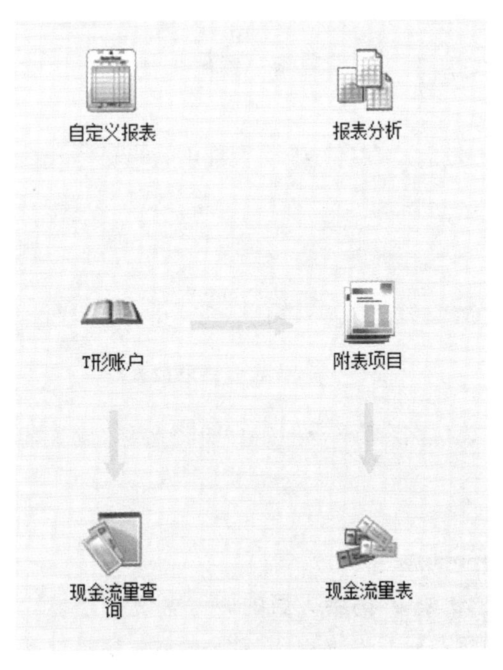

图 12-10　自定义报表

在“自定义报表”界面中单击“引入”下拉按钮，选择“引入新会计准则模板”，如图 12-11 所示。

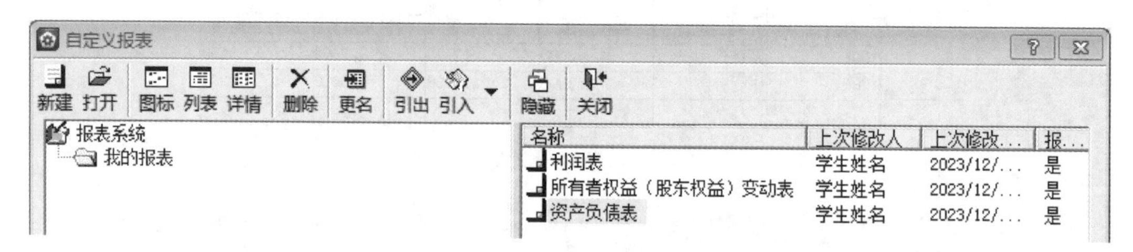

图 12-11 报表模板生成

双击“资产负债表”选项，单击“公式取数参数”，在弹出的“设置公式取数参数”对话框中进行设置，然后单击“确定”按钮，如图 12-12 所示。

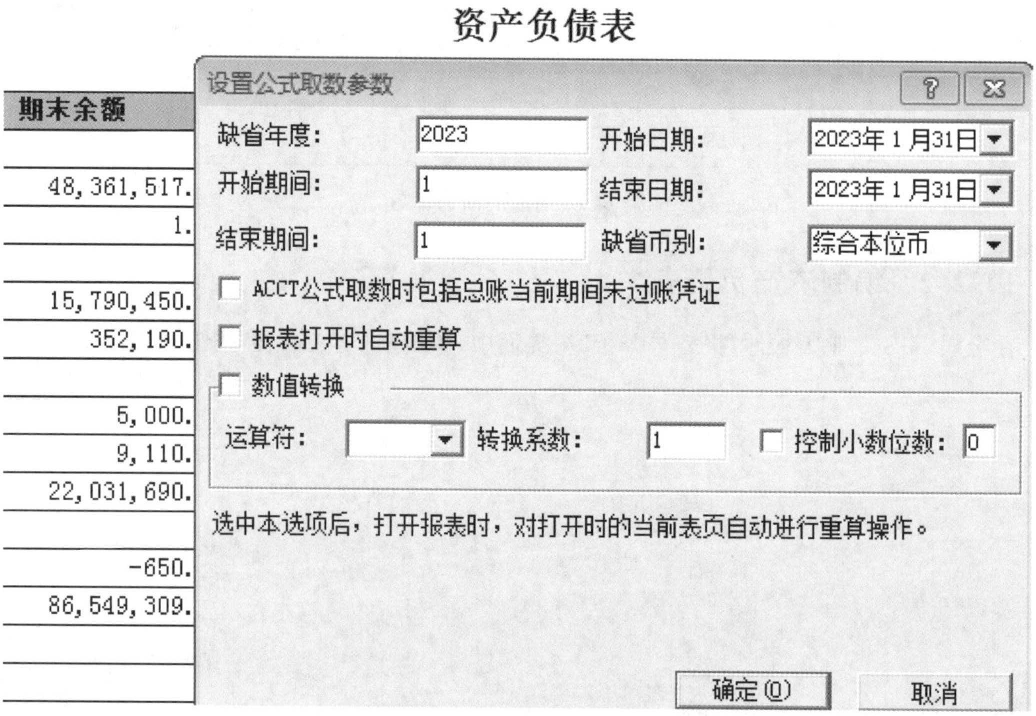

资产负债表
期末余额
48,361,517.
1.
15,790,450.
352,190.
5,000.
9,110.
22,031,690.
-650.
86,549,309.
设置公式取数参数
缺省年度： 2023 开始日期： 2023年 1月31日
开始期间： 1 结束日期： 2023年 1月31日
结束期间： 1 缺省币别： 综合本位币
ACCT公式取数时包括总账当前期间未过账凭证
报表打开时自动重算
数值转换
运算符： 转换系数： 1 控制小数位数： 0
选中本选项后，打开报表时，对打开时的当前表页自动进行重算操作。
确定(O) 取消

图 12-12 设置公式取数参数

在“显示公式”下，选中“单位名称”单元格，将“单位名称”设置为“华夏股份有限公司”，生成的资产负债表如图 12-13 所示。

☆ 思政园地

财会人员的诚信意识

诚实守信是编制资产负债表的基本准则。遵循诚实守信原则处理财务数据，有助于维护企业的良好形象和信誉度。

财务部门应加强团队合作意识培养，促进财务团队成员之间的信息共享和协作，营造和谐

资产负债表

单位名称：华夏股份有限公司　　2023-01-31　　单位：元

资　　产	期末余额	年初余额	负债和所有者权益（或股东权益）	期末余额	年初余额
流动资产：			流动负债：		
货币资金	393,200.00	276,000.00	短期借款	200,000.00	200,000.00
交易性金融资产			交易性金融负债		
应收票据			应付票据		
应收账款	90,000.00	148,000.00	应付账款	75,000.00	75,000.00
预付款项	10,000.00	10,000.00	预收账款	20,000.00	20,000.00
应收利息			应付职工薪酬		
应收股利			应交税费		
其他应收款		5,000.00	应付利息		
存货	3,190,000.00	3,190,000.00	应付股利		
一年内到期的非流动资产			其他应付款		
其他流动资产			一年内到期的非流动负债		
流动资产合计	3,683,200.00	3,629,000.00	其他流动负债		

图 12-13　资产负债表

的团队氛围，提高资产负债表编制工作的效率和准确性。财会人员也应加强自主学习意识和自我提升意识，不断学习和掌握新知识，提高资产负债表编制水平和工作能力。

12.2.3　编制利润表

在“自定义报表”界面中，双击“利润表”，单击“公式取数参数”进行设置，然后单击“确定”按钮。同时，在“显示公式”下，选中“单位名称”单元格，将“单位名称”设置为“华夏股份有限公司”，生成的利润表如图 12-14 所示。

利润表

单位名称：华夏股份有限公司　　2023-01

项　　目	本期金额
一、营业收入	2,300,000.00
减：营业成本	112,000.00
税金及附加	5,300.00
销售费用	70,000.00
管理费用	60,050.00
财务费用	52,000.00
资产减值损失	
加：公允价值变动收益（损失以“-”号填列）	
投资收益（损失以“－”号填列）	
其中：对联营企业和合营企业的投资收益	

图 12-14　利润表

在金蝶 KIS 专业版软件中，可以通过报表分析功能进行财务指标的计算，以便进行财务分析。

【思考题】

(1) 在编制财务报表时，如何确保财务信息的准确性和透明度？企业应该采取哪些措施来避免财务数据的虚报或误导？

(2) 你认为在解读财务报表时,哪些指标是最重要的?企业应该如何分析财务报表数据,评估企业的财务状况和经营业绩?

(3) 你认为企业应该如何通过财务报表来体现可持续发展?财务报表中的可持续性信息对企业的发展有何影响?

☆ **思政案例**

全国首例证券集体诉讼案宣判 责令康美赔偿24.59亿元

2021年11月12日,广州市中级人民法院对全国首例证券集体诉讼案做出一审判决,责令康美药业股份有限公司因年报等虚假陈述侵权赔偿证券投资者损失24.59亿元,原董事长、总经理马兴田及5名直接责任人员,正中珠江会计师事务所及直接责任人员承担全部连带赔偿责任,13名相关责任人员按过错程度承担部分连带赔偿责任。

2020年5月13日,因康美药业在年报和半年报中存在虚假记载和重大遗漏,中国证监会对该公司和21名责任人做出罚款和市场禁入的行政处罚决定。2021年2月18日,中国证监会又对负责康美药业财务审计的正中珠江会计师事务所和相关责任人员进行了行政处罚。2021年4月8日,中证中小投资者服务中心有限责任公司受部分证券投资者的特别授权,向广州市中级人民法院申请作为代表人参加诉讼。经最高人民法院指定管辖,广州市中级人民法院适用特别代表人诉讼程序,对这起全国首例证券集体诉讼案进行了公开开庭审理。

法院查明,康美药业披露的年度报告和半年度报告中,存在虚增营业收入、利息收入及营业利润,虚增货币资金和未按规定披露股东及其关联方非经营性占用资金的关联交易情况,正中珠江会计师事务所出具的财务报表审计报告存在虚假记载,均构成证券虚假陈述行为。经专业机构评估,投资者实际损失为24.59亿元。

法院认为,康美药业在上市公司年度报告和半年度报告中进行虚假陈述,造成了证券投资者投资损失,应承担赔偿责任。马兴田、许冬瑾等组织策划财务造假,应对投资者实际损失承担全部连带赔偿责任。正中珠江会计师事务所相关审计人员违反执业准则,导致财务造假未被审计发现,应承担全部连带赔偿责任。部分公司高级管理人员虽未直接参与造假,但签字确认财务报告真实性,应根据过失大小承担部分连带赔偿责任。

根据证券法和最高人民法院有关司法解释的规定,中证中小投资者服务中心有限责任公司作为5.5万余名投资者的特别代表人参加集体诉讼。法庭委托中国证券投资者保护基金有限责任公司对原告投资损失及其他风险因素等进行测算,并组织当事人进行质证。部分人大代表、政协委员、证券投资者代表及新闻记者旁听了案件审理和宣判。

在证券侵权民事诉讼中适用特别代表人制度,有利于保护中小证券投资者的合法权益,是人民法院加大证券市场秩序司法保护的重要措施。

(原文来源:新华网。有删改。)

【总结】康美药业财务造假事件揭示了中国金融监管体系建设需进一步加强,有关部门应加强对上市公司的监管,完善监管制度和实施机制,提高监管的严格性和有效性。同时,对财务造假等金融犯罪行为应加大法律的惩处力度,对违法者要追究其法律责任,形成有效的震慑机制。财务人员应遵守法律法规,严格按照会计准则进行财务处理,保持诚实守信的品质,不得伪造、篡改、隐瞒财务信息或故意提供虚假的财务信息。

【章末习题】

一、单项选择题

1. 下列各项中,不属于财务软件报表处理模块实现对外报表处理功能的是(　　)。

A. 报表备份　　B. 报表打印　　C. 报表分析　　D. 报表编制

2. 下列关于会计报表公式定义的表述中,不正确的是(　　)。

A. 公式定义包括计算公式定义和验证(审核)公式定义

B. 验证(审核)公式可以使用逻辑运算符

C. 公式定义必须在格式定义全部完成后进行

D. 公式定义可以使用函数

3. 下列关于信息化会计报表编制工作的表述中,不正确的是(　　)。

A. 不会出现报表不平衡的情况

B. 报表定义工作量大,准确性要求高

C. 报表定义完成后,日常工作量可以大幅度减少

D. 可自动对表钩稽关系进行检查

二、多项选择题

1. 会计信息系统主要包括(　　)。

A. 账务处理子系统　　B. 销售管理子系统

C. 应收应付子系统　　D. 报表管理子系统

2. 下列各项中,属于会计信息化环境下报表编制工作特点的有(　　)。

A. 报表的准确性得到完全保证

B. 日常工作效率大幅提升

C. 与手工环境相比,增加了复杂的初始工作

D. 不用结账就可编制当期报表

3. 商品化财务软件应当提供会计报表的自定义功能,下列属于自定义内容的有(　　)。

A. 各项目的数据来源

B. 会计报表的项目

C. 表内和表间的数据运算关系和钩稽关系

D. 会计报表的格式

三、判断题

1. 在报表管理系统中,设置关键字是在“格式”状态下进行的。(　　)

2. 在报表管理系统中,报表数据处理一般是针对某一特定表页进行的。(　　)

3. 财务软件报表处理模块能够完成企业对外会计报表的编制、生成、浏览、打印和分析功能,但不能完成对内会计报表的编制、生成、浏览、打印和分析功能。(　　)

四、操作题

(1) 编制自定义报表,费用统计信息如表 12-1 所示。

表 12-1 费用统计表

单位名称:华夏股份有限公司　　日期:2024 年 01 月 31 日　　单位:元

行次	项目	本期金额
1	差旅费	
2	工资	
3	福利费	
4	折旧费	
5	业务招待费	
6	办公费	
7	其他	
8	合计	

编制人:

编制要求:请根据表 12-1 示例,编制销售费用和管理费用对应明细科目的费用统计表。

(2) 编制资产负债表和利润表。

编制要求:请根据上述资料自动生成资产负债表和利润表。

第13章 基于Python的金蝶KIS自动化应用

☆ **学习目标**

通过本章的学习，了解 Python 编程语言以及 VSCode 代码编辑器，了解 Python 在金蝶 KIS 财务软件中的具体应用场景，培养业务问题与编程思维相融合的意识与能力。

☆ **课前思考**

经过前面的介绍，我们已经可以理解，通过金蝶 KIS 财务软件对企业的经济业务进行处理，从原始凭证开始到生成报表的绝大部分工作都是程序化工作，除了初始环节根据原始凭证编写记账凭证要用到职业判断外，其他环节的工作都可以实现自动化处理。比如，根据原始单据编制记账凭证涉及借贷方会计科目的判断问题，如果是企业已经发生过或预知会发生的经济业务，可以预先做好模板直接调用。对于非常规的经济业务，企业在过去从未发生过，也未曾预料到的经济业务，则需人工操作。

因此，随着人工智能技术的推广、普及、应用，将相关技术与财务软件结合应用是未来的必然发展趋势，这将大大减轻财会人员从事核算型、程序化工作的负担，实现会计工作从传统的单一核算职能到管理、分析、决策等多职能的转变。你怎么看人工智能对会计职业的挑战？财会人员应如何应对呢？

13.1 Python 概述

Python 作为一门编程语言，应用范围极广，在财务领域应用最多的是数据分析、网络爬虫和人工智能。在 IEEE Spectrum 发布的 2021 年度编程语言排行榜中，Python 在总榜单及其他几个分榜单中依然占据第一名的位置。Python 被评为开放项目最受欢迎的编程语言、工作环境中需求最大的编程语言等。

Python 如此受欢迎与其具有的众多优势特征是分不开的,如表 13-1 所示。首先,相较于其他编程语言,Python 更加简洁和优美,对使用者更友好,比较容易上手;其次,它具有很大的包容性,是一种“胶水语言”,可扩展性好,可以调用很多第三方包,在数据处理与加工、深度学习方面具有不可比拟的优越性;最后,Python 拥有活跃的开发者社区,任何问题都可以在线寻求帮助,或者搜索得到解决,很多开发者都会在社区分享自己开发的代码和资源。

表 13-1　Python 优势特征

本质	特点概括	上手难度	是否适合于主观判断多的场景	是否适合于复杂的客观判断场景	是否适合于海量的重复劳动
编程语言	全能、无上限	低于大多数编程语言	适合	适合	适合

财会人员从事的工作很多都是核算型的工作,或者数据分析的工作,手工计算不仅费时费力,还容易出错,目前常用的 Excel 软件虽然能够帮助财会人员完成很多计算性的工作,甚至可以实现简单的可视化,但在处理效率及处理海量数据的能力上,Python 都具有无可争辩的优势。此外,Python 具有强大的数据计算与分析模块,如 NumPy、pandas,还可以方便地调用大量第三方库;相对于其他编程语言,其代码也更加简洁,不仅可以实现计算与分析,还能进行财务预测、期权估值,内含报酬率的计算、财务指标的计算、发票的批量读取、自然语言分析等。这些功能可以助力财会人员高效、快捷地工作,将财会人员从繁重的低价值、高消耗的工作中解脱出来,从而有更多的时间和精力从事更有价值和更高层次的工作。

13.2 Python 代码编辑器:VSCode

写 Python 代码最好的方式莫过于使用集成开发环境(IDE)了,它不仅能使工作更加简单、更具逻辑性,还能够提升编程体验感和效率。IDE 是开发者创建程序时使用的软件包,通过简单的用户界面集成多个高度关联的组件,从而最大化程序员的生产效率。本质上,IDE 是一种改进代码创建、测试和故障修复流程的工具,它使这些工作更加简单。

IDE 使用的工具包括文本编辑器、编译器和/或解释器、装配自动化工具(assembly automation tool)、调试器(debugger)等。

有一个与 IDE 相似的术语——代码编辑器(code editor),代码编辑器是一个能够突出显示语法和设置代码版式的文本编辑器。高级代码编辑器可以开发和修改代码。IDE 和代码编辑器有一些共同的优点,它们均可帮助开发者存储和重新打开脚本、运行代码、修复故障、突出显示语法等。

Python 常用的代码编辑器有 PyCharm、Spyder、Jupyter Notebook 等,本章所用的代码使用 VSCode 进行编写和运行。VSCode(全称:Visual Studio Code)是一款由微软开发且跨平台的免费源代码编辑器。该代码编辑器支持语法高亮、代码自动补全、代码重构、查看定义功能，并且内置了命令行工具和 Git 版本控制系统。用户可以更改主题和键盘快捷方式实现个性化设置，也可以通过内置的扩展程序商店安装扩展程序以拓展软件功能。VSCode 使用 Monaco Editor 作为其底层的代码编辑器。在 2019 年 Stack Overflow 组织的开发者调查中，Visual Studio Code 被认为是最受开发者欢迎的开发环境。

13.2.1 VSCode 的安装

登录 Visual Studio Code 官网，如图 13-1 所示，选择相应操作系统，单击下载 VSCode 安装文件，安装 VSCode 编辑器。具体过程不再赘述。

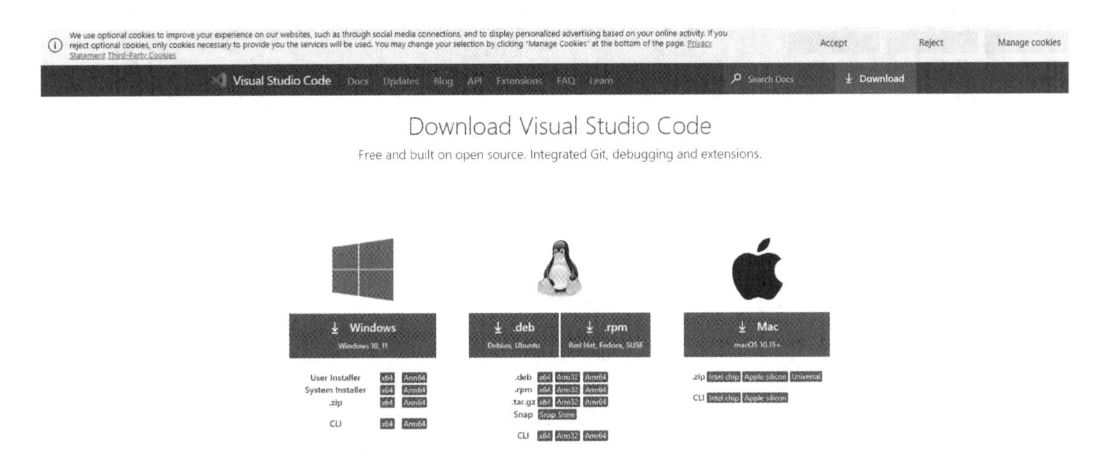

图 13-1 VSCode 安装包网页

13.2.2 VSCode 常用快捷键及插件

本部分主要介绍 VSCode 在工作中常用的快捷键及插件。

1）命令面板

命令面板是 VSCode 快捷键的主要交互界面，可以使用 F1 键或者 Ctrl+Shift+P 组合键打开。在命令面板中可以输入命令进行搜索（中英文都可以），然后执行。命令面板中可以执行各种命令，包括编辑器自带的功能和插件提供的功能。VSCode 命令面板、主界面如图 13-2、图 13-3 所示。

2）命令行的使用

如果是 Windows 用户，安装并重启系统后，就可以在命令行中使用 code 命令或者 code-insiders 命令了，如果希望立刻使用而不是等待系统重启后使用，可以将 VSCode 的安装目录添加到系统环境变量 PATH 中。如果是 Mac 用户，安装后按 Cmd+Shift+P 组合键打开命令面板，搜索 shell 命令，单击“shell 命令：在 PATH 中安装‘code’命令”选项，然后重启系统。（见图 13-4）

命令行最基础的使用就是使用 code 命令打开文件或文件夹，如图 13-5 所示。VSCode 还有其他功能，比如文件比较，打开文件跳转到指定的行和列。

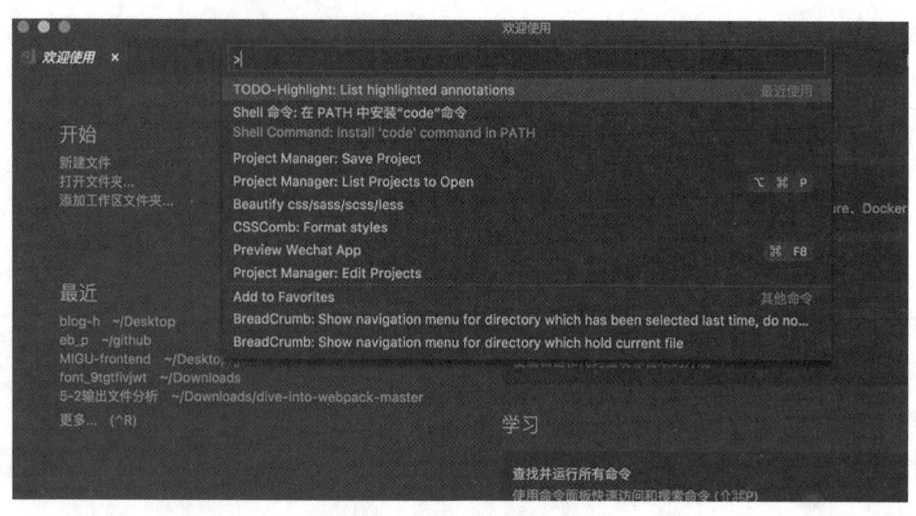

图 13-2 VSCode 命令面板

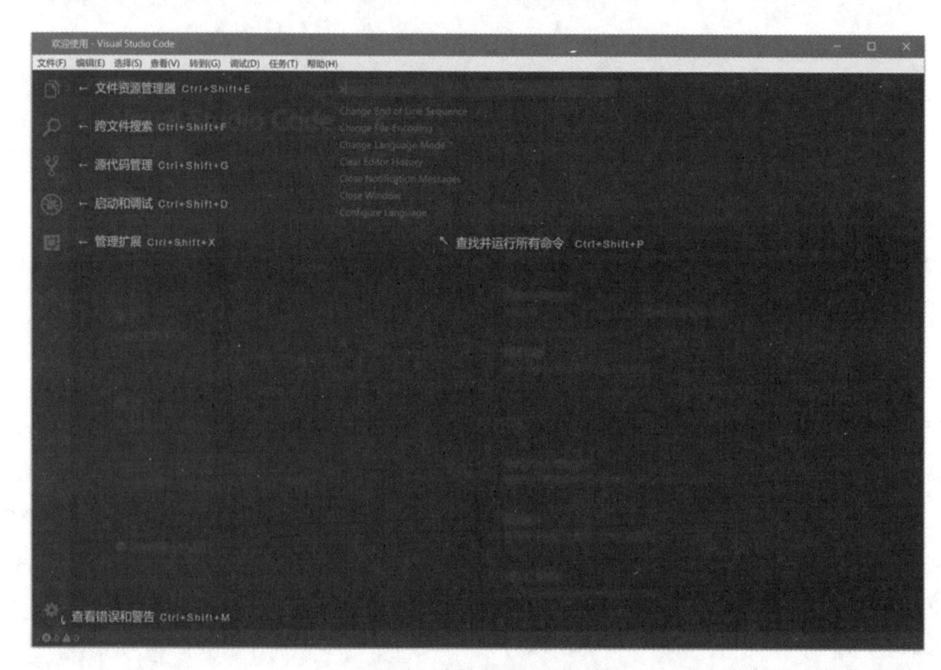

图 13-3 VSCode 主界面

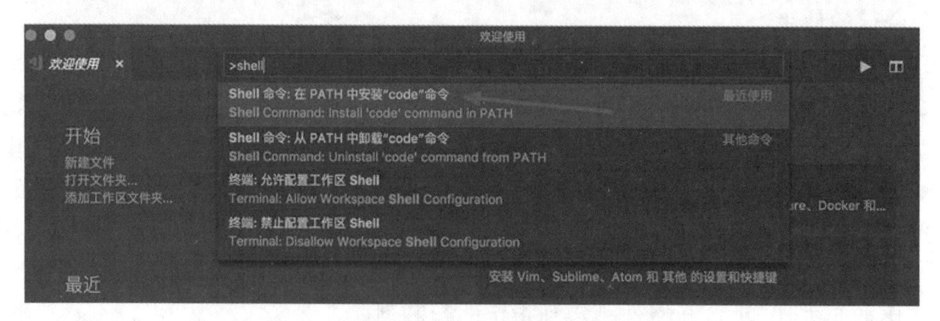

图 13-4 命令行的使用

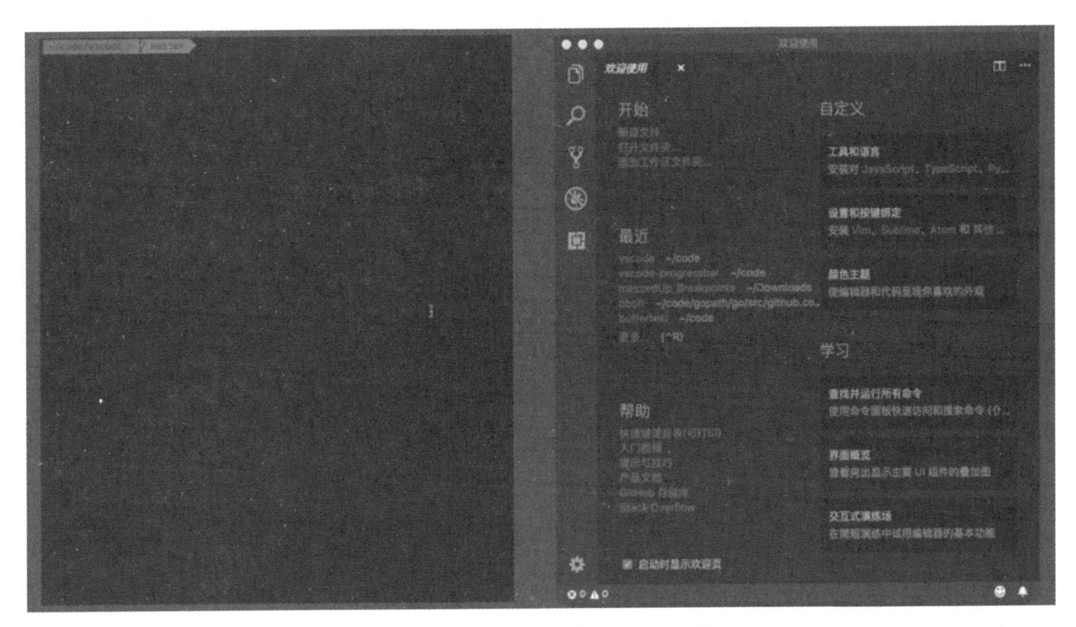

图 13-5 使用 code 命令打开文件

13.3 应用案例:金蝶 KIS 自动录入凭证

当前,我国存在数量众多的中小微企业,这些企业不仅是国民经济重要的组成部分,还在吸纳就业人口、稳定社会等方面发挥着不可替代的作用。但是,这些企业能够用于财务软件的购置、升级的资金有限,往往只购买了账务处理模块,放弃了进销存模块。而在企业的实际生产经营过程中,采购与应付款管理、销售与应收款管理、发票的管理、存货的管理等日常经济活动,存在数量巨大且需要重复处理的凭证录入工作。财务软件的应用虽然减轻了一部分工作量,但是以上这些大量重复录入的工作,仍然需要人工处理,使得财会人员没有精力去完成分析、计划、决策相关的工作,无法体现财务工作真正的价值。借助 Python 编程语言,可以实现对这部分大量重复录入工作的自动化处理,提高财务工作效率,为财会人员发挥最大价值提供了条件。

13.3.1 准备工作

以下通过企业日常业务的例子,说明如何基于 Python 实现在金蝶 KIS 系统中自动录入相关凭证。

第一步,把相关业务整理为 Excel 文件,如图 13-6 所示。

第二步,编写 Python 脚本,实现在金蝶 KIS 系统中自动录入记账凭证。

13.3.2 Python 脚本说明

Python 脚本编写主要用到 Python 中的三个模块。

	摘要	结算号	方向	科目	借方金额	贷方金额
1	摘要	结算号	方向	科目	借方金额	贷方金额
2	污水处理公司分红款	1002	借	银行存款	300 000	0
3	污水处理公司分红款	1131	贷	应收股利	0	300 000
4	港华燃气费	6602	借	管理费用	1 012.55	0
5	港华燃气费	2202	贷	应付账款	0	1 012.55
6	万达租金	1002	借	银行存款	10 857.99	0
7	万达租金	6051	贷	其他业务收入	0	10 857.99

图 13-6 企业日常业务

1）pyautogui 模块

pyautogui 模块的主要功能是根据屏幕分辨率模拟鼠标移动，包括相对移动（鼠标在当前位置上下移动、左右移动）、绝对移动（鼠标移动到固定位置）；根据屏幕分辨率模拟鼠标点击，包括鼠标左击、右击、中击、单击、双击，鼠标拖曳。模块支持键盘按键和英文输入，包括单独按键和组合按键，在这个脚本里主要是用来操控键盘鼠标把固定的值输入财务软件里的。

2）pyperclip 模块

pyperclip 模块是为了解决 pyautogui 模块不支持中文输入这个问题的，会计凭证中的摘要需要用中文输入，pyperclip 模块可以把指定文本复制到粘贴板上，再用 pyautogui 模块把中文输入财务软件里。

3）openpyxl 模块

openpyxl 模块可以读取和修改 Excel 文件，在这里主要负责 Excel 数据的读取。

4）脚本源代码解释与说明

“#”字符在 Python 中用作代码注释，一行代码中“#”后面的部分不会被执行。

#首先，将 pyautogui 模块、pyperclip 模块、openpyxl 模块、time 模块导入程序中，然后可以用 pyautogui 模块、pyperclip 模块、openpyxl 模块的功能，time 模块只用到了一个函数，用于防止程序中间出错，不好终止的问题。

```
import pyautogui
import pyperclip
import openpyxl
import time
```

接着读取 Excel 的数据，这里用到了 Python 中的赋值，将指定路径的 Excel 文件命名为“wb”，也可以命令为其他。data_only=True 参数表示仅仅载入 Excel 的数据，不载入 Excel 的函数。Python 中区分字母大小写。

```
wb=openpyxl.load_workbook('F:\工作\凭证模版.xlsx',data_only=True)
```

选择 Excel 文件中的工作簿“sheet1”命名为“sheet”。

```
sheet=wb[‘Sheet3’]
```

读取 Excel 中的最大行。

```
max_row=sheet.max_row
```

pyautogui.PAUSE 函数在 pyautogui 中含义是每一步停留时间间隔，模块默认值是

0.1 秒，这里延长了时间，设置成了 0.5 秒。

pyautogui.PAUSE=0.5

这是一个程序校验。

pyautogui.FAILSAFE=True

开始操作鼠标，单击财务软件的选项就可以了，click() 函数里边的值是电脑屏幕里的纵坐标和横坐标。

pyautogui.click(463,243)

增加凭证。

for x in range(4,6) 循环表示把 x 分别赋值为整数 4、5、6，依次代入程序中运行，第一次运行中所有用 x 的地方，x 的值均为 4。4 跑完之后，程序按照 5 再循环一次，以此类推。循环是程序代替人工重复工作的关键，这里的 x 表示为 Excel 表格中的行数，从第 4 行循环到第 6 行。

for x in range(4,6):

这里引入变量 i，并将变量 i 赋值为 0，从而在后面解决凭证录入界面逐行下移的问题。

i=0

pyautogui 是一个操作键盘按键的函数，只需要把按键名称输入其中就可以了。

鼠标单击第一行摘要区域。

pyautogui.click(566,466)

复制摘要。

pyperclip.copy(sheet.cell(x,2).value)

粘贴摘要。

pyautogui.hotkey('ctrl','v')

这里引入 Excel 表格的列循环，表格设计时，Excel 列数表示科目对应的值。从格式上看，y 的循环置于 x 的循环之下，表示每次 x 循环时，y 都会循环一遍。

for y in range(9,36):

while True 和 if...elif...else 是两组条件判断循环，当下边出现 break 时，while True 循环会被终止，否则会出现死循环。设计这个循环的目的是判断会计科目下是否存在值，存在值才需要输入软件里，不存在值不需要输入软件里。而在 Python 中是区分 0 值和空值的，因此又加入 None.str()，意思是将从 Excel 中提取的值类型转化为字符串，从而能够判断是否等于字符串形式的 0。

while True:

if str(sheet.cell(x,y).value)=='0':

break

elif sheet.cell(x,y).value is None:

break

else:

这里表示 y 每循环一次且 if 判断有值，i 会增加 1。

i=i+1

单击科目栏。436 是凭证界面科目栏的纵坐标，23 是凭证界面每行的间距。这样鼠标就

会依次移动到下一行了。

```
pyautogui.click(436,256+(i-1)*23)
# 输入科目代码。科目代码是数字,可以用 pyautogui 中自带的函数输入软件中。
pyautogui.typewrite(str(sheet.cell(1,y).value))
# 判断是否有辅助核算。有些会计科目有辅助核算,有些没有,所以需要一个判断函数。
if sheet.cell(x,y+27).value is not None:
# 单击辅助核算。
pyautogui.click(pyautogui.moveRel(114,0))
# 复制辅助核算。
pyperclip.copy(sheet.cell(x,y+27).value)
# 输入辅助核算。
pyautogui.hotkey('ctrl','v')
# 辅助核算确认。
pyautogui.click(1140,400)
# 判断金额在借方还是贷方。会计科目中分借贷方,而这在财务软件中是不同的位置,所以需要判断一下。
if str(sheet.cell(2,y).value)=='借':
# 单击借方金额。
pyautogui.click(780,256+(i-1)*23)
# 输入借方金额。
pyautogui.typewrite(str(sheet.cell(x,y).value))
else:
# 单击贷方金额。
pyautogui.click(900,256+(i-1)*23)
# 输入贷方金额。
pyautogui.typewrite(str(sheet.cell(x,y).value))
# 判断是否有数量核算。部分科目有数量核算,会再次改变财务软件的输入形式,因此要用判断函数把这部分科目找出来。
if str(sheet.cell(1,y).value)=='600101':
# 单击放大镜。
pyautogui.click(950,256+(i-1)*23)
# 输入数量。
pyautogui.typewrite('1')
pyautogui.doubleClick(1000,430)
# 单击确认。
pyautogui.click(910,610)
elif str(sheet.cell(1,y).value)=='140501':
# 单击放大镜。
pyautogui.click(830,256+(i-1)*23)
```

```
# 输入数量。
pyautogui.typewrite('1')
pyautogui.doubleClick(1000,430)
# 单击确认。
pyautogui.click(910,610)
elif str(sheet.cell(1,y).value)=='64010101':
# 单击放大镜。
pyautogui.click(950,256+(i-1)*23)
# 输入数量。
pyautogui.typewrite('1')
pyautogui.doubleClick(1000,430)
# 单击确认。
pyautogui.click(910,610)
break
# 这是最后一步,从格式上看它和 y 的遍历循环并列,附属于 x 的遍历循环之下,也就意味
着,x 的遍历循环结束之后,该程序才会结束。
pyautogui.click(460,160)
# 程序暂停 5 秒,用于发生错误的时候终止程序运行。
time.sleep(5)
```

完整代码如下:

```
import pyautogui
import pyperclip
import openpyxl
import time
# Excel 数据准备。
# 加载文件。
wb=openpyxl.load_workbook('D:\录入表.xlsx',data_only=True)
sheet=wb['Sheet1']
max_row=sheet.max_row
# 防错设定起始步骤。
pyautogui.PAUSE=0.5
pyautogui.FAILSAFE=True
pyautogui.click(463,243)
# 增加凭证。
# 循环读取数据和 pyautogui 操纵金蝶软件。
# 行数循环。
for x in range(2,3):
i=0
```

```
# 移动至第一行摘要。
pyautogui.click(566,486)
# 复制摘要。
pyperclip.copy(sheet.cell(x,2).value)
# 粘贴摘要。
pyautogui.hotkey('ctrl','v')
# 行数循环。
for y in range(9,37):
# 判断值是否存在。
while True:
if str(sheet.cell(x,y).value)=='0':
break
elif sheet.cell(x,y).value is None:
break
else:
# 引入变量。
i=i+1
# 单击科目栏。
pyautogui.click(436,256+(i-1)*23)
# 输入科目代码。
pyautogui.typewrite(str(sheet.cell(1,y).value))
# 判断是否有辅助核算。
if sheet.cell(x,y+28).value is not None:
# 单击辅助核算。
pyautogui.click(550,256+(i-1)*23)
# 复制辅助核算。
pyperclip.copy(sheet.cell(x,y+28).value)
# 输入辅助核算。
pyautogui.hotkey('ctrl','v')
# 辅助核算确认。
pyautogui.click(1140,400)
# 判断金额在借方还是贷方。
if str(sheet.cell(2,y).value)=='借':
# 单击借方金额。
pyautogui.click(780,256+(i-1)*23)
# 输入借方金额。
pyautogui.typewrite(str(sheet.cell(x,y).value))
else:
# 单击贷方金额。
```

```
pyautogui.click(900,256+(i-1)*23)
# 输入贷方金额。
pyautogui.typewrite(str(sheet.cell(x,y).value))
# 判断是否有数量核算。
if str(sheet.cell(1,y).value)=='600101':
# 单击放大镜。
pyautogui.click(950,256+(i-1)*23)
# 输入数量。
pyautogui.typewrite('1')
pyautogui.doubleClick(1000,430)
# 单击确认。
pyautogui.click(910,610)
elif str(sheet.cell(1,y).value)=='140501':
# 单击放大镜。
pyautogui.click(950,256+(i-1)*23)
# 输入数量。
pyautogui.typewrite('1')
pyautogui.doubleClick(1000,430)
# 单击确认。
pyautogui.click(910,610)
elif str(sheet.cell(1,y).value)=='64010101':
# 单击放大镜。
pyautogui.click(830,256+(i-1)*23)
# 输入数量。
pyautogui.typewrite('1')
pyautogui.doubleClick(1000,430)
# 单击确认。
pyautogui.click(910,610)
elif str(sheet.cell(1,y).value)=='14050806':
# 单击放大镜。
pyautogui.click(830,256+(i-1)*23)
# 输入数量。
pyautogui.typewrite('1')
pyautogui.doubleClick(1000,430)
# 单击确认。
pyautogui.click(910,610)
break
```

```
pyautogui.click(460,160)
time.sleep(5)
```

运行以上 Python 脚本,将在金蝶 KIS 系统中自动录入记账凭证,如图 13-7 所示。

金蝶KIS专业版 - [记账凭证 - 查看]

主控台 应用平台 凭证管理 记账凭证 - 查看

新增 保存 还原 复核 打印 预览 首张 前张 后张 末张 插入 删除 外币 代码 流量 页面 计算器 跳转 关闭

记账凭证

参考信息:

业务日期: 2023年1月31日

日期: 2023年1月31日 2023 年 第 1 期

	摘要	科目	借方	贷方
1	万达租金	1002 - 银行存款	1085799	
2		6051 - 其他业务收入		1085799
	合计: 壹万零捌佰伍拾柒元玖角玖分		1085799	1085799

结算方式:

结算号:

图 13-7　自动录入凭证

【思考题】

(1) 你还听说过哪些编程语言可以用于财务软件的智能化?请举例说明。

(2) 你怎么看人工智能对会计职业的挑战?财会人员应如何应对呢?

(3) 智能化背景下,财会人员应具备什么样的能力?

☆ 思政案例

智能时代已经到来,机遇与挑战并存

财政部于 2021 年 12 月 30 日发布了关于印发《会计信息化发展规划(2021—2025 年)》的通知,规划中多次提到会计数字化转型,提出“通过将零散的、非结构化的会计数据转变为聚合的、结构化的会计数据要素,发挥其服务单位价值创造功能,是会计工作实现数字化转型的重要途径”“打造懂会计、懂业务、懂信息技术的复合型会计信息化人才队伍”。

目前,传统核算型财会人员已不能适应社会经济发展的需要。财政部在规划中明确要求财会人员的能力素质框架需增加会计信息化和会计数字化转型的能力要求。未来的财会人员,不仅需要有扎实的专业知识,还需懂信息技术和计算机编程语言,知道如何利用信息技术和编程语言赋能会计,提升自身为单位创造价值的能力。作为财会人员,要有前瞻性,要以开放的心态拥抱新生事物,应主动了解人工智能和学习相关知识。财会人员不仅要适应时代发展需求,更要做时代发展的推动者,为国家建设和社会进步做出自己应有的贡献。

【总结】新中国的科学技术发展,从“向科学进军”到“科学技术是第一生产力”,从“科教兴国”“人才强国”到建设“创新型国家”。当前智能时代已经到来,在未来的科技竞争中,培养一批懂会计、懂业务、懂信息技术的复合型会计信息化人才队伍至关重要。

【章末习题】

一、单项选择题

1. 适合在金蝶 KIS 财务软件中使用 Python 的应用场景有(　　)。

A. 编制报表　　B. 打印凭证　　C. 发票管理自动化　　D. 打印账簿

2. 在以下智能化工具里,功能最强大的是(　　),能够显示获取并整理后的数据,通过视图有助于检查、浏览和了解 Power BI Desktop 模型中的数据。

A. Python　　B. VBA　　C. RPA　　D. Excel

二、多项选择题

1. 代码编辑器的主要功能是(　　)。

A. 存储和重新打开脚本　　B. 运行代码　　C. 修复故障　　D. 突出显示语法

2. 基于 Python 对金蝶 KIS 的自动化操作可以实现(　　)。

A. 自动录入凭证　　B. 自动下载汇总银行对账单

C. 从金蝶 KIS 导出报表并发送邮件　　D. 计算工资并用邮件发送工资条

3. Python 相较于其他编程语言的优点是(　　)。

A. 学习难度较低

B. 可扩展性好

C. 可以免费获取其他开发者开发的代码和资源

D. 集成了多种代码编辑器

三、判断题

1. Python 可以调用很多第三方包,在数据处理与加工、深度学习方面具有不可比拟的优越性。(　　)

2. VSCode(Visual Studio Code)是一款由微软开发且跨平台的免费源代码编辑器。(　　)

3. IDE 使用的工具不包括文本编辑器。(　　)

4. 基于 Python 对金蝶 KIS 的自动化操作可以实现对全部原始凭证的自动录入。(　　)

5. 基于 Python 开发的自动化程序可以完全代替人工操作。(　　)

四、论述题

根据本章的介绍，请广泛查阅互联网上的相关资料，了解当前使用的人工智能工具，在分析其各自的优缺点、适应范围的基础上，探讨这些工具在财务工作中的应用以及对财务从业人员的影响，撰写一篇调查报告。

第14章 基于 Power BI 的财务数据可视化

☆ **学习目标**

通过本章的学习，理解 Power BI 的基本功能及使用方法；掌握利用 Power BI 展开企业财务数据分析的基本操作；能够利用 Power BI 进行企业盈利能力、营运能力、偿债能力、发展能力的可视化呈现。

☆ **课前思考**

随着 5G 技术的发展，我们迈入了高速发展的信息时代。无论是我们的日常生活还是企业的商业活动，越来越多的场景实现了数字化，各种数据信息迅猛增长。在信息化时代，数据就是生产力，如何从各种数据中挖掘出有价值的信息，对企业的生存和发展至关重要。

请你谈谈数字化为财务工作带来的便利和挑战，面临这些挑战我们能做什么？

14.1 Power BI 背景概述

近现代以来，随着企业的发展和会计职业的规范化，各方信息使用者对会计信息的需求日益上升，会计信息系统产出的信息对股东、管理者、政府机构的决策产生了日益重要的影响。但是，纷繁复杂的会计信息对决策者快速有效地获取有价值的信息带来了极大的困扰。

传统的财务分析依靠会计报表采集基础的数字信息，由财会人员运用专业知识展开分析，并手工撰写传统的财务分析报告，报告内容多以数字、表格和文字为主。在这种传统模式下，必然导致财务分析人员工作量大，信息时效性差，撰写的财务分析报告内容单一、准确率低等问题，进而导致向报告使用者提供的财务信息有限，无法发挥财务分析报告的决策支持作用。同时，传统的财务分析主要运用 Excel 办公软件进行各项财务指标的运算和排列，获取数据烦琐，不能支持模板和数据耦合，财务分析技术与手段单一。而在大数据时代下，企业日常经济业务产生了大量且结构复杂的数据。据 Reinsel 等预测，到 2025 年，全球数据量总和将达到 175 ZB，数据成为一种新的关键生产要素。在此背景下，如何从这些大数据中获取并可视化呈现企业经营管理决策所需要的信息已经成为企业各级管理者和财会人员关注的重点。

Power BI 系统通过对各类工具方法的集成和对多种数据库技术的集成，实现数据共享、对比挖掘，并通过丰富的可视化工具、图表，实现数据的可视化多维度分析。Power BI 可整合 Power Query、Power Pivot、Power View 和 Power Map 等一系列分析、建模及可视化工具，广泛支持各类常见的数据源，包括各类主流数据库，如 SQL Server、MySQL、DB2 和电子表格、纯文本文件等，还支持 XML 脚本、R 脚本、Hadoop 大数据系统架构、Web 等。运用 Power BI 技术实施数据采集、数据存储、数据建模、数据分析、数据挖掘和数据展示等财务分析，可促进财务分析技术的转型与升级。

采用恰当的信息呈报格式被认为是提高使用者信息处理能力以减轻信息过载的一种有效方式。可视化信息技术（如 Power BI）通过丰富有趣的图表直观、高效地传达信息，且能够通过人机交互的方式实现不同颗粒度的逐级深入分析和多维度的联动分析，为信息使用者带来了形式丰富、重点突出、动态交互的数据使用体验，有利于更轻松、快速地获得分析见解。

Power BI 是微软推出的一款自助式 BI 工具，微软对 Power BI 的定义如下：Power BI 是软件服务、应用和连接器的集合，它们协同工作，从而将相关数据来源转换为连贯的视觉逼真的交互式见解。Power BI 主要有 3 个版本，分别是 Power BI Desktop、Power BI Pro 和 Power BI Premium，其中 Power BI Desktop 是免费版本，可以自由下载并安装在本地计算机上。不同版本的 Power BI 在功能上并没有显著的差异，仅在数据刷新频次、用户角色设定和协作共享等方面存在一定的不同。本书以 Power BI Desktop 为例介绍 Power BI 在财务报表分析中的应用，Power BI Desktop 可以直接在网页搜索下载。

14.1.1 软件界面

启动 Power BI Desktop，首先会显示欢迎界面，如图 14-1 所示。在欢迎界面中，可以获取数据，查看最近使用的源，打开最近使用的报表，或者打开其他报表等。如果已经注册了账号，则可以单击“登录”按钮，然后输入账号和密码完成登录，也可以直接单击“关闭”图标关闭欢迎界面进入工作界面。

Power BI Desktop 的工作界面的风格与微软 Office 系列办公软件类似，如图 14-2 所示。界面上方为功能区菜单，包括各种命令按钮。功能区菜单会随着当前所选对象发生相应的变化，如在 Excel 中，选择“透视表”命令会出现与透视表有关的功能菜单，选择“图表”命令则会出现与图表有关的功能菜单。

工作界面左侧为 3 个 Power BI Desktop 视图的图标，分别为“报表”“数据”“模型”图标。图标左侧的黄色边线指示当前视图，可以通过选择任意一个图标来更改视图。当选择“报表”图标时，中间显示的是数据可视化对象；当选择“数据”图标时，中间显示的是数据表；当选择“模型”图标时，中间显示的是表与表之间的关系图。如果在功能区菜单中选择“新建度量值”命令、“新建列”命令和“新建表”命令，则功能区下方就会出现编辑栏（与 Excel 中的公式编辑栏类似），可供用户输入 DAX 表达式。工作界面右侧依次为“筛选器”选项卡、“可视化”选项卡和“字段”选项卡。其中，“筛选器”选项卡用来设置所有页面或某个页面（或某个视觉对象）的筛选条件；“可视化”选项卡用来设置可视化对象的属性；“字段”选项卡显示当前可用来进行可视化或分析的

图 14-1　Power BI Desktop 的欢迎界面

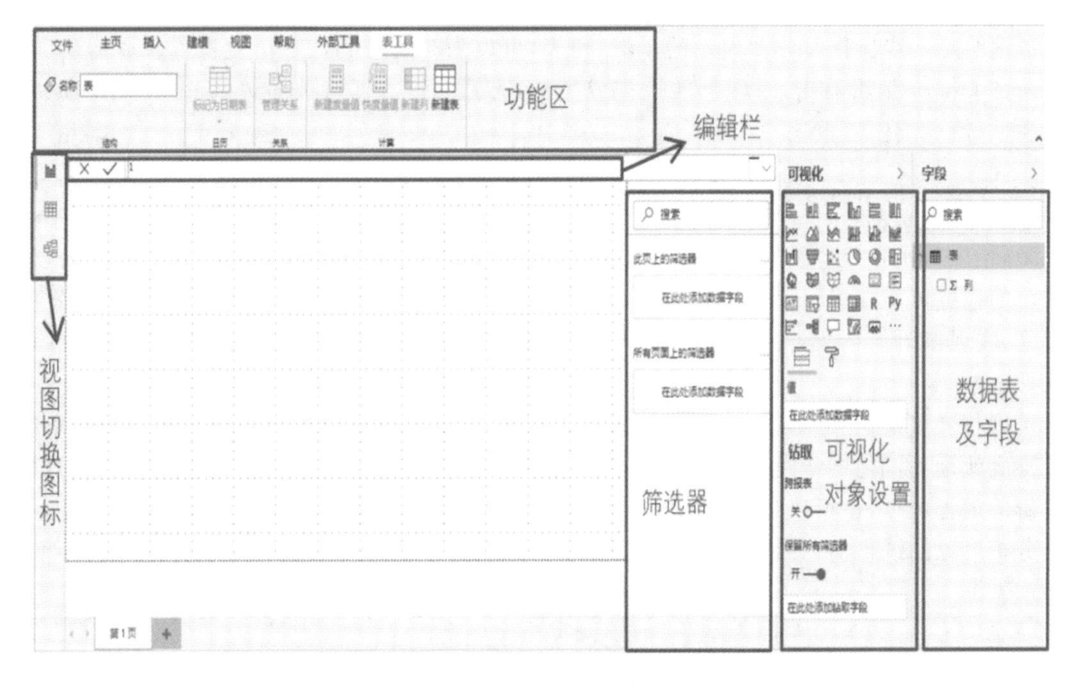

图 14-2　Power BI Desktop 的工作界面

表和列。

此外，Power BI Desktop 还包括 Power Query 编辑器，在功能区菜单中选择“获取数据”和“输入数据”等命令之后，它将在单独的窗口中打开，如图 14-3 所示。

Power Query 编辑器的上方同样为功能区菜单，通过这些菜单可以对数据进行各种转换操

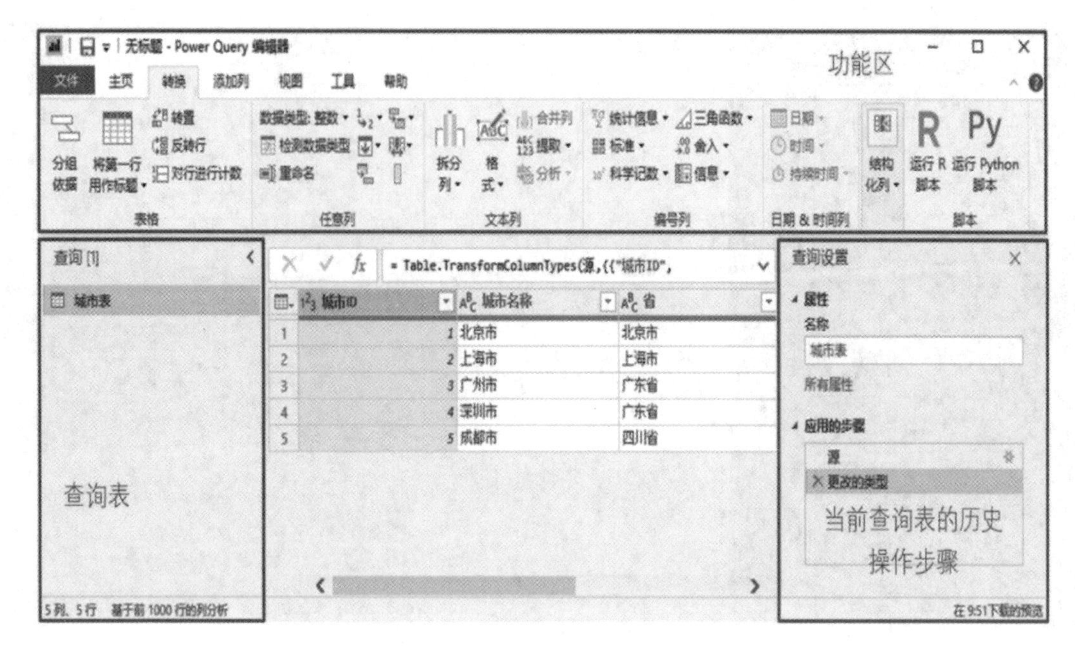

图 14-3 Power BI Desktop 中的 Power Query 编辑器

作。窗口左侧为生成的查询表清单,窗口右侧显示了当前查询表的历史操作步骤,可以记录用户对数据的每一步操作,单击“应用的步骤”列表,可以随时跳转到任一历史操作步骤后的数据。在 Power Query 编辑器中,对数据转换完成生成查询之后,数据将被加载到 Power BI Desktop 模型中,以便后续创建报表。

14.1.2 Power BI 数据分析的基本概念

微软 Power BI 很容易上手。通过自查软件的帮助,在学习几个简单的示例之后,用鼠标进行简单的拖曳可能就能快速生成效果绚丽的交互式报表。但是,要想创建相对科学、高效的分析模型,实现相对复杂业务逻辑的报表,则需要对商业智能数据分析的相关概念有一定的理解和认识。

维度与度量值是 Power BI 中的核心概念,也是 Power BI 能够从容应对各种分析需求的秘密。维度就是不同值的描述属性或特征,是观察数据的角度,如对于公司销售数据,可以分析不同省份的销售数据,也可以分析不同月份的销售数据等,这里的省份和月份就是维度。度量值就是分析对象的统计值,如销售数据中的销售收入、销售数量等。维度与度量值如表 14-1 所示。

表 14-1 维度与度量值

维度	时间:年、季度、月、日等; 空间:国家、省份等; 其他维度:产品类别、销售渠道、客户类型等
度量值	销售收入、销售利润、收入增长率、利率增长率等

对于 Excel 用户来说,维度与度量值是全新的概念,其可能一直没有意识到它们的存在,但

事实上，所有的数据分析都离不开维度与度量值。例如，2020 年 4 月公司所有产品的销售收入是多少？今年各月哪种产品的销售收入最多？每月销售收入大于平均销售收入的产品有哪些？等等。如果用 Excel 来回答这类问题，就需要逐一计算每月的每类产品的销售收入是多少，如果新增了地区这个维度，在 Excel 中似乎又是一个全新的指标，又要重新计算各地区的销售收入是多少。但在商业智能软件中，这些问题都只涉及一个度量值，即销售收入。只要通过切换不同的分析维度，销售收入就能自动匹配相应观察维度下的值，而不用重新编写计算公式。因此，商业智能软件将所有分析抽象为维度与度量值，大大提高了分析效率。

14.2 使用 Power BI 开展财务报表分析的步骤

使用 Power BI 开展财务报表分析的步骤与使用 Power BI 开展其他商业分析的步骤相同，主要经历沟通需求、获取数据、建立模型、数据可视化这几个步骤，其中建立模型是 Power BI 核心的部分。

14.2.1 沟通需求

在开展分析之前，需要与分析报表需求方进行充分的沟通，沟通的内容主要包括报表的用途及受众、分析的主要指标及维度、目前分析存在的主要问题、分析报表主要解决的问题，以及未来潜在的分析需求等。此外，还可以对分析报表的呈现方式、主题颜色的选取等内容进行沟通。

14.2.2 获取数据

获取数据主要是通过功能组件 Power Query 完成的。如果数据并非来源于系统（如手动填写的台账），或者虽然来源于系统，但不符合后续的建模要求，则可以在 Power Query 中对导入的数据进行清洗。数据清洗工作十分重要，如果数据规范、结构合理，则后续建模就会相对容易。当然，如果使用其他程序语言（如 R、Python）更方便，也可以使用其他程序语言或工具完成数据的获取和清洗。

14.2.3 建立模型

建立模型主要是通过功能组件 Power Pivot 完成的，其是 Power BI 数据分析的核心。建立模型需要确定哪些是事实表、哪些是维度表，以及表与表之间的关系等。在表与表之间的关系建立起来之后，如果业务逻辑比较复杂，通过鼠标进行简单的拖曳可能不能达到分析目的，这时就需要使用 DAX 编写度量值，从而将各业务指标表示出来。

14.2.4 数据可视化

数据可视化就是将模型的分析结果呈现出来，该步骤主要由功能组件 Power View 和 Power Map 完成。数据可视化与建立模型的过程密不可分，虽然在工作步骤中是先建立模型、编写度量值，然后将度量值用可视化视觉对象呈现出来，但在人脑的逻辑思维中，很多时候是先思考选择采用什么图表呈现数据，然后编写该图表所需要的度量值或建立模型所需的辅助表等。

☆ **思政园地**

财会人员的必备数字化技能

为什么要学习 Power BI？目前大多数国内企业虽然已实现了会计核算电算化，但当前的财务管理信息化中多存在财务信息共享能力弱、管理技术不成熟、信息化人才缺乏等问题；多数财务工作者依然保留着传统的财务核算和传统的财务管理思维，并没有将财务信息化数据真正地做到融会贯通、灵活运用。

这主要是由于同时具备财会知识、财务管理知识、计算机和网络技术知识的复合型高端人才缺乏。当前大多数制造业中，财会人员仅具备丰富的财务工作经验，缺乏计算机及相关软件知识；而精通计算机及其软件、编程等知识的人员主要集中在 IT 网络部门，对财务知识的了解又少之又少，形成了制造业企业财务管理转型壁垒。因此，掌握简单易懂易学的数字化分析软件，将成为财务工作者的必经之路，这也将对财会人员职业道路转型带来更大助力。

14.3 Power BI 财务分析流程

为了突出 Power BI 数据处理能力，以某一上市公司 2012—2022 年的资产负债表与利润表为例，展开财务报表数据分析。

14.3.1 数据获取

对于大多数普通用户，更可取的方式是访问并下载财经网站上的数据。目前国内外有许多网站都提供免费的财务数据，例如雅虎财经、雪球等网站。多数情况下，我们需要将财务数据下载并导入电子表格中，直接下载的数据通常需要进一步整理，例如，部分下载数据会带有单位格式的字符串数字，因此我们要将“文本”转化为“数值”。如果获取的数据并未经过处理，这个阶段往往需要花费很长的人工处理时间，而我们的目标是尽量实现自动化数据获取与整理任务，将节省的时间用于有价值的分析。

本部分数据以国泰安数据库中提供的数据为例，在国泰安数据库中下载武商集团 2012—2022 年的资产负债表与利润表。进入国泰安数据库后，选择“数据中心”→“公司研究系列”→“财务报表”，页面如图 14-4 所示。

进入“数据查询下载”页面后，以资产负债表下载操作为例，在“时间设置”→“时间区间”选择需要下载的数据年份，在本案例中选择“2012-01-01”至“2022-12-31”；在“代码设置”→“代码选择”选择需要分析的公司代码，例如选择“000501”；在“字段设置”下单击“全选”按钮，如图 14-5 所示。下载完资产负债表后，以同样的操作流程下载利润表。本部分以一个案例公司为对象展开分析，根据需要也可以批量选择多个上市公司数据进行分析。

图 14-4　数据下载中心

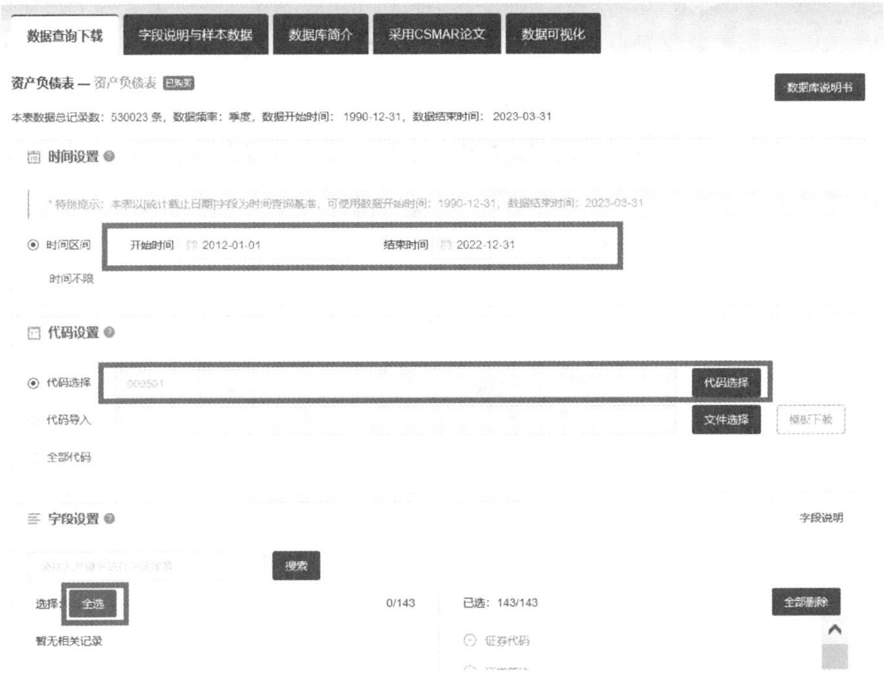

图 14-5　数据查询下载设置

在对需要下载的数据类型设置完毕后，进一步设置下载数据文件的格式，通常以“Excel2007 格式”进行数据下载，如图 14-6 所示。

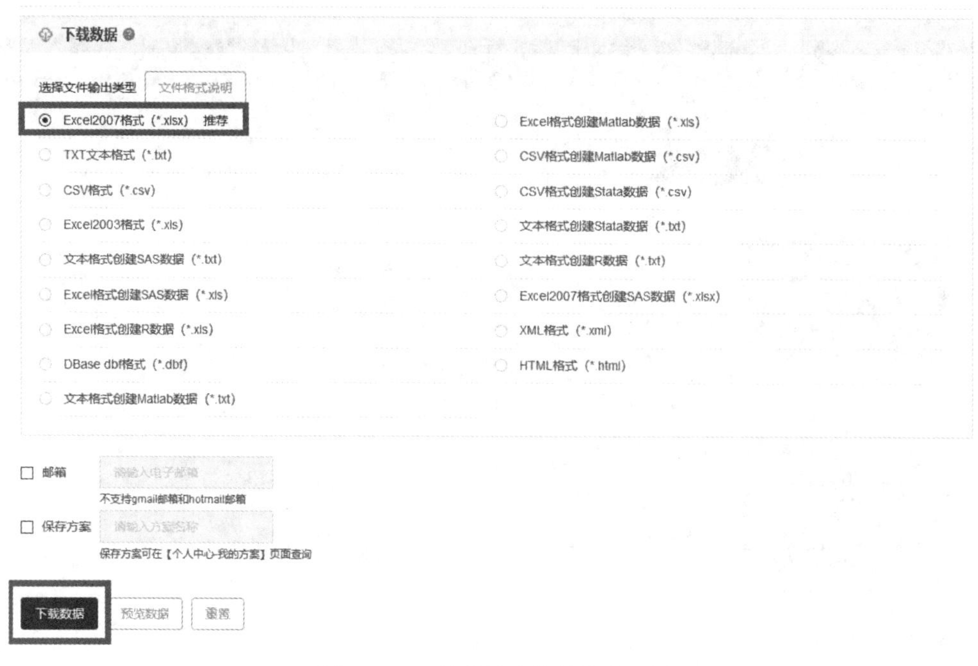

图 14-6　下载数据文件的格式设置

14.3.2　数据导入

在数据下载完毕后，将下载后的数据文件夹进行基本处理，譬如删除额外标题行列，将 Excel 文件路径另存、重命名等。随后，打开 Power BI 软件，进行数据获取，如图 14-7 所示。

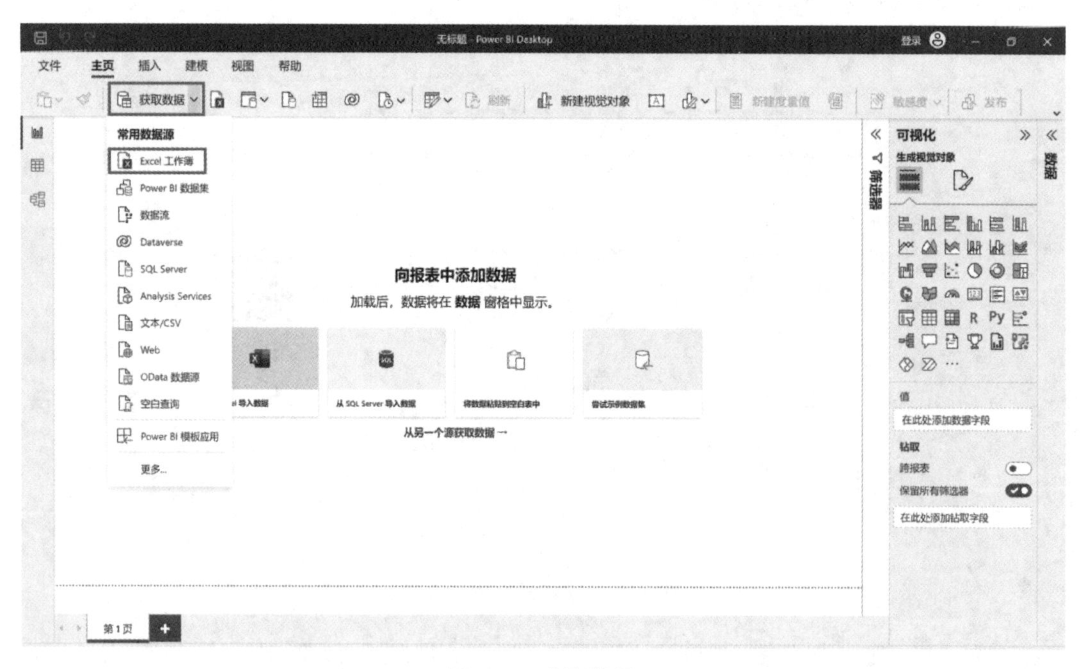

图 14-7　获取数据

完成上述操作后，会弹出“导航器”界面，如图 14-8 所示，注意此时需要勾选表格“sheet1”，单击“加载”按钮完成数据的导入。资产负债表导入完毕后，将上述步骤重复操作，完成利润表的导入。

图 14-8 “导航器”界面

完成数据导入后，在软件的主页面右方将同时呈现资产负债表和利润表的选择项，随后选择上方表格式样图标“数据转换”，如图 14-9 所示。

在后续的财务报表分析中，需要进行盈利能力、营运能力、偿债能力、发展能力指标的计算与呈现，为了方便计算，从传统操作逻辑出发，进行如下操作：合并资产负债表与利润表，生成合并报表，在合并报表的基础上进行公式录入，生成后续报表分析需要的财务指标。在生成合并报表后，单击左上角“关闭并应用”图标，如图 14-10 所示。

14.3.3 模型建立

在完成数据导入后，需要进一步生成财务分析指标。以企业盈利能力、偿债能力、营运能力、发展能力为例展开分析，则需要生成上述分析所需的财务指标，如图 14-11 至图 14-13 所示。

1）盈利能力分析财务指标

盈利能力分析财务指标主要有销售净利润率、资产净利润率、实收资本利润率、净资产利润率等，计算公式如下。

$$销售净利润率=净利润/营业收入\times 100\%$$

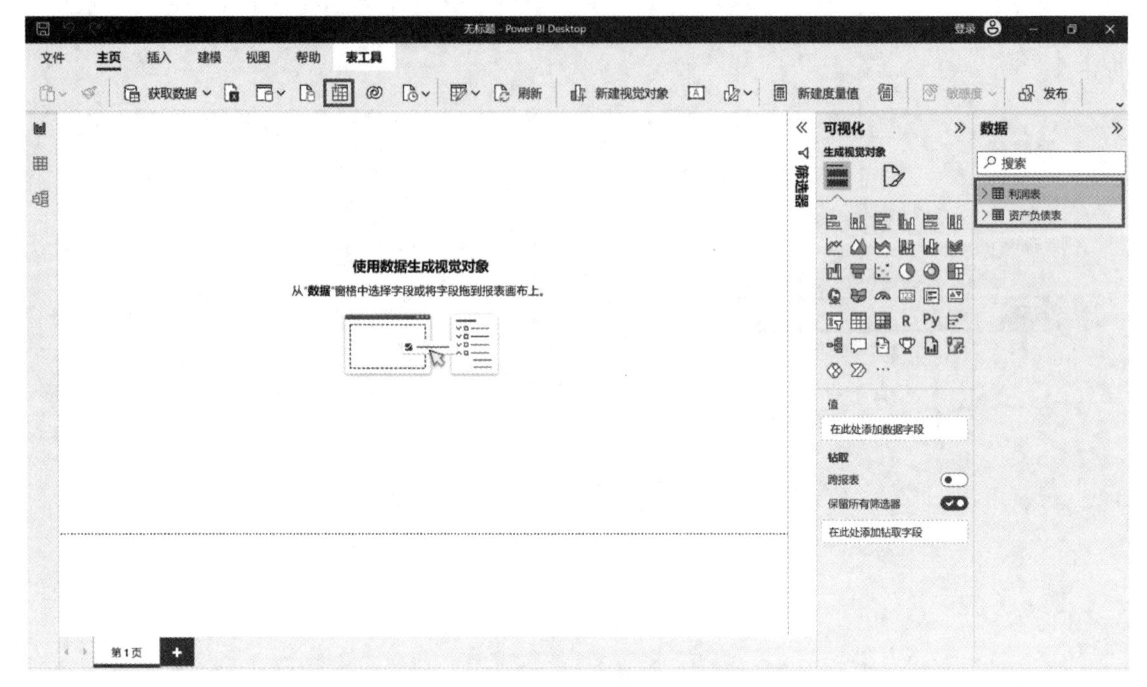

图 14-9　完成数据导入后的呈现

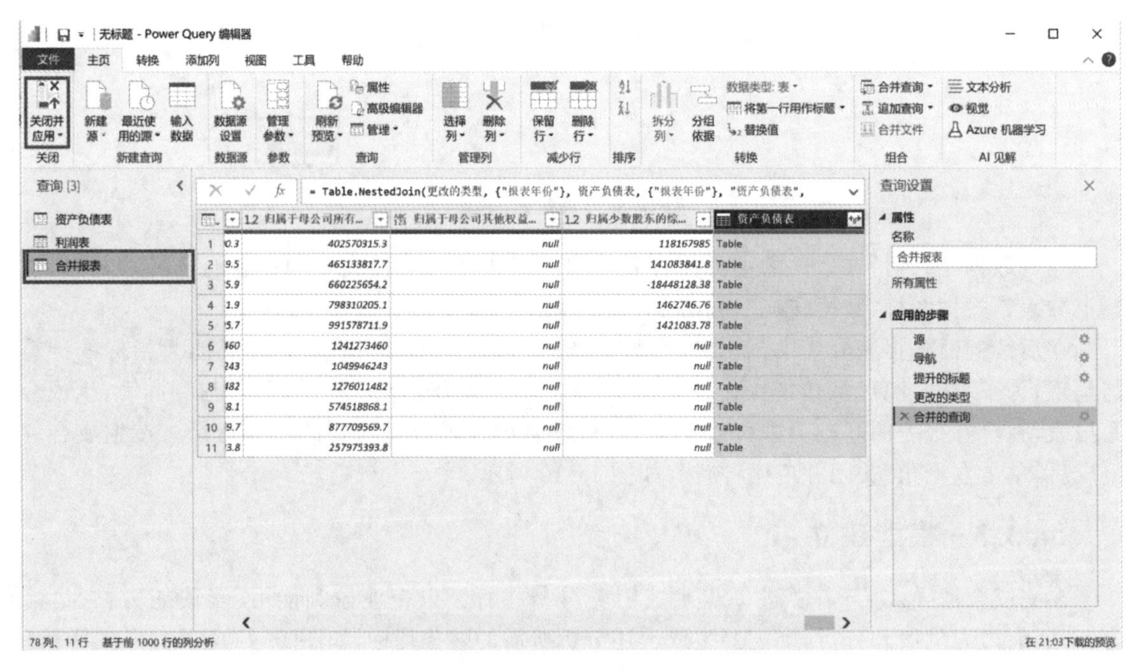

图 14-10　生成合并报表并应用

资产净利润率＝净利润/资产总计×100％

实收资本利润率＝净利润/实收资本(或股本)×100％

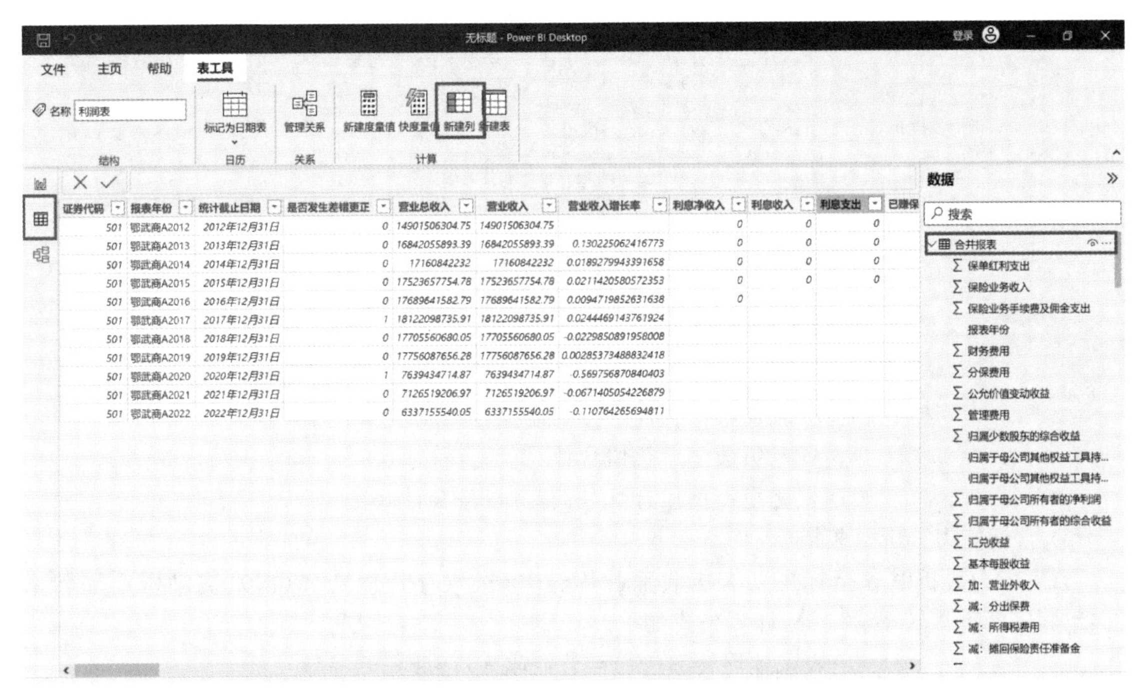

图 14-11　财务指标生成页面(1)

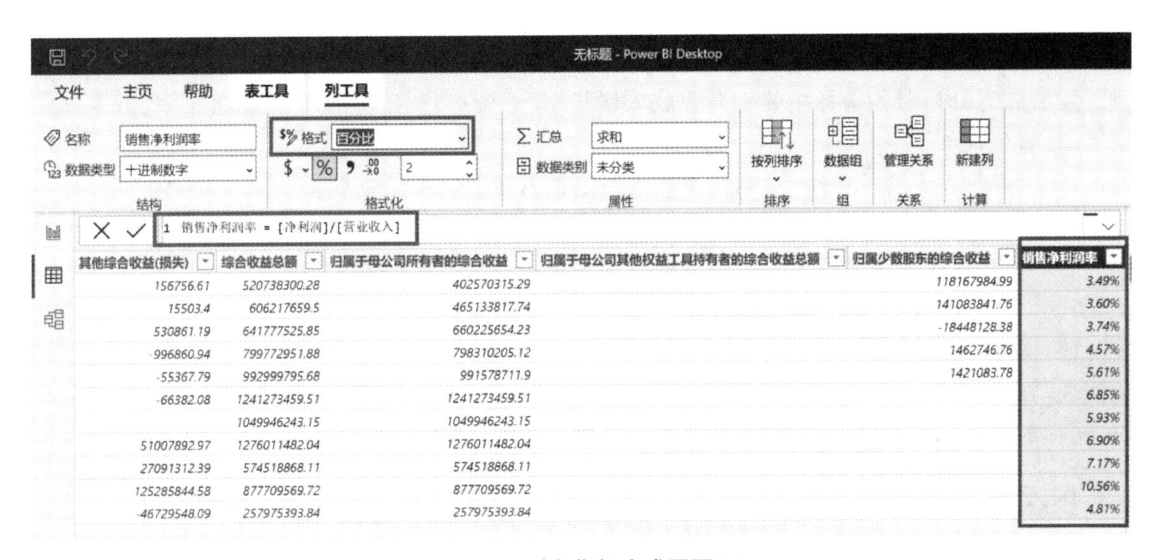

图 14-12　财务指标生成页面(2)

$$净资产利润率=净利润/所有者权益合计\times 100\%$$

2）偿债能力分析财务指标

偿债能力分析财务指标主要有流动比率、速动比率、资产负债率、产权比率等，计算公式如下。

$$流动比率=流动资产合计/流动负债合计\times 100\%$$

销售净利润率	资产净利润率	实收资本利润率	净资产利润率	流动比率	速动比率	产权比率	资产负债率	应收账款周转率(次)	流动
3.49%	4.72%	102.63%	19.73%	0.545615249150461	0.440973915703225	318.27%	76.09%	1861.43080781868	
3.60%	4.80%	119.51%	19.39%	0.535431922001953	0.431551468070462	304.10%	75.25%	1879.81253973647	
3.74%	4.10%	126.42%	17.03%	0.374806516265901	0.298286793359414	315.74%	75.95%	1591.61123666421	
4.57%	4.51%	151.37%	19.40%	0.328652436352042	0.25281138720453	330.06%	76.75%	1895.09949178763	
5.61%	5.58%	167.79%	16.40%	0.415385318899498	0.3232892056846	193.88%	65.97%	2217.7437579093	
6.85%	6.89%	161.42%	17.29%	0.536386846243725	0.291505637265305	151.05%	60.17%	1937.8814031309	
5.93%	4.59%	136.54%	12.73%	0.557286117029385	0.301355340039497	177.44%	63.96%	1532.56576088127	
6.90%	5.19%	159.30%	12.88%	0.515833467658117	0.231390305950259	148.11%	59.70%	1352.60698601895	
7.17%	2.40%	71.19%	5.52%	0.492755569986035	0.267955466913716	129.97%	56.52%	345.275109842219	
10.56%	2.67%	97.85%	7.05%	0.438762465748458	0.274434089823796	163.99%	62.12%	244.45217211607	
4.81%	0.99%	39.62%	2.82%	0.384040757493042	0.243090378621111	184.33%	64.83%	120.529323610593	

图 14-13　财务指标生成页面(3)

速动比率=(流动资产合计－存货净额)/流动负债合计×100%

资产负债率=负债合计/资产合计×100%

产权比率=负债合计/所有者权益合计×100%

3) 营运能力分析财务指标

营运能力分析财务指标主要有应收账款周转率(次)、存货周转率(次)、流动资产周转率(次)、固定资产周转率(次)等,计算公式如下。

应收账款周转率(次)=营业收入/应收账款净额

存货周转率(次)=营业成本/存货净额

流动资产周转率(次)=营业收入/流动资产合计

固定资产周转率(次)=营业收入/固定资产净额

4) 发展能力分析财务指标

发展能力分析财务指标主要有营业收入增长率、总资产增长率、营业利润增长率、资本积累率等,计算公式如下。

营业收入增长率=(本期营业收入－上期营业收入)/上期营业收入×100%

总资产增长率=本年总资产增长额/年初资产总额×100%

营业利润增长率=本年营业利润增长额/上年营业利润总额×100%

资本积累率=本年所有者权益增长额/年初所有者权益总额×100%

该计算公式的呈现与理论计算公式存在一定差距,主要考虑到本次分析是直接建立在资产负债表与利润表所披露的数据上的,因此对公式进行简单调整。此外,在对发展能力进行分析时,选择的是未经加工的传统指标,而非增长率计算,此举主要为体现数据呈现的直观性。

14.3.4　数据可视化

当对财务报表展开分析的各项指标都生成后,就可以在主页面对各项指标的变化情况进行呈现。在 Power BI“主页”中单击“文本框”按钮,输入分析主题“盈利能力分析”,并调节字体颜色、大小;单击上方“新建视觉对象”按钮,呈现销售净利润率的变化情况,如图 14-14 所示。

其中,在对数据指标进行呈现时,*X* 轴拖入报表年份,*Y* 轴拖入计算好的财务指标销售净利润率,如图 14-15 所示。

然后,将销售净利润率视觉对象进行调整。按照升序将年份从左至右排列,需选择“排列轴”→“报表年份”→“以升序排序”;设置视觉对象格式,将 *X* 轴和 *Y* 轴多余的标题进行关闭,如

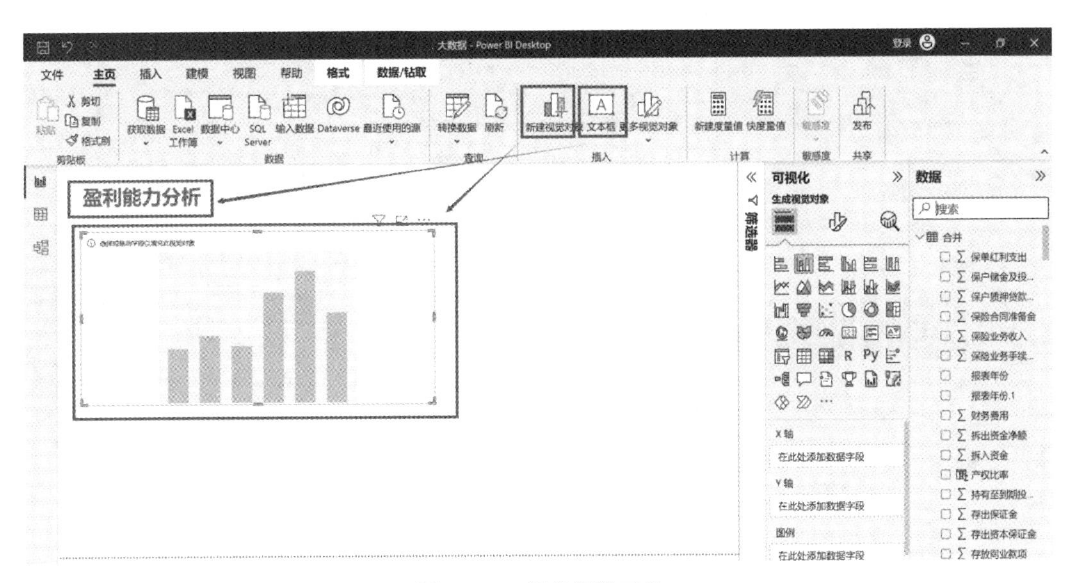

图 14-14　新建视觉对象

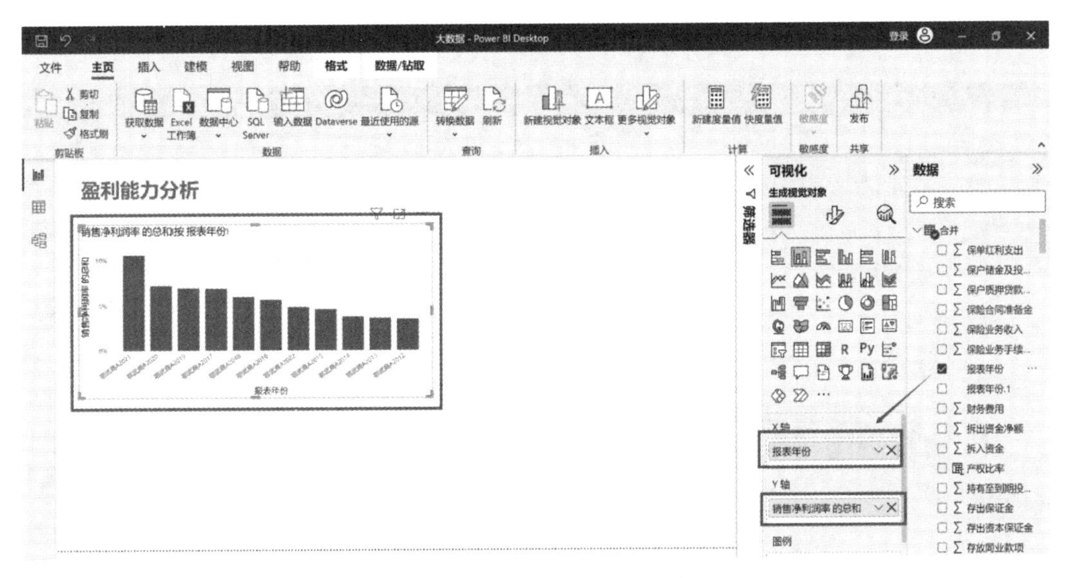

图 14-15　销售净利润率可视化

图 14-16 所示。

对主标题进行设置，将自动生成的“销售净利润率的总和(按报表年份)”改为“销售净利润率”，并可自由调节字体字号、色彩，如图 14-17 所示。

最后，对于新建盈利能力分析需要呈现的其他三个指标视觉对象——资产净利润率、实收资本利润率、净资产利润率，在 X 轴和 Y 轴进行与前述一致的操作，分别拖入对应的年份与指标；在界面右侧可视化对象中，选择数据呈现的可视化类型，可以进行反复调整，多次选择排版，如图 14-18 所示。

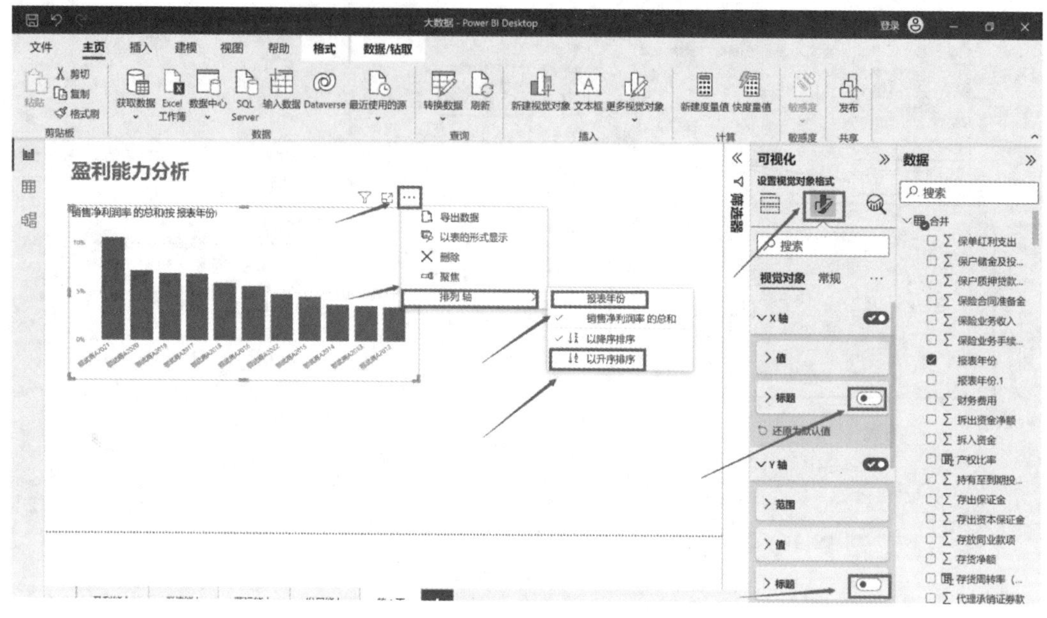

图 14-16　销售净利润率视觉对象格式调整

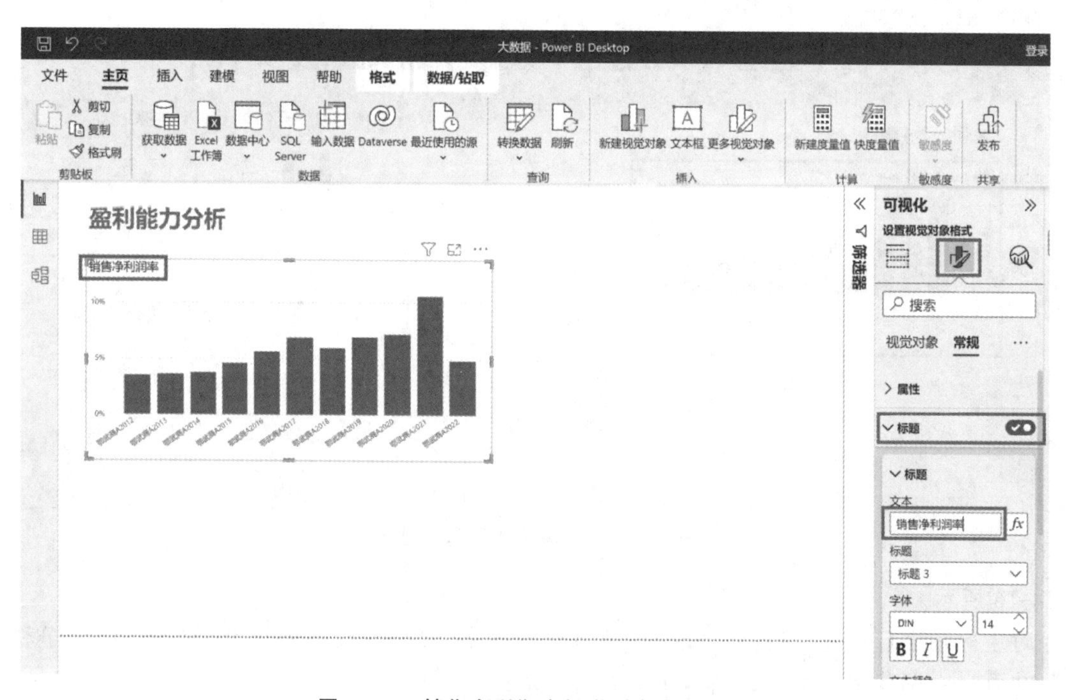

图 14-17　销售净利润率视觉对象名称调整

在利用 Power BI 对财务报表可视化数据进行反复分析、调整后，盈利能力、偿债能力、营运能力、发展能力呈现情况如图 14-19 至图 14-22 所示。

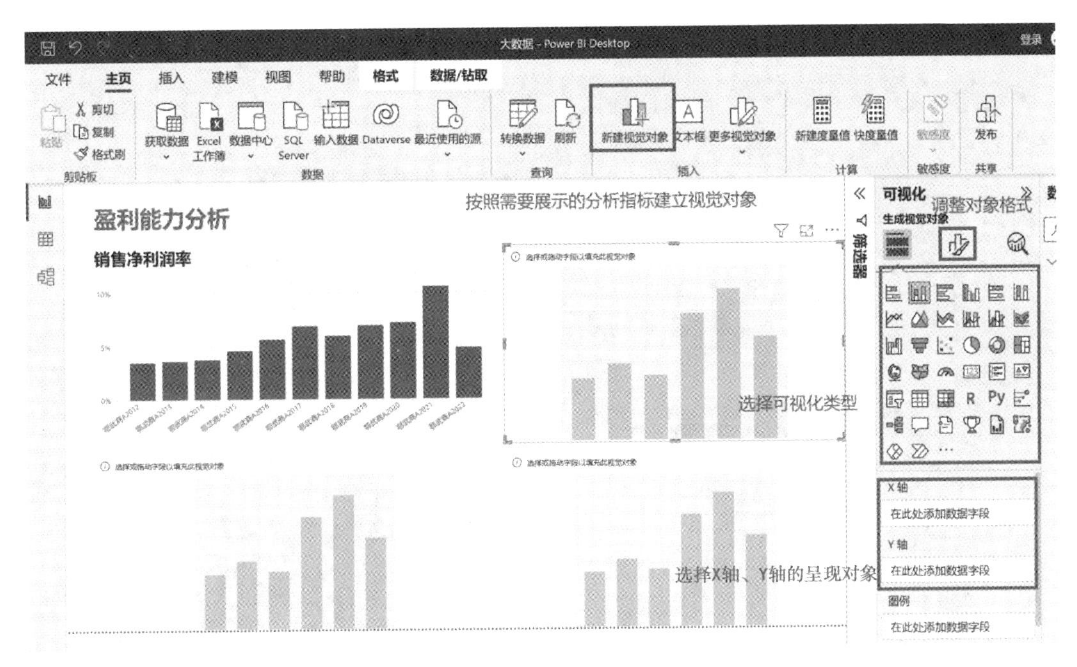

图 14-18 建立新的视觉对象

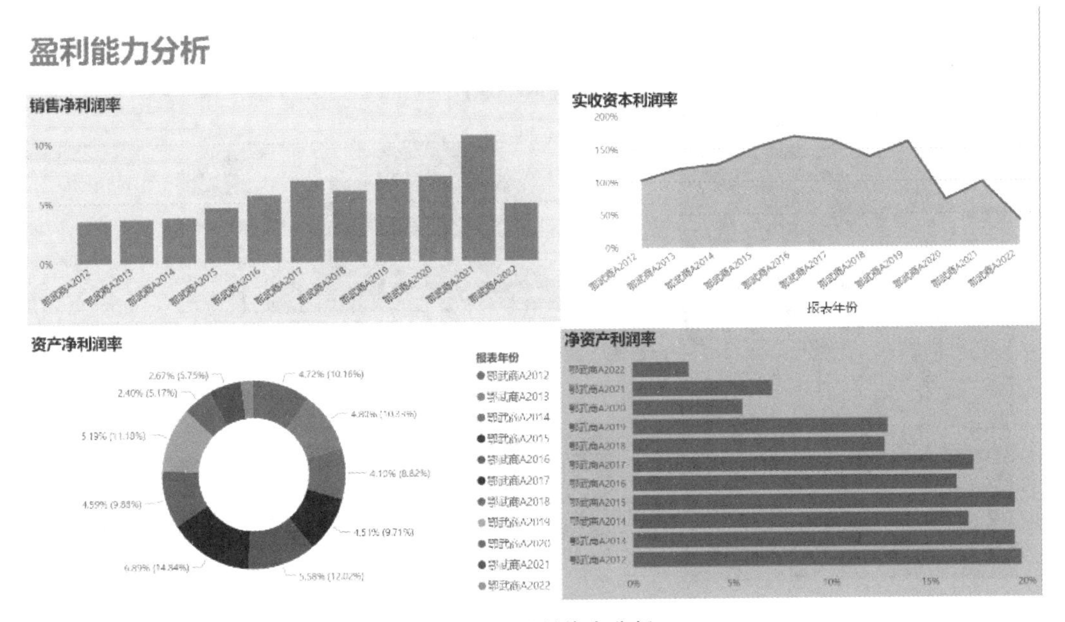

图 14-19 盈利能力分析

偿债能力分析

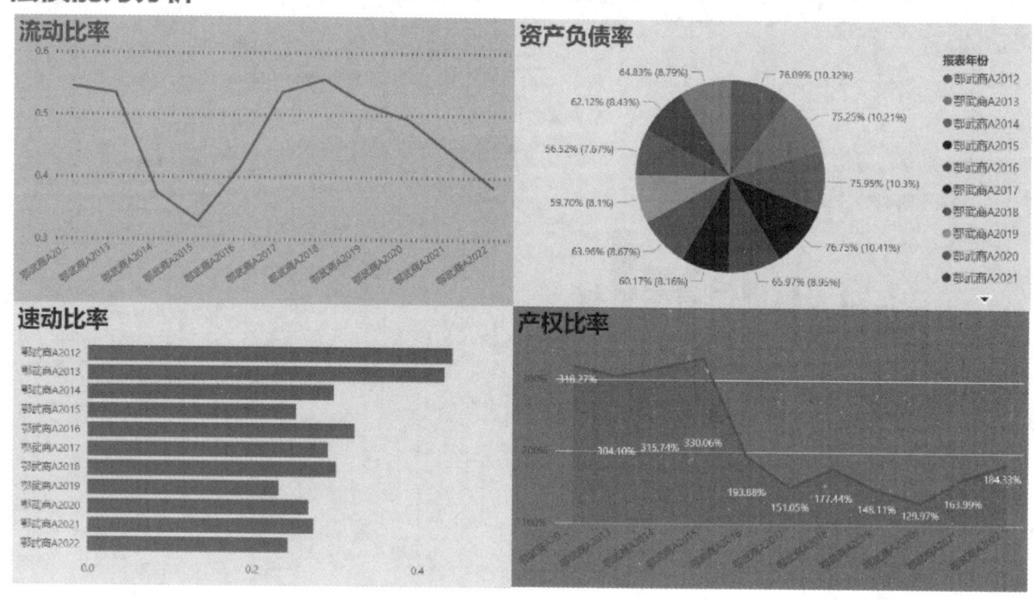

图 14-20　偿债能力分析

营运能力分析

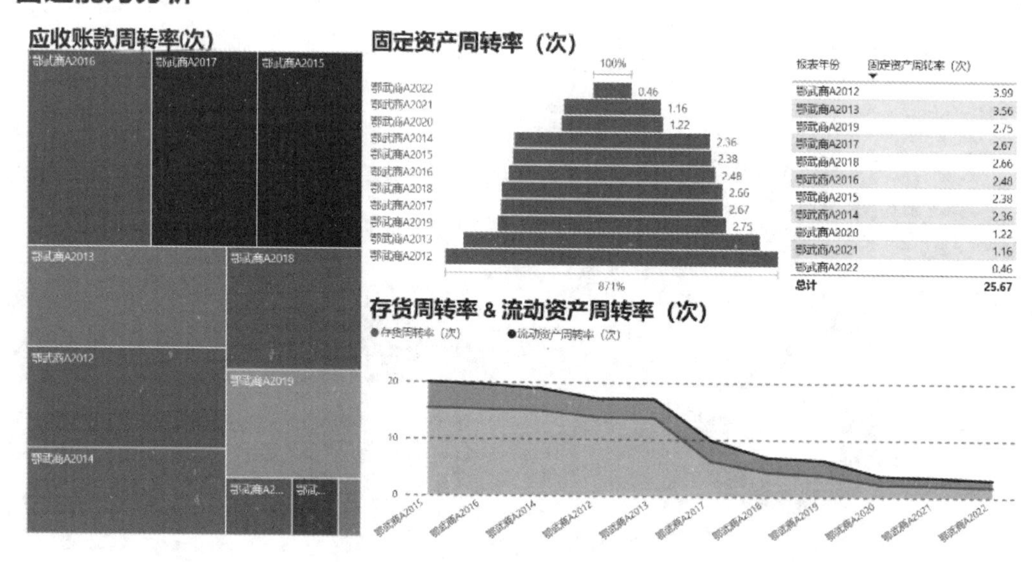

图 14-21　营运能力分析

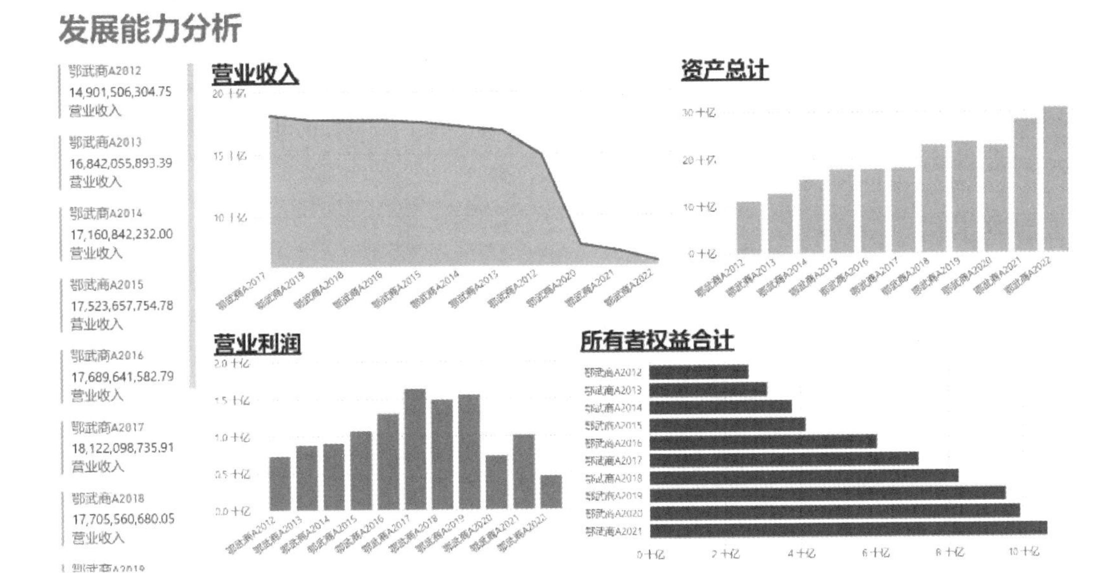

图 14-22 发展能力分析

☆ 思政案例

数字化背景下 Power BI 分析工具在财务转型中的应用

财务业务数据一体化共享是财务数字化转型的基础，最终财务共享中心逐渐向大数据中心演变，使数据分析标准化、实时化，实现更及时、高效、精准的决策分析和风险预警。在财务工作中，需要频繁地从企业各种生产活动中挖掘出有价值的信息。过去有 Excel 工具，现在一些企业用数据仓库技术、线上分析处理技术、数据挖掘和数据展现技术等进行数据分析。业务数据随时在更新，管理者想第一时间多维度全方面获取业务数据、财务数据，了解运营状况，Excel 显然已经不能满足；而数据仓库技术、线上分析处理技术、数据挖掘和数据展现技术等对专业的要求又比较高，推广难度系数较大。Power BI 的出现正好弥补了以上的缺点。

Power BI 在财务应用中的优势如下。

①能够从 Excel 电子表格或本地数据文件夹中创建，也可以从云数据库和本地数据库中创建，实现轻松地连接数百个数据源。

②Power BI 做数据清洗结合了 Excel 和 Python 的优点，在 Power BI 编辑器里自带更改数据类型和透视、逆透视、合并列、拆分列等“傻瓜式”操作功能，并能实现一键清洗和整理数据，快速完成 Excel 中需要耗费大量时间的工作。

日常财务分析工作中，花时间最多的就是对数据的整理，Excel 在做数据清洗加工时的局限性很多，如需要对格式进行反复更改，尤其当数据量很大，需要处理几十个 Excel 文件和超过一百万行数据时，Excel 会崩溃和冻结；Python 虽然功能强大，但是所有的过程都要通过编写代码来实现，对于财务工作者而言难度较大。

③Power BI 可以一键生成各类图表，实现多角度分析、交互分析，即创建企业动态的可视化交互式报表，它能把复杂的数据转化成简洁的视图，获取针对业务的全方位独特见解。

【总结】利用 Power BI 对财务业务数据进行分析，可以大大提高分析效率，实时更新数据；使用切片器、筛选器，可以快速获得所需要的信息，方便报表使用者的自主探索。Power BI 数据分析已经彻底改变了无数的行业，零售行业是最大的受益者，如亚马逊等公司利用 Power BI 商业数据分析来提升零售业绩。然而，这些好处并不仅针对成熟的销售型企业，制造业企业也可以将系统数据集成到其运营中实现巨大价值。

【思考题】

(1) 你还听说过哪些数据可视化软件呢？请举例说明。

(2) 你觉得 Power BI 软件还可以应用在哪些财务分析过程中？

(3) 你觉得 Power BI 软件最大的应用优势体现在什么地方？

【章末习题】

一、单项选择题

1. Power BI 的 Windows 桌面应用程序是(　　)。

A. Power BI Online Service　　B. Power BI Mobile

C. Power BI APP　　D. Power BI Desktop

2. Power BI Desktop 是安装在(　　)的桌面应用程序。

A. 移动端　　B. PC 端　　C. 网络端　　D. 服务器端

3. (　　)显示的是获取并整理后的数据，通过视图有助于检查、浏览和了解 Power BI Desktop 模型中的数据。

A. 报表视图　　B. 编辑视图　　C. 数据视图　　D. 关系视图

二、多项选择题

1. Power BI 的 3A 特点是(　　)。

A. Any time　　B. Any data　　C. Any where　　D. Any way

2. Power BI 通过调用(　　)进行数据可视化。

A. Power Query　　B. Power Pivot　　C. Power View　　D. Power Map

3. Power BI Desktop 界面由(　　)组成。

A. 地址栏　　B. 菜单栏　　C. 视图　　D. 报表编辑器

三、判断题

1. Power BI Desktop 通过调用 Power Query 来获取和整理数据。　(　　)

2. 账号注册成功后，仅可使用 Power BI Desktop 功能，不能使用 Power BI Online Service 和 Power BI Mobile 功能。　(　　)

3. 可视化和筛选器用于控制可视化对象的外观和编辑交互，包括可视化图表类型、格式设置、筛选等。　(　　)

4. 自助式 BI 不再面向 IT 部门的技术人员，而是面向不具备 IT 背景的业务分析人员。　(　　)

5. Power BI Online Service 实际上是一种 PaaS 应用。　(　　)

四、操作题

使用 Power BI 独立完成武商集团 2014—2023 年间的财务报表分析，分析内容包括盈利能力、营运能力、偿债能力、发展能力等。

参考文献

[1] 何亮. 会计信息系统实用教程:金蝶 ERP-K/3:微课版[M]. 2 版. 北京:人民邮电出版社,2018.

[2] 丁淑芹,王先鹿. 财务软件应用[M]. 3 版. 大连:东北财经大学出版社,2023.

[3] 王新玲. 用友 U8 V10.1 会计信息化应用教程:微课版[M]. 3 版. 北京:人民邮电出版社,2022.

[4] 陈晓芳,蒋武,胡华夏. 我国会计信息化研究知识图谱(1999—2019)——基于 CiteSpace 的文本挖掘及可视化分析[J]. 财会通讯,2020(23):27-30.

[5] 刘梅玲,朱学义. 国外企业财务软件的发展历程——财务管理系统在从 MRP 到 ERP 发展过程中的演进[J]. 中国管理信息化,2005(04):36-39.